Ava Minatti

Avalon und der Artusweg

Altes Wissen für die Neue Zeit

8.8.8

Bitte fordern Sie unser kostenloses Verlagsverzeichnis an:

Smaragd Verlag
In der Steubach 1
57614 Woldert (Ww.)
Tel.: 02684.97848-10
Fax: 02684.97848-20
E-Mail: info@smaragd-verlag.de
www.smaragd-verlag.de

Oder besuchen Sie uns im Internet unter der obigen Adresse.

Deutsche Erstausgabe Juni 2009
Zweite Auflage: Januar 2010
Abbildungen Cover:

Umschlaggestaltung: preData
Satz: preData
Printed in Czech Republic
ISBN 978-3-938489-93-2

Ava Minatti

Avalon und der Artusweg

Altes Wissen für die Neue Zeit

8.8.8

Smaragd Verlag

Über die Autorin

Als Ava Minatti als Kind den Namen „Atlantis“ hörte und erfuhr, dass dieses eine versunkene Stadt im Meer sein sollte, war sie entschlossen, diese zu entdecken. Damals begann ihre Suche nach der Quelle allen Seins, der sie im Laufe der Zeit ein gutes Stück näher gekommen ist.

Nach verschiedenen Ausbildungen sieht sie heute ihre Hauptaufgabe darin, als Botschafterin der Geistigen Welt zu dienen. Unter der Führung von Erzengel Gabriel stellt sie sich der Weißen sowie der Solaren Bruderschaft, den Engelwelten und dem Kleinen Volk zur Verfügung, damit diese durch sie sprechen und ihre Energien übermitteln können.

Sie lebt in der Nähe von Innsbruck, wo sie in Seminaren und Einzelsitzungen anderen Menschen die Möglichkeit bietet, ihrerseits mit der Geistigen Welt in Kontakt zu treten. Sie ist Mutter von zwei Kindern der Neuen Zeit – Rowena und Jona.

Danksagung

Ich danke allen Menschen und Wesen, die an der Entstehung dieses Buches mitgewirkt haben. Dazu zählen beispielsweise die „Ersten Ritter der Tafelrunde“, die mit mir gemeinsam im Mai 2008 den Artusweg gegangen sind und nach Avalon zurückkehrten. Die Informationen, die uns die Geistige Welt während dieser Reise übermittelte, bilden das Herzstück des vorliegenden Werks.

Ein großer Dank gebührt Elmar Thurner, der viele Stunden am Computer saß, um mir die Tonmitschnitte der Englandreise abzutippen, sodass ich sie nur noch überarbeiten brauchte. Zusätzlich übernahm er in der Zeit der Fertigstellung des Buches viele alltägliche Aufgaben, damit ich beim Schreiben bleiben konnte.

Ich danke Jay Goldner für die Kornkreis-Skizzen, die er mir zur Verfügung stellte und die in diesem Buch abgebildet sind.

Weiters möchte ich mich von ganzem Herzen bei dem Team des Smaragd Verlags und bei Gaby Heuchemer bedanken. Sie hatten, wie immer, sehr viel Geduld mit mir. Am meisten danke ich in diesem Zusammenhang Mara Ordemann, der Leiterin des Verlags, für ihr Vertrauen, ihre Ermutigungen, ihr liebevolles Umsorgen und für ihre Freundschaft. Ohne euch alle wäre das Buch niemals das geworden, was es jetzt ist. DANKE!

Natürlich danke ich auch allen meinen feinstofflichen Lehrern, Begleitern und dem Licht von Avalon. Durch dieses Buch bin ich noch ein Stück weit mehr nach Hause gekommen.

Und nun danke ich dir, weil du diese Zeilen liest und vielleicht auch noch einige Seiten mehr, damit sich das Wissen über dich verbreiten kann und in die Welt hinausgetragen wird.

Möge jeden von uns die Liebe und die Weisheit von Vater Mutter Gott allezeit begleiten und uns durch die Zeit der Wandlung sanft, liebevoll und wohlbehütet führen!

Und nun viel Freude, Erkenntnis und Heilung beim Lesen.

Von Herzen,
Ava Minatti

Inhalt

Über diese Zeit

Wir sind mitten in einer aufregenden, intensiven Entwicklung, die manchmal einer Achterbahnfahrt gleicht. Die Zeit vergeht immer schneller, was uns dazu führt, uns mehr und mehr auf das Wesentliche zu konzentrieren. Sie unterstützt uns, Illusionen zu erkennen, um uns daraus zu lösen und wahrhaftig zu sein. Dafür benötigen wir immer wieder Mut! Denn es bedeutet(e) für viele von uns, Gewohntes und Halbherziges loszulassen.

Kompromisse sind nicht mehr möglich. Flexibilität ist erforderlich. Strukturen lösen sich auf, bisher wichtige Menschen verabschieden sich, berufliche Aufgaben können aus verschiedenen Gründen nicht mehr erfüllt werden.

Unsere (physischen) Körperchen zeigen sehr deutlich, was sie noch weiter möchten und was für sie untragbar geworden ist. Immer wieder stehen wir dadurch ganz schön unter Druck, der uns letztendlich aufzeigt, dass es reif ist, dass wir reif sind, etwas zu wandeln.

Veränderungen, Veränderungen, Veränderungen! All das dient einem Ziel: Unsere Seele drängt danach, ihren Plan zu erfüllen. Vor langer Zeit hat sie diesen bereits festgelegt, und er beinhaltet einen Platz innerhalb des großen Ganzen, der nur von uns auf eine einzigartige Weise eingenommen werden kann. Jetzt, in dieser Zeitenwende, dürfen und „müssen" wir ihn mit unserer Präsenz füllen.

Alle Wandlungen, die uns in den letzten und in den kommenden Jahren begegne(te)n, unterstützen uns dabei, diese einmalige Aufgabe zu erkennen und unseren

Seelenplan zu leben. Dafür ist die wiederholte Ausrichtung auf und die Hingabe an unsere Seele wichtig. Dadurch werden wir zu einem leeren Gefäß, das sich ganz mit seiner göttlichen Essenz füllen kann. So vereinen wir Himmel und Erde in uns und verkörpern unser göttliches Wesen im Hier und Jetzt, woraus wir leben und schöpfen. In diesem Zusammenhang wird unser Verstand still, wir hören auf, auf die gewohnte Art zu denken. Wir treten ein in die Zeitlosigkeit unseres wahren Seins, und tiefer Friede erfüllt uns. Dadurch breitet er sich auch auf der Erde aus, und der Neue Morgen ist geboren.

Diese Ausrichtung, dieses Einlassen auf unsere Seele geschieht beispielsweise durch die Verbindung mit unserem Hohen Selbst beziehungsweise durch die Erinnerung daran, dass wir Hohes Selbst sind. Es ist unser göttlicher Funke. Er beinhaltet unseren Seelenplan. Manche Menschen betreten für diese Kontaktaufnahme mit ihrem Hohen Selbst das Innerste, das Zentrum ihres Herzens. Hier ist ein Schwingungsfeld des Einverstandenseins, des Einseins mit Allem-was-ist. In der Einheit mit dieser Energie gibt es keine Angst. Hier ist Vertrauen. So wirst du selbst zu diesem Vertrauen und kannst es an andere weiter schenken.

Es ist die Aufgabe von uns Lichtarbeitern (und du gehörst dazu, sonst würdest du diese Zeilen nicht lesen), den Fokus sooft wie möglich auf die Verkörperung unseres Hohen Selbst zu legen. Je häufiger wir dieses tun, umso schneller beginnen wir, es mit jedem unserer Atemzüge bewusst zu sein. Im Moment pendeln wir noch hin und her.

Einmal bewegen wir uns in der Einheit, in einem fünfdimensionalen Bewusstsein, ein anderes Mal purzeln wir wieder in die Illusion der Getrenntheit. Auch wenn uns dabei manchmal das Lachen vergeht, sollten wir es mit Humor betrachten. Wir üben und sind alle auf unserem Weg. Je mehr wir allerdings in der Hingabe an unsere Seele sind, umso länger werden unsere Aufenthalte im Schwingungsfeld des Einseins. Und je mehr Menschen in der Ausrichtung auf ihre Seele sind, umso leichter wird es für uns alle und umso sanfter ist die Geburt des Neuen Morgens, die vollständige Verankerung der Fünften Dimension. Daraus entsteht ein Lichtnetz über dieser Erde, was ein Miteinander, das auf der Anerkennung der Andersartigkeit basiert, ermöglicht, und du bist ein Teil dieses Lichtnetzes. In dieser Einheit mit unserem Hohen Selbst ist Liebe, sind wir Liebe. Dabei sind wir in unserer göttlichen Präsenz und verkörpern unsere Ich-Bin-Kraft. Wir sind klar, kraftvoll, in der Balance und im Gleichgewicht unserer Energien.

In einem der nächsten Kapitel möchte ich dich zu einer Ausrichtung auf dein Hohes Selbst, auf deine Seele und ihren Plan einladen. In diesem Fokus bitte ich dich, dieses Buch zu lesen. Dadurch wirst du deutlich erkennen können, was dich daraus berührt, was zu dir gehört. Kurz: Warum du dieses Buch in Händen hältst, und was du mit den darin enthaltenen Anregungen für dich tun sollst und möchtest. Natürlich darfst und sollst du auch während deines alltäglichen Seins sooft wie möglich in der Ausrichtung auf dein wahres Wesen, das du als Seele bist, sein. Bei Bedarf kannst du so dein Leben entsprechend verändern, neu ordnen, beziehungsweise es einfach aus dem Licht und der Liebe heraus, die du bist, leben. Es gehört zu dieser Zeitqualität. Deshalb wirst du auf den folgenden Seiten immer wieder Impulse für dieses Einlassen auf deine Seele und ihren Plan finden.

Ebenso kommt in dieser Zeit altes und neues Wissen in einer rasenden Geschwindigkeit ans Licht. Das ist beispielsweise durch die große Anzahl der jetzt veröffentlichten Bücher zu spirituellen Themen ersichtlich. Jedes einzelne dient dazu, bestimmte Energiequalitäten auf die Erde zu bringen und diese im Kollektivbewusstsein der Menschen zu verbreiten. Dadurch erweitern sie unser Bewusstsein, meist auch unabhängig davon, ob wir sie persönlich gelesen haben oder nicht. Denn wir sind alle über das Morphogenetische Feld miteinander verbunden. Das Wissen, das jetzt an die Oberfläche kommt, beinhaltet unser Erbe. Es soll uns Menschen in den tiefsten Schichten unseres Zellkerns berühren und daran erinnern. Dadurch findet eine Entschlüsselung, eine Reaktivierung, auf Zellebene statt, was die Öffnung der Zwölf-Strang-DNS fördert. Das wiederum unterstützt uns, wahrhaft zu sein, was wir sind, also wieder die Ausrichtung auf unsere Seele und ihren Plan.

Auch dieses Buch hat diese Aufgabe und trägt seinen Teil der Wiederentdeckung von altem und neuem Wissen bei, berührt dabei in uns Menschen Erinnerungsspeicher, sodass Öffnung, Heilung und Ganzheit in uns gefördert werden. Manches Mal findet diese Berührung und Aktivierung über bestimmte Zahlenkombinationen statt. Du weißt vielleicht schon, dass Zahlen eine Form von kosmischer Sprache sind, sie übertragen Informationen und Schwingungen. Sie wirken auf alle Menschen gleich, unabhängig davon, wo sie leben und was ihre Überzeugungen sind.

Ein bekannter Zahlenkode ist beispielsweise 11:11. Er bezieht sich auf ein energetisches Ereignis, das im Januar 1992 stattfand und eine wichtige Bedeutung für unseren Weg in die Fünfte Dimension hatte. Näheres darüber kannst du in dem Buch 11:11, Jenseits des Tores, das im ch. falk Verlag erschienen ist und von Solara, einer spirituellen Lehrerin geschrieben wurde, nachlesen. Wann immer ich diese Zahlen sehe, zum Beispiel auf einem Uhrendisplay oder auf einer Autonummerntafel, fühle ich mich von meiner Seele und meinen feinstofflichen Begleitern bestätigt, auf dem richtigen Weg zu sein. Ich atme dann die Energie der Zahlenkombination tief in mich ein und lasse sie bewusst bis in jede einzelne Zelle meines physischen Körpers strahlen.

In einigen Tagen ist der 8. August 2008. Dieser Tag wird als Quantensprung innerhalb unseres Wegs bezeichnet. Seine Zahlenkombination ist 8.8.8 oder 8.8.1. Was das für uns bedeutet, möchte ich dir im nächsten Kapitel kurz erläutern, denn dieser Zahlenschwingung wirst du in diesem Buch immer wieder begegnen.

☆☆☆☆☆

8.8.8 – 8.8.1

Wir befinden uns in den sogenannten Meisterjahren, auf dem Weg in ein Neues Zeitalter. Dieses wird mit weiteren Begriffen, wie beispielsweise die Fünfte Dimension, der Goldene Morgen, die Geburt des Kosmischen Menschen etc. beschrieben. Innerhalb dieses Zyklus, der bis 2012 dauert, gibt es verschiedene energetische Ereignisse oder besondere Sternenkonstellationen, die einen Energieschub für das Kollektiv der Menschheit mit sich bringen, um unser Erwachen zu fördern.

In diesem Zusammenhang war im August 1987 ein bedeutender Tag, der als Harmonische Konvergenz bezeichnet wird. Damals fanden sich weltweit Lichtarbeiter zusammen, um gemeinsam mit der Geistigen Welt eine neue Energiestruktur, ein neues Magnetfeld der Erde zu errichten. Es wirkte wie ein Startimpuls für den Aufstieg, in dem wir uns befinden. Wobei einige Menschen meinen, dass wir diesen Weg viel eher als Abstieg bezeichnen sollten. Denn die Entwicklung findet mit und auf der Erde statt und bezieht unsere physischen Körper mit ein. Das beinhaltet eine Aussöhnung mit allen unseren Erdinkarnationen.

Auch wenn Vergleiche manchmal hinken, ist es so, dass wir normalerweise ein Restaurant auch erst nach dem Bezahlen verlassen, um wieder nach Hause gehen zu können. So ähnlich ist es auf der Reise in die Fünfte Dimension mit unseren Erderfahrungen. Aufstiege, wo wir als Seele unseren irdischen Körper einfach abstreiften und verließen, haben wir ja schon zur Genüge vollzogen. Dieses Mal nehmen wir unseren Köper mit beziehungsweise erfahren den Bewusstseinswandel und die Schwingungserhöhung in ihm, durch und über ihn. Die Harmonische Konvergenz förderte diese Schritte. Häufig wird sie als zwei Dreiecke, deren Spitzen sich überlappen, dargestellt, sodass dadurch eine Schnittstelle entsteht. Der Himmel begann, sich mit der Erde zu vereinen, der Geist mit der Materie, die Fünfte Dimension mit der Dritten. Dadurch und seither hat sich viel in unserem persönlichen Leben und in der Gesamtheit der menschlichen Evolution beschleunigt und verändert.

Der 8. August 2008 war wieder so ein energetisches Portal, dessen Auswirkungen häufig mit der Harmonischen Konvergenz verglichen beziehungsweise in Verbindung gebracht worden sind. Die Folge dieses Tages war eine noch schnellere Umsetzung und Manifestation unserer Gedanken und Gefühle. Das forderte uns erneut dazu auf, achtsam mit unseren Aussendungen umzugehen. Wir sind nun sozusagen in der Abschlussklasse gelandet und stehen kurz vor unserer Meisterprüfung. Nur das mit dem Schwindeln funktioniert (leider) nicht mehr so gut. Dieses Mal dürfen wir wahrhaftig und authentisch sein.

Wenn wir nun beim oben erwähnten Symbol für die Harmonische Konvergenz bleiben, so ist das Zeichen für den 8.8.8 erneut zwei Dreiecke. Allerdings haben sie sich bereits mehr ineinander geschoben, sodass daraus ein Stern entstanden ist. Allein aufgrund dieses Abbilds kannst du unsere Entwicklung der letzten Jahre erkennen.

Denn auch hier gilt das Prinzip: Wie außen, so innen. Die 8 ist eine Zahl der Unendlichkeit. Wenn du sie umdrehst, erhältst du eine Lemniskate. Des Weiteren steht die 8 für Meisterschaft.

Für uns bedeutet dieser Tag, dass wir eingeladen sind, ganz zu unserem tiefen, inneren Wissen Ja zu sagen. Wir werden darin bestärkt, selbst Meister zu sein. Er fördert unsere Selbstermächtigung, unsere Präsenz und die Annahme unserer Göttlichkeit. Das, was wir in der Verbindung mit dieser Tagesqualität erschaffen haben, hat noch viel weitreichendere Auswirkungen als unsere bisherigen Manifestationen. Es berührt sozusagen mehr Dimensionen und hat dadurch auch eine andere Beständigkeit. Das, was wir in der Energie des 8. August kreiert haben (bewusst oder unbewusst), hat Stabilität. Die Zahlenkombination 8.8.8 steht also für das Durchschreiten eines Tors, das uns in die Annahme der unendlichen Möglichkeiten unserer Schöpferkraft führt und uns unterstützt, uns allezeit unserer Selbstmeisterschaft gewahr zu sein. 8.8.1 übersetzt diese Tagesqualität auch. Durch die Veränderung der letzten Ziffer bedeutet es, das Potenzial dieses Tages auf die Erde zu bringen, es auf der Erde zu manifestieren. Die 1 ergibt sich aus der Rechnung: 2 + 0 + 0 + 8 = 10 = 1. Die 1 bringt es auf den Punkt. Die Qualität von 8.8.8 ist also die Annahme unserer Meisterschaft, und die Kombination von 8.8.1 bedeutet, sie im Hier und Jetzt auf der Erde vollkommen zu verkörpern – ohne Wenn und Aber, ohne Zweifel und Unsicherheiten. Es ist einfach so. Du bist Meister. Wir sind Meister.

Nach dieser kurzen Beschreibung möchte ich dich nun einladen, diese Schwingung auf deine eigene Art wahrzunehmen. Sie hat in den nächsten Jahren Gültigkeit, auch wenn der Tag in der Linearität schon lange vorüber ist. Wenn du möchtest, lies dir die nächsten Seiten durch, lege dann das Buch beiseite und lass dich auf die Energie des 8.8.8 ein.

Nimm einige bewusste Atemzüge und richte dabei deine Aufmerksamkeit ganz auf dich. Nimm dich wahr. Wenn du möchtest, schließe deine Augen und spüre auf deine eigene Weise deinen physischen, emotionalen, mentalen und spirituellen Körper. Lass dir die Zeit, die du für das Wahrnehmen jedes einzelnen benötigst. Dadurch fokussierst du dich auf dich selbst und zentrierst dich.

Durch weitere tiefe Atemzüge erlaube dir, ganz im Hier und Jetzt anzukommen. Lass alles abfließen und werde still, ruhig, leer. Entspannung, Gelassenheit und Frieden breiten sich so mehr und mehr in dir aus.

Nun stelle dir bitte vor deinem geistigen Auge einen Ort der Kraft vor. Er liegt in der Natur, eingebettet in eine Landschaft, die dir Geborgenheit und Wohlfühlen vermittelt. Dort entdeckst du einen kleinen Wasserfall, der sich in ein Becken ergießt. Die Sonne wärmt das Wasser und schenkt ihm ihre lebensspendende Energie. Sie lässt einzelne Wassertropfen immer wieder funkeln und glitzern, sodass ein Hauch von Magie über diesem Platz liegt. Vielleicht nimmst du auch die Gegenwart der Naturwesen wahr, die hier leben und ihn mit ihrer Lebensfreude und Lebendigkeit speisen und durchdringen.

Nimm bitte einen tiefen Atemzug und erlaube dir, diesen Kraftort in vollen Zügen zu genießen und in dich aufzunehmen. Lege nun deine Kleider ab und steige in das Wasser. Es ist genau so, dass du dich vollkommen sicher und wohl darin fühlen kannst.

Nachdem du dich ein wenig frei in dem Becken bewegt hast, gehe nun bitte zu dem Wasserfall und erlaube dir, dich darunter zu stellen. Seine Intensität ist genauso, wie es für dich stimmig ist und dir guttut.

Das herabfließende Wasser gleicht einer Lichtdusche aus weißgoldenem Licht, unter der du dich jetzt befindest. Es durchströmt nun dein Aurafeld und somit deine feinstofflichen Körper. Es durchdringt deinen physischen Körper und spült aus allen Zellen, Ebenen und Schichten aus, was dir nicht mehr dient, was sich in diesem Moment von dir verabschieden und lösen darf. Das Lichtwasser durchfließt deine Chakren und Energiezentren. Dein Kronenzentrum, dein Drittes Auge, dein Kommunikationszentrum, dein Herzzentrum, deinen Solarplexus, dein Sakralchakra, dein Basiszentrum und alle anderen Haupt- und Nebenzentren, die hier nicht weiter benannt werden.

Während das weißgoldene Licht durch deine Energiezentren strömt, löst sich auch hier all das, was du nicht mehr benötigst. Es transformiert sich, sodass stattdessen Freiheit und Weite in dir wachsen.

Atme tief ein und aus. Erlaube dir, dich ganz auf die befreiende Kraft der Lichtdusche einzulassen. Nimm wahr, wie du dadurch zu leuchten beginnst. Es ist deine Seele, die so wieder Raum erhält, zu sein. Sie strahlt durch, über dich und in dir. Dadurch richtest du dich auf das Lichtwesen aus, das du wirklich bist. Sei dieses wahre Wesen. Jetzt.

Nun bist du vorbereitet. Bitte bedanke dich bei dem Wasser für seine Unterstützung und löse dich langsam von und aus ihm. An seinem Ufer liegen neue Kleider für dich bereit, die dein wahres Sein unterstreichen und fördern. Nachdem du sie dir übergezogen hast, erlaube dir bitte, einen goldenen Pfad vor dir zu entdecken. Es ist dein Weg in die Neue Zeit, in ein neues Bewusstsein. Er bringt dich zum Fuß einer Treppe. Bitte steige die Stufen ganz bewusst empor. Nach jedem Schritt halte inne. Die einzelnen Absätze stehen für verschiedene Abschnitte deines bisherigen Lebens. Verweile auf jedem, um für dich zu überprüfen, ob du dich auf der jeweiligen Stufe frei, leicht und weit fühlst oder eher nicht. Ob du wirklich bereit bist weiterzugehen, oder ob es möglicherweise Anteile von dir gibt, die zögern. Lass dir die Zeit, die du für dich jetzt benötigst. Es ist nicht wichtig, dass du genau weißt, welcher Absatz für welche Erfahrungen steht. Genauso wenig ist es von Bedeutung, auf welche Art du die Treppe wahrnimmst. Ob du sie klar siehst oder fühlst. Ob du sie dir bewusst vorstellst oder einfach weißt, dass sie ist, ohne ein Bild dazu zu haben. Ob du davon ausgehst, dass es eine Stiege gibt, ohne etwas zu sehen, zu spüren, zu riechen oder zu schmecken. Jegliche Form der Wahrnehmung ist gleichwertig und bringt dich zum Ziel, wenn du es dir erlaubst und davon ausgehst, dass es so ist. Vertraue deiner Intuition.

So gehst du also Schritt für Schritt deinen Weg weiter. Falls du auf einer Stufe ein Zögern oder eine Enge bemerkst, kannst du feinstoffliche Begleiter deiner Seele zu Hilfe rufen. Das kann dein Schutzengel oder ein Erzengel, zum Beispiel Gabriel, Michael oder Ariel sein. Bitte sie, dich zu unterstützen, dass alles, was dich hier noch bindet, sich jetzt in der Kraft der Liebe und der Weisheit deiner göttlichen Präsenz transformieren darf. Lass stattdessen Freiheit in dir wachsen. Durch das bewusste Abschließen des Alten bereitest du dich darauf vor, dich auf das Neue einzulassen.

Wir können in die Fünfte Dimension kein altes Gepäck mitnehmen, und deshalb fordert uns die Geistige Welt immer wieder dazu auf, unsere „Taschen" durchzusehen und kräftig auszumisten. Das geschieht auf diesem Weg. Deshalb möchte ich dich erneut darum bitten, dir für diese Treppe so lange Zeit zu schenken, wie du benötigst. Wenn der Impuls für dich stimmig sein sollte, die Reise an einer Stelle zu unterbrechen, um sie an einem anderen Tag fortzusetzen, dann folge ihm. Das ist in Ordnung. Setze dich selbst nicht unter Druck, sondern erlebe diesen Weg durch die einzelnen Stationen deines Lebens ganz bewusst. Je mehr du dieses tust, umso freier kannst du in das Neue eintreten.

Letztendlich führt dich deine Stiege an ein Portal, an dem zwei goldene, geflügelte Löwen als Wächter stehen. Begrüße sie auf deine eigene Art und Weise. Bevor sie dich eintreten lassen, überprüfen sie nochmals deinen bisherigen Weg. Vielleicht geben sie dir auch einen Im-

puls dazu, was du in diesem Zusammenhang noch wissen solltest. Möglicherweise haben sie einen Wunsch an dich. Vielleicht verraten sie dir ihre Namen und teilen dir mit, dass sie gerne gemeinsam mit dir in die Neue Energie eintreten möchten, um dich auch weiterhin als Berater und Weggefährten zu begleiten.

Der geflügelte Löwe ist, ähnlich wie das Einhorn, ein Krafttier, das uns in die Neue Zeit führt. Deshalb erscheint er im Moment vielen Lichtarbeitern in Visionen und Meditationen. Er verkörpert die Fünfte Dimension beziehungsweise den Weg dorthin und die Verbindung zu den Sternen, von denen wir gekommen sind. Der geflügelte Löwe fördert in uns den Mut zu sein, was wir sind, und die geheilte Dualität kraftvoll zu manifestieren.

Das Portal, vor dem du stehst, ist aus einer schimmernden Diamantenergie. Das ist eine Schwingung, die als Thronenergie bezeichnet wird. Sie steht der Göttlichen Quelle sehr nahe. Sie entspricht unserem Ursprung beziehungsweise richtet uns darauf aus. Ich nehme sie als eine Vibration aus einerseits weißgoldenem Licht wahr, und auf der anderen Seite leuchtet sie irisierend, opalisierend für mich. Durch ihre Frequenz erhöht sich unsere Zellschwingung automatisch. Leichter, als sie zu beschreiben, ist es allerdings, wenn du deine eigene Erfahrung damit machst. Deshalb ist die Zeit nun gekommen, wo du eingeladen wirst, durch dieses Tor zu schreiten.

Nimm bitte einen tiefen Atemzug und mache auch dieses ganz bewusst, mit oder ohne Begleitung der geflügelten Löwen. Tritt durch das Portal. Es ist ein Dimensionstor.

Setze den Schritt in ein neues Bewusstsein, sowohl für deine persönliche Evolution als auch für das Kollektiv der Menschheit, dessen Teil du bist. Bitte gib dich der Thronenergie einfach hin. Atme sie tief ein und aus und erlaube, dass eine Wandlung, eine Neuorientierung in dir stattfinden darf. Es ist eine Erweiterung, eine Ausdehnung.

Leichtigkeit breitet sich in dir aus. Die neue Ebene, die du betreten hast, kann sich dir als eine strahlende Halle des Lichts zeigen. Oder als ein Tempel oder als ein unendlicher Raum oder als ein Universum, in dem unzählige Sterne funkeln, oder einfach als eine Schwingung, die keine Form hat. Wie auch immer es für dich ist, ist es gut und stimmig. Jetzt geht es darum, dich in der neuen Energie zu verankern, sodass sie dich in der Gesamtheit, die du bist, erfüllt und dadurch auch deinen Alltag mehr und mehr durchdringt und entsprechend wandeln kann. Dazu lege deine Aufmerksamkeit bitte auf dein Basiszentrum und lass deine Wurzeln tief in dieses Schwingungsfeld wachsen, komme in ihm an und sei darin vollkommen präsent.

Wenn du dich im neuen Raum gut verwurzelt hast, nimm wahr, wie sich das Tor, durch das du gegangen bist, hinter dir zu schließen beginnt und sich auflöst. (Es gibt sozusagen kein Zurück mehr.) Jetzt erlaube dir, dass sich die Schwingung in all deinen Zellen ausdehnt. Sie durchströmt sämtliche Chakren und Energiezentren. Sie fließt durch deine fein- und grobstofflichen Körper. Integriere die neue Energie in allen Ebenen deines Wesens. Atme dafür tief ein und aus und lass dir die Zeit, die du benötigst.

Im Anschluss daran werde dir deines Seins im Hier und Jetzt wieder gewahr. Das heißt, dass du deine Aufmerksamkeit auf deinen physischen Körper legen darfst. Die fünfdimensionalen Schwingungen durchdringen und hüllen dich weiter ein, auch wenn du den Fokus deiner Wahrnehmung jetzt wieder veränderst. Du bleibst in der Energie der Neuen Zeit verankert und zentriert, selbst wenn du dich nun nochmals erdest. Schließe die Reise auf eine für dich stimmige Art ab und sei vollkommen präsent. Das Schwingungsfeld der Neuen Zeit umgibt dich wie eine Lichtkugel aus Diamantenergie. Erinnere dich häufig an sie und lebe in und aus ihr heraus.

☆☆

Auf den nächsten Seiten findest du immer wieder die Zahlenkombination 8.8.8 und 8.8.1. Wann immer du sie siehst, halte bitte kurz inne. Gehe in deiner Vorstellung nochmals durch das Portal und verankere dich in der Neuen Energie. Lass sie durch dich fließen. Nimm sie auf deine eigene Weise wahr und bringe sie bewusst in dein Hier und Jetzt. Atme dabei tief ein und aus, richte dich auf dein wahres Wesen aus und auf deine Bedeutung in dieser Zeit. Dadurch entsteht in dir eine neue Matrix. Dabei löst du dich aus dem Morphogenetischen Feld der nichtgeheilten Dualität und wirkst an der Entwicklung des fünfdimensionalen Kollektivbewusstseins mit. Das kann sich mitunter ungewöhnlich anfühlen. Es kann sein, dass du den Eindruck hast, „schaumgebremst" zu sein, weil du zu allem, was dich umgibt, einen gewissen Abstand zu haben scheinst, um dann bereits am nächsten Tag wieder ungeahnte emotionale Tiefen zu durchwandern. Während dieser Phasen zeigt dein Körper seine weiter gestiegene Sensibilität und Empfindsamkeit und reagiert mitunter sehr schnell mit verschiedenen Symptomen. Keine Sorge, das alles ist „normal“. Sei einfach achtsam mit dir selbst und lerne dadurch noch mehr, auf dich selbst, deine Intuition, deine innere Stimme und Führung zu hören. Sie zeigt dir den Weg.

In welcher Form dich Avalon dabei unterstützen kann, um zum eigentlichen Thema dieses Buches zurückzukehren, möchte ich dir in den nächsten Kapiteln näherbringen. Um dir seine Bedeutung für unsere gemeinsame Reise in den Neuen Morgen zu zeigen, lade ich dich ein, dich mit mir auf die Magie dieses Ortes, seine Geschichte und ihre Auswirkungen bis in die heutige Zeit einzulassen. Lass uns das Wissen, wie die Nebel der Dualität zu lüften sind, wieder entdecken, um in das Paradies zurückkehren zu können, wofür Avalon steht.

☆☆☆☆☆

8.8.8
Avalon

Avalon lag und liegt in und um Glastonbury in Somerset. Es wird auch als das englische Jerusalem oder als Glasinsel bezeichnet. Auf dem heiligen Hügel der Insel, der der Tor genannt wird, steht heute ein Glockenturm der später erbauten Saint Michaels Kapelle. Man kann ihn bereits von weitem sehen. Ich habe einige Zeit benötigt, um zu erkennen, dass der Tor kein Tippfehler ist. Tor ist ein Wort keltischen Ursprungs, was Berg, Erde und konischer Hügel bedeutet.

Avalon wird deshalb als Insel bezeichnet, weil es früher von Wasser umgeben war. Es lag eingebettet in eine nebelige Sumpflandschaft. Nur Kundige konnten deshalb den richtigen Weg nach Avalon finden. Da in Avalon sehr viele Apfelbäume wuchsen, wurde es auch die Apfelinsel genannt. Manche sagen, dass es der Zugang in die Feenwelt war, beziehungsweise dass Avalon selbst zur Feenwelt gehörte. Auf jeden Fall wirkten die Priesterinnen vom See, die dort ausgebildet wurden und lebten, eng mit dem Naturreich zusammen.

Die Insel war ein mystischer Ort, um den sich viele Legenden ranken. Das ist bis zum heutigen Tag so geblieben. In Avalon wurde die Große Göttin verehrt und ihre Rituale gefeiert. Die Priesterinnen wurden geschult, ihre Hellsicht und heilenden Fähigkeiten zu entwickeln. Die Priesterinnen waren beispielsweise Seherinnen, Heilerinnen, Hebammen und Lehrerinnen. Viele blieben auf der

Insel, einige andere hatten die Aufgabe, in ihre Familien zurückzukehren, um beispielsweise einflussreiche Männer zu heiraten. So sollte die Energie der Großen Göttin auch in politische Geschehnisse mit einbezogen werden. Männer, die diesen Weg gingen, wurden als Druiden bezeichnet und von solchen unterrichtet.

Ursprünglich bestand ein respektvoller Austausch und eine sich ergänzende Zusammenarbeit zwischen den Priesterinnen und den Druiden. Von der Stadt Glastonbury aus führt immer noch der alte Prozessionsweg hoch zum Tor. Es gibt mittlerweile auch einen zweiten, weniger anstrengenden Weg auf den Hügel. Dieser war zu einem späteren Zeitpunkt von christlichen Mönchen erbaut worden. Die Begegnung zwischen dem alten keltischen, weiblichen und dem neuen christlichen, männlichen Weg ist in Glastonbury immer wieder sichtbar und sehr präsent. Es wird erzählt, dass es im Inneren des Hügels Gänge und Kammern geben soll. Dort würden heilige Insignien aufbewahrt, wie möglicherweise das magische Schwert Excalibur oder der Kessel der Cerridwen, einer keltischen Göttin des Werdens und Vergehens. Es wird gemunkelt, dass es dieser Kessel ist, der später als Heiliger Gral bezeichnet wurde.

Einst stand auf dem Tor ein Steinkreis, in dem Rituale gefeiert wurden. Es war und ist ein Kraftort. Denn auch hier treffen sich die beiden Leylines von Michael und Maria. Da Avalon eine sehr weibliche Grundschwingung ausstrahlt, findet hier die Kommunikation mit Drachenenergien, der Großen Göttin, Gaia und der Kundalinikraft der Erde leicht statt.

Als Josef von Arimathäa gemeinsam mit seinem Großneffen Jesus nach Avalon kam, erhielt er von den Druiden Land. Dort gründete er ein „Kloster". Damals war es noch eine alte Kirche aus Lehm und Flechtwerk. Heute sind hier die Ruinen der Abbey zu bewundern. Für Geomanten ist dieser Ort auch heute noch ein Eldorado der Energien, unter anderem kreuzen sich hier die Michael- und Marienkraftlinie. Der Geschichte nach soll Josef von Arimathäa den Heiligen Gral mitgebracht und in Avalon vergraben haben. In diesem Zusammenhang ist der Gral der Kelch, den Jesus beim letzten Abendmahl seinen Jüngern reichte und in dem sein Blut aufgefangen wurde, das er am Kreuz vergossen hat.

Ein Feuer zerstörte den Bau, den Josef von Arimathäa errichtet hatte. Mönche erbauten das Kloster neu, das 1184 einem weiteren Großbrand zum Opfer fiel. Es wird erzählt, dass in der Folge davon die Gräber von König Artus und Guinevere auf dem Abteigelände entdeckt wurden. Als Heinrich VIII. die anglikanische Kirche einführte, forderte er die Auflösung der christlichen Klöster. So diente die Glastonbury Abbey in dieser Zeit als Lieferant für Baumaterial und wurde nach und nach abgerissen.

Die Michaelskapelle, die früher auf dem Tor stand, von der jetzt nur noch der Glockenturm erhalten ist, gehörte auch zur Abtei. Der neue Weg versuchte, den alten mehr und mehr zu verdrängen und errichtete deshalb auf den Kraftplätzen der Großen Göttin eigene Bauwerke. So wurde auf dem Hügel diese Kirche anstatt des Steinkreises gebaut. Der alte Glaube wurde verdrängt. Da dieser Weg die Verbindung zu Muttergott und zur Erde darstellt, kam es durch seine Ablehnung zu einer Entwurzelung aller Menschen. Die weibliche, intuitive Seite wurde der mental, männlichen, analytischen Vorgehensweise untergeordnet. Durch diese eigene, innere Abspaltung konnte sich eine Form der (Selbst)Zerstörung ausbreiten, die uns auch heute noch betrifft. Wir denken oft zu viel und fühlen uns zu wenig. Eine Folge des sich Nicht-Spürens ist die Suche nach Konfrontation und Reibung, um sich zumindest darüber wieder wahrzunehmen. Das ist eine der Ursachen für Gewalt und Krieg.

Betrachten wir beispielsweise einige Entwicklungen in unseren Schulen, aber auch im weltpolitischen Geschehen, erkennen wir, wie aktuell die Geschichte Avalons und ihre Auswirkungen nach wie vor sind. Wenn wir den alten und den neuen Weg wieder miteinander in Harmonie bringen, was auch Teil dieses Buches ist, erschaffen wir in uns ein Gleichgewicht. Das strahlen wir aus und tragen es so in die Welt, damit auch hier der Friede wieder sichtbar werden kann.

Nach diesem kurzen „Ausflug" möchte ich allerdings nochmals auf den Glockenturm der ehemaligen Saint Michaelskapelle zurückkommen. Die Kirche wurde durch ein Erdbeben zerstört, sodass heute nur noch der Turm zu sehen ist. Da die Form der Erdbewegung für diese Region ungewöhnlich ist, sprach man von einer Erzürnung der Großen Göttin aufgrund der Verdrängung der keltischen Wurzeln.

Heute ist Glastonbury ein bunter Ort. Viele Menschen und spirituelle Gruppen fühlen sich von ihm angezogen und zelebrieren ihre Rituale dort. Das wird sich in den nächsten Jahren nochmals verstärken. Avalon ist ein Eckpfeiler innerhalb unserer Evolution beziehungsweise für unseren Weg in die Fünfte Dimension. Die Wichtigkeit seiner Bedeutung wird häufig gemeinsam mit unserem Erbe aus Atlantis, Lemurien und anderen Hochkulturen, wie beispielsweise den Mayas, genannt.

☆☆☆☆☆

8.8.1
Warum du dieses Buch (vielleicht) lesen möchtest

Grundsätzlich ist es so, dass alles, was du liest, etwas in dir berührt und in Bewegung setzt. Bewusst oder unbewusst. Dadurch kannst du dich entweder bestätigt finden, oder du erhältst neue Impulse und Anregungen. Manches Mal werden dabei auch Blockaden aktiviert, was die Möglichkeit der Heilung und Lösung in sich trägt.

Auch dieses Buch bewegt etwas in dir, während du es liest. Deshalb wirken beispielsweise auch gelesene Meditationen. Durch das Lesen richtest du deine Aufmerksamkeit auf die Energien, Wesenheiten etc., und dadurch finden Kommunikation, Begegnung und Veränderung statt. Wie intensiv oder tiefgreifend dieses für dich ist, entscheidest du durch deine Bereitschaft, dich einzulassen und anzunehmen. Das ist eine Frage des Bewusstseins. Natürlich hast du auch die Wahl, sie anzuleiten oder andere für dich anleiten zu lassen. Du kannst sie dir auf Kassette oder CD sprechen und im Anschluss daran hören. Oder du lässt dich von der Stimme deines Herzens und deiner Seele selbst auf die Reisen führen.

Aus meiner Sicht dienen uns Wesen, wie zum Beispiel König Artus, Merlin, Morgana, als Archetypen. Das heißt, sie leben ein Stück weit in jedem Einzelnen von uns. Sie stehen für verschiedene Aspekte, die Teil unseres Wesens sind. Durch die Begegnung mit ihnen können wir uns selbst erkennen, wachsen und heilen. Deshalb ist Avalons Geschichte auch für uns im Hier und Jetzt bedeutsam. Es ist ähnlich wie bei dem astrologischen Tierkreis. Du trägst die Eigenschaften aller Sternzeichen in dir. Was besonders ausgeprägt ist, was du stärken und entwickeln darfst, ist unterschiedlich. Die Auseinandersetzung mit König Artus und Avalon zeigt aber auch kollektive Themen auf, die für uns in dieser Zeit Bedeutung haben. Das wird in den späteren Kapiteln noch deutlich sichtbar werden.

Dieses Buch ist ein Arbeitsbuch. Es hilft dir, dich mit dir selbst auseinanderzusetzen und deine eigenen Erkenntnisse und Erfahrungen zu sammeln. Aus einem oder mehreren der folgenden Gründe könntest du es (oder es dich) gefunden haben:

- Vielleicht erinnert es dich an deine Inkarnation als Priesterin vom See oder an den alten Weg der Druiden, den du gegangen bist.
- Vielleicht möchte deine Seele das damalige Heilwissen in dir wieder aktivieren, deine Hellsicht und Wahrnehmung fördern und dich bitten, dir zu erlauben, deine Selbstermächtigung wieder anzunehmen und im Hier und Jetzt zu leben.
- Vielleicht nutzt deine Seele die Verbindung zum blauen Strahl, die hier immer wieder sichtbar wird, um die Einheit mit deinem göttlichen Willen und deinem göttlichen Plan zu vertiefen.
- Vielleicht geht es um die vertiefte Kommunikation mit dem Naturreich und die Integration deines Elfenselbst,

sodass du dich endlich ganz fühlen und dein Menschsein genießen kannst.

- Vielleicht warst du Vivianes oder Merlins Schüler/in, und sie möchten jetzt mit dir abschließen, was sie einst begonnen haben.
- Vielleicht bist du schon lange auf der Suche und folgst deinen unerfüllten Sehnsüchten, anstatt zu finden und Erfüllung zu leben.
- Vielleicht rufen dich einzelne Orte, an denen du einst gewirkt hast und versprochen hast, zurückzukommen.
- Vielleicht geht es um den Kontakt zu Sternengeschwistern.
- Vielleicht möchte eine Aussöhnung zwischen dem alten und neuen Weg, zwischen deinen weiblichen und männlichen Aspekten in dir Raum nehmen.
- Vielleicht ist es in der Folge davon eine deiner Aufgaben, Frieden zu bringen und Friedensbotschafter/in zu sein.
- Vielleicht geht es um die Erneuerung deiner Freundschaft mit den Drachengeschwistern.
- Vielleicht ist es deine Aufgabe, dieses Wissen in deinen Seminaren und eigenen Reisen nach England weiterzugeben und weiterzuentwickeln und dient dir als Impuls dazu.
- Vielleicht liebst du einfach England und möchtest mehr Informationen zu einem Teil seiner Geschichte haben, sodass dich dieses Buch wie ein Reiseführer begleiten kann.

- Vielleicht – ja, spüre selbst in dein Herz und höre die Stimme deiner Seele, was die Botschaften dieses Buches für dich bedeuten.

Avalon steht für den Neuen Morgen, für die Fünfte Dimension. Deshalb wird es in verschiedenen Schriften auch immer wieder als Paradies bezeichnet. Sich auf Avalon einzulassen, unterstützt, es zu betreten und darin zu leben. Es ist ein spirituelles Zentrum, das in den nächsten Jahren noch bedeutsamer werden wird. Das heißt, dass noch mehr Menschen als bisher den inneren Drang verspüren werden, dorthin zu reisen. Der Artusweg bezeichnet unsere Entwicklung zum Kosmischen Menschen. Als Kosmischer Mensch können wir im Paradies (= Avalon) leben. Verstehst du den Zusammenhang? Gleichzeitig beinhaltet der Artusweg, den Heiligen Gral zu finden. Das wiederum bedeutet die Annahme und das vollkommene Verkörpern unserer Christuspräsenz. Dadurch geben wir uns unserem göttlichen Potenzial hin. Wir lassen uns auf unsere Seele ein. Wir sind Seele und erfüllen so ihren Plan. So bedingt eines das andere, und alle diese Aspekte sind Teil dieses Buches. Willkommen in Avalon. Willkommen im Paradies. Willkommen auf dem Artusweg!

☆☆☆☆☆

Wer oder was dir in den nächsten Kapiteln begegnet

Hier findest du eine kurze Beschreibung von Wesen, Energien und Orten, die dir in diesem Buch begegnen werden, und zwar in einer Form, wie ich sie wahrnehme, beziehungsweise in welchem Kontext sie in den nächsten Kapiteln vorkommen werden. Manche Namen haben verschiedene Schreibweisen. Ich habe mich einfach für eine entschieden. Du kannst aber auch gerne eine andere wählen, wenn es für dich stimmiger sein sollte. Dadurch ändern sich die Qualitäten und Eigenschaften, die zugeordnet werden, nicht. Was mich daran so fasziniert (und ich hoffe, dass ich dir das vermitteln kann) ist, wie verwoben die Schicksale der einzelnen Menschen miteinander sind und wie alles ineinanderfließt und zusammenhängt. In diesem Buch versuche ich einen Ausschnitt davon wiederzugeben. Die Zuordnungen sind in keinster Weise vollständig und sollen lediglich eine Anregung und ein Beitrag auf unserem Weg in die Fünfte Dimension sein. Wenn wir uns auf Avalons Geschichte, König Artus und die Tafelritter, die Suche nach dem Heiligen Gral einlassen, erkennen wir uns immer wieder selbst darin. Es gibt viele Parallelen zu unseren heutigen Familienstrukturen und unserem alltäglichen Leben, was im Laufe der folgenden Seiten immer wieder verdeutlicht wird. Gleichzeitig sollen durch die Begegnungen mit den Wesen, Energien und Orten Erkenntnisse in uns gefördert werden, die unserer Ganzheit, unserer Heilung und der Geburt des Kosmischen Menschen dienen.

Viviane

Sie war eine Herrin vom See und Hohepriesterin von Avalon. Sie ist Lancelots Mutter und Morganas Tante. Sie verkörpert die alte Weise. Demnach ist ihre Farbe Schwarz.

Igraine

Sie ist sowohl Morganas als auch Artus Mutter und ebenso eine Priesterin von Avalon. Sie war zuerst mit Gorlois, dem Herzog von Cornwall, verheiratet. Nach seinem Tod heiratet sie ihre große Liebe Uther Pendragon, der Artus Vater ist. Auch dieser stirbt bald, und so zieht sich Igraine in ein christliches Kloster zurück. Sie verkörpert die Frau, die im Leben steht und geboren hat. Die zugeordnete Farbe ist Rot.

Morgana

Sie war Artus Halbschwester und hat gemeinsam mit ihm in einem heiligen Ritual zu Ehren der Großen Göttin Mordred gezeugt. Sie ist eine Priesterin vom See und gleichzeitig eine Og Min. Ihr Name Le Fay weist auf die zusätzliche Zugehörigkeit zum Reich der Naturwesen hin. Sie repräsentiert den alten Weg. Das ist der keltische, ursprüngliche Glaube. Obwohl sie ein Kind geboren hat, steht sie in der Gemeinschaft mit Viviane und Igraine für die jungfräuliche Frau. Das bedeutete zur damaligen Zeit nicht, eine Frau, die noch keine sexuelle Vereinigung erfahren, sondern eine junge Frau, die noch nicht geboren hat. Ihre Farbe ist Weiß.

Guinevere

Sie war Artus Gemahlin. Ihre große Liebe hingegen war Lancelot. Sie war eine keltische Göttin, wobei ihr Name Gwenhwyfar geschrieben wurde. Es wird gesagt, dass sich die Göttin Gwenhwyfar nach der Hochzeit mit Artus in die Königin Guinevere verwandelte.

Merlin

Er war ein mächtiger Druide. Er verzauberte Uther Pendragon so, dass er der noch verheirateten Igraine in Gestalt von Gorlois erscheinen konnte. So wurde Artus gezeugt. Später war Merlin sein Lehrer. Er ist so etwas wie das männliche Pendant zu Viviane.

Uther Pendragon

Er war der Großkönig von Britannien. Er verliebte sich in Igraine, die bereits mit Gorlois verheiratet war. Mit Hilfe von Merlin konnte er sich ihr nähern. Aus dieser Liebesnacht entstand Artus. Als Gorlois starb, nahm Uther Igraine zur Frau. Auf seinem Banner ist ein Drache, was auf seine Verbindung zu den Drachenkräften hinweist.

König Artus

Er wirkte im 5. oder 6. Jahrhundert und verbündete verschiedene Kleinkönigreiche Britanniens gegen gemeinsame Feinde. Artus wuchs im alten, keltischen Glauben auf. Später wechselte er zum Christentum, dem neuen Weg, über. Es wäre seine Aufgabe gewesen, eine Brücke zwischen diesen beiden Richtungen darzustellen. Die Anerkennung seiner Königswürde gelang ihm durch das Herausziehen eines geheimnisvollen Schwertes aus einem Stein. Die Meinungen gehen auseinander, ob es bereits Excalibur war, oder ob er dieses erst später von der Herrin vom See überreicht bekam. Auch gibt es verschiedene Fassungen darüber, wie und wo Artus starb. Auf jeden Fall wurde er in allen Erzählungen von seinem Sohn Mordred schwer verletzt. Mordred war in einem heiligen Ritual mit seiner Halbschwester Morgana gezeugt geworden. Es entsprach dem Brauch, dass Artus dabei ein Hirschgeweih aufgebunden bekam, um die Vereinigung mit dem Land, der Erde und der Großen Göttin, die durch eine Priesterin vom See repräsentiert wurde, zu vollziehen.

Lancelot

Er war ein bekannter Ritter der Tafelrunde und enger Vertrauter von König Artus. Er wuchs in Avalon auf und wurde als Einziger nicht von Artus, sondern von Guinevere zum Ritter geschlagen. Durch seine unglückliche Liebe zu Guinevere wurde er unwürdig, den Heiligen Gral zu suchen. Gegen seinen Willen musste er aufgrund eines Zaubers Elaine heiraten. Aus dieser Verbindung wurde sein Sohn Galahad geboren, der auserwählt war, die Suche nach dem Heiligen Gral zum Abschluss zu bringen.

Galahad

Er galt als „reiner“ und „makelloser“ Ritter. Diese Qualitäten ermöglichten es ihm, den Heiligen Gral zu finden. Kurz nachdem er ihn ganz erblickt und als Einziger berührt hatte, starb er auf eigenen Wunsch hin. Sein letztes Wort war der Name seines Vaters: „Lancelot“. Sein Symbol war das Einhorn, das auch für Reinheit steht. Auf seinem Schild trug er ein rotes Kreuz. Es stand für das Kreuz, das Josef von Arimathäa mit dem im Gral gesammelten Blut Christi gezeichnet hatte.

Die Ritter der Tafelrunde

König Artus hat den runden Tisch erfunden, um Streitigkeiten zu vermeiden. Jeder sollte gleichwertig sein. Unter anderem war es die Aufgabe der Ritter der Tafelrunde, den Heiligen Gral zu finden. Dieser sollte Unsterblichkeit ermöglichen. Die Aussagen darüber, wie viele Ritter zur Tafelrunde gehörten sind unterschiedlich. Manche sagen, dass Artus zwölf Ritter um sich versammelt hatte, einige sagen 24 und wiederum andere, dass es viel mehr gewesen sein sollen. Zu den Rittern der Tafelrunde gehörten zum Beispiel Lancelot, Gawain, Galahad, Iwein.

Der Heilige Gral

Es gibt verschiedene Interpretationen darüber, wer oder was der Heilige Gral sein könnte. Ich glaube, dass jeder von uns den Gral in sich trägt und es unsere Aufgabe ist, zum Gral zu werden, Gral zu sein. Er ist ein Symbol für die Ich-Bin-Präsenz, für die Christusenergie. Manche Menschen sagen, dass der Heilige Gral, der Kelch ist, den Jesus beim letzten Abendmahl reichte. Andere sagen, dass Maria Magdalena der Gral gewesen sei. Viele Menschen waren bisher auf der Suche nach ihm. Einige von ihnen sind ihm dabei sicher nahe gekommen. Auch in diesem Buch geht es darum, den Gral zu finden, was als Artusweg bezeichnet wird.

Josef von Arimathäa

Es gibt eine christliche Überlieferung, in der Josef von Arimathäa mit dem Gral das Blut Christi unter dem Kreuz aufgefangen haben soll. Weiterhin gibt es die Aussage, dass er gemeinsam mit Jesus Avalon besuchte. Zu einem späteren Zeitpunkt lebte und wirkte er in Glastonbury, wo man auch den Gral begraben glaubt. Man sagt, dass sein Grab in der Glastonbury Abbey entdeckt worden sei.

Tintagel Castle

Es liegt an der Westküste Cornwalls. Dort wurde Artus gezeugt und geboren. Dieser Ort ist auch heute noch voller Magie. Hier berühren sich verschiedene Welten und Dimensionen.

Chalice Well

Ist ein heiliger Garten in Glastonbury. Er wird als Gralsquelle oder Blutquelle bezeichnet. Das Wasser dieser Heilquelle ist besonders eisenhaltig. Man geht davon aus, dass keltische Priesterinnen und Druiden dort ihre Rituale zelebriert haben. In Chalice Well gibt es einen Dornenbusch, der immer zur Weihnachtszeit Blüten tragen soll. Er soll aus einem Stab gewachsen sein, den Josef von Arimathäa dort in die Erde gestoßen hat. Dieser Garten hat eine sehr starke Verbindung zum blauen Strahl. Es ist ein Ort des Friedens. Die Gegenwart von Mutter Maria, Erzengel Michael, El Morya und König Artus ist dort sehr deutlich spürbar, sodass die Kommunikation und die Begegnung mit den genannten Wesen hier sehr einfach und intensiv ist.

Avebury

Hier ist der größte Steinkreis der Welt, der älter als Stonehenge ist. Sein Durchmesser beträgt 427 m, und ursprünglich bestand er aus circa 154 Sandsteinblöcken. Viele von ihnen wurden zerstört, sodass heute noch ungefähr 36 davon übrig geblieben sind. Eine Geschichte erzählt, dass, egal wie oft man sie zählt, man immer auf ein anderes Ergebnis kommt. Innerhalb des großen Steinkreises befinden sich noch zwei weitere, kleine. Von ihnen sind nur noch wenige Steine sichtbar. In Avebury kreuzen sich die Michael-Leyline und die Maria-Kraftlinie. Rund um Avebury erscheinen jedes Jahr viele Kornkreise.

Stonehenge

Stonehenge ist ein bekannter Steinkreis, der in der Nähe von Amesbury in Wiltshire liegt. Seine Entstehung gibt nach wie vor Rätsel auf. Es gibt die Geschichte, dass Merlin Stonehenge aus Irland hergebracht haben soll. Dort war er von Giganten erbaut worden, die die Steine aus Afrika hatten. Erich von Däniken stellte die These auf, dass Stonehenge von Außerirdischen errichtet worden sei. Die Steine von Stonehenge sind so angeordnet, dass man erkennt, dass an diesem Platz Sonnenwendrituale und Tagundnachtgleiche-Feiern zelebriert wurden. Stonehenge ist ein Sternentor. Es fördert den Kontakt, die Kommunikation und die Begegnung mit Sternengeschwistern, wie zum Beispiel mit den Og Min.

Og Min

Die Og Min sind eine Sternenrasse aus dem Bereich der Zentralsonne, die auch als „Hüter der Chroniken" bekannt sind. Morgana wird gerne als eine Og Min bezeichnet. Sie wirken bei der Entstehung von Kornkreisen mit.

Sternengeschwister von Arkturus

Sie nehmen mehr und mehr mit uns Kontakt auf. Auch sie sind stark an der Entstehung von Kornkreisen beteiligt, worüber sie mit uns kommunizieren. Ihre Symbole wirken auf unsere DNS und helfen, sie zu entschlüsseln. So fördern und unterstützen sie das Erwachen des Kosmischen Menschen.

☆☆☆☆☆

8.8.8
Zur Entstehungsgeschichte dieses Buches

Ich kann mich nicht mehr daran erinnern, wann ich das erste Mal von Avalon hörte. Es scheint mir so vertraut, als ob ich es immer schon gekannt hätte. Bereits in meiner Jugend beschäftigte ich mich mit meinen keltischen Wurzeln, Jahreskreisfesten, heilenden Kräften aus der Natur, den Wegen der Großen Göttin, Drachengeschwistern etc. Als ich vor circa 20 Jahren das Buch von Marion Zimmer-Bradley „Die Nebel von Avalon“ las, war es endgültig um mich geschehen. Ich hatte das Gefühl, als hätte sie meine Geschichte, und das auch noch ausschließlich für mich, geschrieben. Es erging mir, wie so vielen anderen Menschen, die dieses Buch im Laufe vieler Jahre in die Hände bekamen und sich darin wiedererkannten.

Heute würde ich das Buch anders empfinden, heute würde Marion die Avalon-Geschichte auch wahrscheinlich anders erzählen. Das Drama, das darin beschrieben wird, repräsentiert die alte Energie der nicht geheilten Dualität. Es wurde auch in und für eine andere Zeit geschrieben. Es war für viele von uns wichtig, um einen Teil unserer Vergangenheit zu heilen und loszulassen, und es ist nach wie vor lesenswert. Jetzt geht es um eine neue Begegnung mit Avalon. Das ist einer der Gründe, warum es mich so drängte, ein eigenes Buch über Avalon zu schreiben.

In keinem anderen Land bin ich bisher so oft gewesen

wie in England. Schon beim ersten Mal fühlte ich mich dort so zu Hause, wie sonst bis zum damaligen Zeitpunkt nirgendwo. Damals, auch das ist zwanzig Jahre her, wollte ich mir unbedingt und auf der Stelle einen blauen Halbmond auf die Stirn tätowieren lassen. Er sollte meine Verbundenheit zu Avalon zeigen und das alte Wissen aktivieren. Der Göttin sei Dank (aus heutiger Sicht) fand ich niemanden, der es mir gemacht hätte. Das wäre eine Dummheit gewesen, die ich noch heute bereuen würde, und somit bin ich der Geistigen Welt dankbar, dass sie mich davor bewahrt hat!

Die bisher letzte Reise nach England gab schließlich den endgültigen Impuls für dieses Buch. Der Hauptteil besteht aus den Informationen und Meditationen, die uns die Geistige Welt während dieser Zeit gegeben hat. Deshalb möchte ich mich an dieser Stelle nochmals ganz herzlich bei jedem Einzelnen der Gruppe bedanken. Durch ihre Teilnahme haben sie an der Entstehung dieses Werkes mitgewirkt.

Wenn ich ein Buch schreibe, ist es so, dass ich mich leere, in eine Form von Trance gehe und es durch mich fließen lasse. Ich „denke" dabei nicht. Es entsteht von selbst. Das ist durch die Zusammenarbeit mit der Geistigen Welt möglich. Es ist also ebenso eine Form der Wiedergabe von gechannelten Informationen, auch wenn es nicht in einer direkten Rede geschieht. Das heißt, selbst wenn zum Beispiel Morgana nicht sagt: „Hier spricht oder hier ist Morgana", sie dennoch anwesend ist. Genauso wie alle anderen, die in diesem Buch erwähnt werden.

Während ich also die Tasten meines Laptops betätige, stehen und sitzen sie alle ringsherum. Je nachdem, an welchem Kapitel ich schreibe, steht einer (oder mehrere) von ihnen auf und gibt Anregungen, was mitzuteilen ist. Oder sie lassen ihre Energien so mit einfließen, dass sie sich mit mir verbinden und sie direkt über meine Hände und die geschriebenen Worte mitströmen und mitwirken. Dieses mittlerweile „leichte" Zusammenwirken hat sich über viele Jahre entwickelt. Das Wissen, das du hier findest, ist nur ein kleiner Ausschnitt des großen Ganzen. Alle Zusammenhänge, die Geschichten um Avalon und ihr Erbe, die Wesenheiten, die damit in Verbindung stehen und ihre Bedeutung sind so umfangreich, dass es für einen einzelnen Menschen, für ein einzelnes Buch, nicht ganz zu erfassen ist. Es braucht viele Lichtarbeiter, die über Avalon schreiben, reden, es in ihre Arbeit und in ihr Leben mit einbeziehen, Seminare dazu machen, nach England reisen etc. Deshalb sind die Anregungen auf diesen Seiten nicht vollständig. Meine Aufgabe ist es, zu vermitteln, Botschaften weiterzugeben und dadurch Impulse zu setzen, Samen zu säen. Es benötigt Menschen wie dich, die diese erhalten, aufnehmen und Weiteres, Neues daraus wachsen lassen. Dadurch entsteht auch zwischen uns eine Form der Zusammenarbeit, und gemeinsam wirken wir an der Erschaffung des Lichtnetzes, das das Schwingungsfeld der Fünften Dimension manifestiert.

Es ist gut, wenn du deine eigenen Gedanken, Gefühle und Erfahrungen mit den Wesen und Orten sammelst. Was dir aus diesem Buch nützt, praktiziere, gib weiter und lass es sich weiterentwickeln. Das Wissen soll hinausgetragen werden in die Welt. Die Zeit des Zurückhaltens ist vorüber. Es darf frei sein und seine eigenen Wege finden. Es ist nicht auf einige auserwählte Menschen beschränkt. Es ist für alle da. Genauso, wie die Energien und Begleiter aus anderen Dimensionen kein Copyright tragen und nicht urheberrechtlich geschützt werden können. Deshalb lade ich dich ein, dich jetzt tiefer auf Avalon einzustimmen. In einem früheren Buch habe ich bereits ein Kapitel über Avalon geschrieben, das ich in verkürzter Form hier wiedergeben möchte.

☆☆☆☆☆

Rückblick

In dem Buch „Elfen, Feen und Zwerge – vom Umgang mit der Anderswelt“ hatte ich bereits das Vergnügen, ein Kapitel über Avalon schreiben zu dürfen. Es ist mittlerweile vergriffen, und ich möchte das Geschriebene an dieser Stelle nochmals gekürzt zusammenfassen.

Viele von uns waren in Avalon als Priesterinnen vom See inkarniert. Die Große Göttin wurde verehrt, und wir besaßen viel Wissen über Kräuter und Pflanzen und wussten dieses auch für Zwecke der Heilung anzuwenden. Die meisten von uns waren sichtig und hatten Visionen, als sie auf die Oberfläche des Wassers blickten. Die Einflüsse änderten sich, und das Christentum nahm mehr und mehr Raum. Der Glaube an einen männlichen Gott löste die Anbetung der Großen Göttin allmählich ab. Die Priesterinnen von Avalon wurden immer mehr verdrängt, verfolgt, und einige von uns wurden entführt und getötet. Viele der weisen Frauen schworen damals, nie wieder in ihre Hellsicht eintreten zu wollen. Dieser Entschluss hindert sie teilweise noch heute daran, ihr volles spirituelles Potenzial zu leben. Der Vorsatz kann aber durch Clearings etc. gelöst werden. Die Verbindung zum Blauen Volk (Feen, Elfen und Naturwesen), die vorher sehr rege und bereichernd für beide Seiten war, wurde immer loser, und die Reiche drifteten auseinander. Viele von uns erinnern sich noch, dass sie nicht mehr fähig waren, die Nebel zu rufen, die Barke zu rufen, mit der wir auf unsere Insel kommen konnten. Wir begannen, uns als getrennt zu empfinden, getrennt von der Großen Göttin, getrennt von unseren Schwestern, die ebenfalls Priesterinnen waren, getrennt von unseren Freunden und Lehrern des Blauen Volkes. Dieser Schmerz der Trennung wird nun geheilt.

☆☆

Dieses ist Merlin, der zu euch spricht. Merlin ist eine Bezeichnung, ein Titel, der Wesenheiten unseres Volkes verliehen wurde. Es ist ein Ausdruck der Würde und des alten Wissens, das wir als Merlin hüten und weitergeben. Eure Mysterienschulen, Druidenschaften, keltische Priesterschaften wurden von uns unterwiesen im Verstehen, Erkennen und Deuten der Zeichen, als auch in der Kraftlenkung und im Wissen um Heilung. Und dieses ist nun ein Kreis der Initiation.

Erkennt, dass die alten Zeiten erneut erstrahlen in neuem Glanz, im Bewusstsein der Einheit, im Bewusstsein des Friedens. Ich bin mit vielen Vertretern meines Volkes gekommen, um einen Kreis um euer Sein zu schließen. Wir berühren nun in der Kraft der Segnung, in der Kraft des Erweckens, euer Drittes Auge. Und wir berühren das Zentrum eures Herzens und aktivieren dort den Smaragd, der dort lange Zeit gelegen hat, und verbinden ihn wieder mit eurer Wahrnehmung.

Erkennt, dass die Liebe von nun an erneut eure Wahrnehmung leitet. Eine liebevolle Wahrnehmung, Mitteilen dieser Wahrnehmung, ein liebevolles Übersetzen des alten Wissens wird Raum nehmen in eurem Sein. Wir be-

rühren nun euer Basiszentrum, um dieses zu erwecken, um dort das Erdenwissen, das in Verbindung steht mit den Erdgitternetzen, erneut in euch zu wecken.

Erlaubt, ihr keltischen Priester und Priesterinnen, euch rückzubinden an euer Wissen! Erlaubt, die Symbole eurer Kraft in Anspruch zu nehmen, in Besitz zu nehmen aus unseren Händen. Doch es sind neue Qualitäten mit diesen Symboliken verbunden. Es ist das Symbol des Triskels (Dreiereinteilung eines Kreises). Erkennt, dass es das Symbol der Einheit ist, und erlaubt, dass die Zepter, die euch als Zeichen eurer Kraft, eurer Macht, gegeben wurden, sich nun mit dem Smaragd in eurem Herzen verbinden, sich nun mit eurer Liebe verbinden, mit der Weisheit, die ihr seid und mit der Materie und dem Geist, der ihr seid.

Erlaubt, dass wir euch nun verbinden mit dem keltischen Baumkreis und dadurch das Wissen über das Reich der Baumdevas, über die Kraft der Heilung und der Qualitäten, die in jedem Baum sind, in euch erweckt werden darf. Über die Dauer der nächsten vollen Monde bitten wir euch, euch mit den Baumdevas zu vernetzen, und erlaubt, dass dieses Wissen initiiert wird und rückfließt als bewusstes Wissen in euer Sein, auf dass ihr Zugang habt zu diesen Kräften der Heilung.

Dieses ist Merlin, und der Kreis der Druiden segnet euch.

Und dieses ist Morgana le Fay, und erkennt, dass ich lange Zeit geschlafen habe und nun erwacht bin und die Priesterinnen vom See erneut zusammenrufe, um die Welten zu verbinden und die Schleier zu heben. Erkennt, dass die Zeit des Friedens gekommen ist. Und ich rufe euch zu: „Aktiviert den blauen Halbmond auf eurer Stirn, ihr Priesterinnen von Avalon, und erlaubt, erneut in die Würde, in die Weisheit, in das Wissen, in die Liebe von Avalon zu treten."

Seht, dass die Barke aus dem Nebel nun für alle sichtbar wird. Ich rufe aus, dass ich meine Energien des Schmerzes ablege, meine Energien des Kampfes, meine Energien der Feindschaft, und nun beginne, Frieden zu sein. Ein Frieden, den ich verströmen möchte in meinem Reich; ein Friede, den ich verströmen möchte in das Menschenreich, auf dass Frieden ist auf allen Ebenen und durch alle Äonen hindurch. Frieden ist die Kraft der Einheit, Frieden ist Liebe. Lasst uns Liebe sein in unserem Tun, in unserer Kommunikation, und erlaubt, dass das Wissen über die Heilung wieder Raum nimmt, damit Heilung ist auf dieser Erde, zum Wohle des gesamten Universums.

Dieses ist Morgana, genannt le Fay, und erkennt: Frieden ist nun.

Und dieses ist Irina (eine Fee, Anm. Ava)*, und ich lade euch ein, nun in den Kreis der Heilung einzutreten. Tretet ein, Merlin! Tretet ein, Morgana! Tretet ein, all ihr Menschen, die ihr verbunden seid mit Avalon und dessen Geschichte. Tretet ein in den Kreis der Heilung. Aus unseren*

Ebenen fließt die Kraft der Liebe durch euren Körper in euer Herz, und dieses wird weit und öffnet sich nun für die Liebe.

Ich möchte euch bitten, dass ihr euch erlaubt, mit Hilfe eures Atems euer Bewusstsein auf euer Herz zu lenken und euch mit allen euren Ebenen darauf zu fokussieren, jetzt in eurem Herzen zu sein, euer Herz zu sein. Spürt den Herzschlag, wie er sicher und zuverlässig, unentwegt im Rhythmus des Lebens pulsiert.

Und nun erlaubt euch, kraft der Liebe, die wir sind, euer Herz auszudehnen, und verbindet euch mit dem Herzen des Merlin, mit dem Herz von Morgana, mit dem Herzen aller Wesenheiten, die nun hier sind. Seid nun ein Herz und erkennt, dass aus diesem einen Herz die Kraft der Liebe und des Verbindens ausströmt, und erkennt, dass wir in Zusammenarbeit mit den Engelebenen, die ihr Licht und ihre Weisheit einströmen lassen in diesen Kreis der Heilung, die Tore der Vergangenheit, die Tore des Schmerzes, der Trennung und des Untergangs von Avalon öffnen möchten.

Erlaubt, dass wir auch in Absprache mit den Engeln der Befreiung aufschließen möchten, die Erinnerungen und Erfahrungen des Verletztwordenseins, des Nichtverstandenwordenseins in Bezug auf matriarchale und patriarchale Glaubenssysteme und Religionen. Die Erfahrungen des Verfolgtwordenseins und die Versprechen und Gelübde, die ihr geleistet habt, um nicht mehr in eure Würde und eure Kraft als Priester und Priesterin treten zu müssen. Alle diese Speicher werden jetzt geöffnet, und nehmt wahr, dass mit Hilfe der Kraft der Liebe und des einen Herzens Liebe einfließt in all diese Ebenen, in all diese Erfahrungen, in all die betroffenen Wesenheiten dieser Vergangenheit.

Nehmt wahr, wie die Identifikation mit der Vergangenheit durch die Kraft der Liebe nun aufgelöst wird und nun mehr Liebe, Verständnis und Einverstandensein übrigbleiben. Die Priesterinnen vom See können somit den Priestern des neuen Glaubens in Liebe gegenübertreten. Gegenseitiges Achten, Anerkennen und Respektieren strömt nun von beiden Seiten aus. Das Blaue Volk löst noch vorhandene Glaubensblockaden und weitere Hemmnisse aus den Systemen aller beteiligten Wesen. Morgana und Merlin, die in jedem von euch leben, da ihr ein Herz seid und es somit keine Trennung gibt, können sich in die Arme nehmen, und das Feuer der Liebe erfasst ihr Sein. Dieses Feuer der Liebe durchdringt das eine Herz, das ihr alle seid, das wir alle sind, und verbindet die Reiche.

Seht, es ist ein großes Fest der Vereinigung, das ausstrahlt in die Ebenen der Feen und Zwerge, aber auch zu den Menschen. Und alle feiern gemeinsam, egal, welchen Gott oder welche Göttin sie auch immer verehr(t)en und anbete(t)en. Jetzt ist Friede zwischen den Dienerinnen und Dienern der Großen Göttin und dem Christentum; beide durchdringen sich jetzt und erlauben sich in einem Augenblick tiefster Erkenntnis, vom anderen zu lernen, und atmen dieses ein. Und strahlen es aus in alle Religions- und Glaubensgemeinschaften, die aus ihnen hervorgegangen und mit denen sie in der Folge in Berührung gekommen sind. Der Frieden ist die Kraft, die fließt, und somit beginnt das eine Herz, das ihr seid, das wir sind, sich weiter auszudehnen. Und in der Kraft der Liebe und des Verbindens und des Friedens vereinigen sich nun Glaubenslehren und Religionen in diesem einen Herz: Buddhismus, Islam, römisch-katholische Kirche, griechisch-orthodoxe Glaubensgemeinschaft, Hinduismus, evangelische Glaubensgemeinschaft – um nur einige zu nennen. Alle Götter und Göttinnen und ihre Lehren, die jemals verehrt wurden, verbinden sich nun im Namen und durch die Kraft der Liebe mit dem einen Herz. Sie verbinden sich mit dem Frieden in eurem Sein, in eurem einen Herzen.

Erlaubt euch, in diesem Augenblick voller Liebe und Verständnis, voller Einverständnis mit allen Religionen und Weltanschauungen zu sein, in dem Bewusstsein, dass sie alle eins sind. Genießt diese Einheit, die Liebe und den Frieden, die daraus erwachsen. Und nun strahlt in Verbindung mit den Wesenheiten des Blauen Volkes und der noch anwesenden Engelgeschwister diese tiefe Liebe und diesen Frieden in das Morphogenetische Feld und in den solaren Kern der Erde aus, damit alle Menschen dieser Erde erkennen, dass alle Diener der Quelle eins sind und somit Liebe, Freude, Einverstandensein und Mitgefühl das Zusammenleben aller Menschen der unterschiedlichsten Weltanschauungen bestimmen. Erkennt, dieses geschieht durch die Kraft des Verbindens. Und das ist unsere Aufgabe, die Aufgabe des Blauen Volkes, in den kommenden Jahren scheinbar Unvereinbares zu verbinden. Ruft uns, und wir verbinden die Gegensätze, die es scheinbar in eu-

rem Leben gibt. Wenn ihr uns diese übergebt und es zulasst, werden wahrlich Liebe, Freude, Heilsein und Einheit auf dieser Erde und in allen Welten dieses Universums Raum nehmen.

Erkennt, im Moment der Vereinigung, im Moment, da ihr im Bewusstsein des einen Herzens einverstanden seid mit Allem-was-ist, ihr einverstanden seid mit allen Religionen, Glaubensgemeinschaften und Weltanschauungen; in diesem Moment wird jegliche Form von Schmerz aufgelöst, wird jede Erfahrung von Trennung aufgelöst, und die Tore der Erinnerung, die wir mit den Engeln geöffnet haben, werden durchlichtet und durchliebt. Und Verletzung heilt, und Liebe ist – Liebe, die alles durchdringt. Und nun erlaubt euch, diese heilende Liebe einzuatmen und durch alle Körper und Ebenen fließen zu lassen, und seid Liebe. Erlaubt euch nun, in Verbindung mit den Wesenheiten des Blauen Volkes losgelöst zu sein von eurer Vergangenheit und seid einfach Liebe. Liebe, die ihr seid.

Ich danke den Engelkräften. Sie schließen die Tore der Erfahrung der Erinnerung wieder, wohl in dem Bewusstsein, dass diese sich nun verändert haben im Licht der Liebe, und dass kein Schmerz mehr existiert. Und ich danke den Menschen aller Glaubensgemeinschaften und aller Religionen für die Erkenntnis der Einheit, die ist, und für die Bereitschaft, dem Ruf ihrer Seele nach Frieden zu folgen. Ich danke Morgana und Merlin für das Entfachen des Feuers der Liebe. Und ich danke dir, Menschenkind, dass du bereit warst, mit in die Kraft des Verbindens und der Liebe zu folgen. Liebe ist jetzt! Friede ist jetzt! Und er-

kenne, dass, auch wenn ich dich nun bitte, dich zu zentrieren und dich mit allen Bewusstseinsebenen ins Hier und Jetzt zurückzubringen, du dennoch immer Teil des einen Herzens bist. Das eine Herz ist nicht zu trennen, es pulsiert immer im Takt der Schöpfung.

Dieses ist Irina, seid gesegnet!

☆☆☆☆☆

Deine Seele und ihr Plan

Der Kontakt zu deinem Herzen und zu deinem Hohen Selbst

In deinem Herzen kannst du mit deinem Hohen Selbst kommunizieren. Über dein Herz drückt es sich aus. Dein Hohes Selbst ist dein göttlicher Funke. Er enthält deine Blaupause. Diese entspricht deinem Seelenplan und beinhaltet alles, was du dir für diese Inkarnation vorgenommen hast. Häufig nehmen wir uns das Erleben eines bestimmten Themas in mehreren Leben vor, um es von möglichst vielen Seiten oder eine Facette besonders intensiv zu erfahren. Deshalb zeigen sich manche Zellinformationen auch als etwas „hartnäckig", weil sie eben gut eingeprägt wurden.

Das jetzige Leben ist ein besonderes, für jeden Einzelnen von uns. Wir lösen uns aus dieser Schleife der Wiederholungen, deshalb hört Karma für uns auf zu existieren und verliert seine Bedeutung. Das haben viele von uns Lichtarbeitern in den letzten Jahren immer wieder gehört und auch erlebt. Unsere Auren und Energiekörper haben sich dementsprechend verändert. Sie sind „leichter" und „lichter" geworden. Warum es dennoch hilfreich und nötig ist, immer wieder Auflösungen oder Reinigungen durchzuführen, hängt mit unseren Zellerinnerungen, vor allen Dingen im physischen Körper, zusammen. Viele Themen, die wir für uns geheilt haben, sind als Speicherungen, zum Beispiel in den Organen, noch ersichtlich und strahlen dementsprechend aus. Es kann erforderlich sein, die Information im Organ nochmals bewusst zu neutralisieren, damit eine Erfahrung auf allen Ebenen geheilt ist. Es kann aber auch sein, dass ein Mensch seine persönlichen Herausforderungen bereits gemeistert hat und für die Familie oder für das Kollektiv (einer Generation, eines Landes etc.) Aufgaben übernommen hat. Diese werden meist so empfunden, als hätte man die dazugehörigen Erfahrungen selbst erlebt. Obwohl das nicht der Fall ist, unterstützt die daraus entstehende Intensität des Erlebens die Heilung. Natürlich tragen wir entsprechende Resonanzen in uns, die uns dazu bewegen, gerade diese Themen, die wir von anderen Menschengruppen aufgenommen haben, lösen zu wollen.

Doch kehren wir nochmals zu deinem Herzen zurück. Dein Herz ist ein Ort der Ruhe, der Stille, des Friedens, der Kraft, des Lichts und der Harmonie. Des Weiteren entspricht es dem Gleichgewicht zwischen deinem emotionalen und mentalen Sein. Daraus wächst Liebe. Das ist kein Gefühl, sondern ein bewusstes Sein. Wenn du eingeladen wirst, dein Herz zu betreten beziehungsweise in deinem Herzen zu sein, dann bedeutet dieses, dass du den Raum der oben genannten Qualitäten betrittst. Diese breiten sich in dir aus, sodass du sie mit jeder Faser deines Seins verkörperst. Dadurch richtest du dich automatisch auch auf dein Hohes Selbst aus und wirst mit ihm eins.

Es gibt viele Anregungen, wie du den Kontakt zu deinem Herzen und damit zu deinem Hohen Selbst pflegen und ausdehnen kannst. Wähle diejenigen, die für dich stimmig sind. Empfehlenswert dabei ist die Regelmäßigkeit. Je öfter wir in der Einheit unseres Herzens und unseres Hohen Selbst sind, umso klarer wird unsere Wahrnehmung, umso leichter fließt die Kommunikation mit unseren feinstofflichen Geschwistern, umso mehr und (selbst)bewusster leben wir den Plan unserer Seele. Spiritualität hat die Aufgabe, unsere Präsenz im Hier und Jetzt zu fördern. Sie dient nicht dazu, um vor unangenehmen Bereichen oder Aspekten unseres Lebens davonzulaufen, zu flüchten oder um abzuheben. Wohl aber kann sie dafür missbraucht werden. (Wobei wir uns dabei vielleicht auch schon einmal selbst ertappt haben...smile.)

Dein Seelenplan enthält dein Potenzial und deine Stärken, die du teilweise durch die Meisterung von einigen Herausforderungen in diesem Leben entwickeln und entfalten darfst. Je bewusster wir diesen Plan leben, umso erfüllter ist unser Menschsein. Um zu erkennen, was Teil unseres Seelenplans ist, und um zu sehen, was wir davon bereits in unserem alltäglichen Sein integriert haben, dienen dir die folgenden Fragen:

- Was macht mich glücklich?
- Was macht mich zufrieden?
- Was heilt mich?
- Was tut mir gut?
- Bin ich mir selbst treu?
- Verkörpere und zeige ich mein wahres Wesen?
- Wie lebe ich meine Kreativität?
- Genieße ich mein Leben?

Die Liste der Fragen ist nicht vollständig. Du kannst sie selbst gerne erweitern. Vielleicht möchtest du sie dir immer wieder einmal beantworten. Sie zeigen dir deinen Weg und deine Entwicklung an und unterstützen dich dabei, dich auf deinen Seelenplan auszurichten. In diesem Zusammenhang kannst du auch die Energie des blauen Strahls bitten, dich zu berühren, damit er dich fördert, deinen göttlichen Plan zu leben. Wesen, die ihm zugeordnet werden, sind beispielsweise Erzengel Michael und El Morya. Dieser Aufgestiegene Meister verkörperte auch König Artus. Der blaue Strahl steht für die Annahme des göttlichen Willens. In den folgenden Begegnungen mit Artus wird es daher immer wieder um die Verbindung mit dem blauen Strahl und um die Ausrichtung und Erfüllung des Plans deiner Seele gehen.

Unabhängig davon möchte ich dich jetzt zu einer kurzen Meditation, die am Anfang dieses Buches angekündigt wurde, einladen. Dabei geht es um den Kontakt zu deinem Herzen, deinem Hohen Selbst, und somit um das Einlassen auf deinen Seelenplan. Erinnere dich, wann immer du dieses Buch zur Hand nimmst, an sie und setze sie für dich um. Ich bitte dich, alle weiteren Kapitel in der bewussten Einheit mit deinem Herzen zu lesen. Du wirst die Botschaften deutlicher verstehen und genau erkennen, in welcher Form sie für dich wichtig sind und was sie für dich bedeuten.

Nun nimm dir bitte einige Augenblicke Zeit für dich selbst. Schließe deine Augen. Atme tief ein und aus und werde dir deiner selbst gewahr. Spüre deinen Körper. Wo ist er entspannt, wo möglicherweise angespannt? Wie nimmst du deine Wirbelsäule wahr, wie ist deine Haltung? Gibt es Bereiche in deinem Körper, die deine Aufmerksamkeit in einer besonderen Form anziehen? Dann erlaube dir bitte wahrzunehmen, was beziehungsweise wie du dich gerade fühlst. Möglicherweise kommen dir auch Gedanken in den Sinn. Beobachte dich. Alles ist in Ordnung, du brauchst nichts zu bewerten, nichts zu verändern. Du fokussierst dich durch diese Art der Wahrnehmung auf dich selbst. Du kommst an, im Hier und Jetzt.

Nimm wahr, wie dich ein zarter Wind, sanft und liebevoll berührt. Er umspielt dich. Es ist Erzengel Gabriel, der dir so seine reinigende Gegenwart zur Verfügung stellen möchte. Atme das weiße Licht des Engels ein und aus. Es durchströmt dich und hüllt dich ein. Die Energie von Gabriel umtanzt dich. Dabei klärt sie deine Körper und Chakren. Spüre auf deine eigene Weise, wie du dadurch lichter, leichter, fröhlicher und freier wirst. Du beginnst zu strahlen und zu leuchten.

Während Gabriel dich weiter so erfüllt, gehe mit deiner Aufmerksamkeit nun zu deinem Herzen. Fühle seinen Rhythmus. Visualisiere und entzünde im Zentrum deines Herzens eine weißgoldene Flamme. Es ist dein göttlicher Funke. Es ist das Licht deines Hohen Selbst. Erkenne, wie es freudig lodert.

Jetzt lass es wachsen. Mit jedem deiner Atemzüge dehnt es sich mehr aus. Es erfüllt die Gesamtheit deines Herzraums. Es fließt über und durchströmt deinen Solarplexus, dein Kommunikationszentrum, dein Sakralchakra und dein Drittes Auge, dein Basiszentrum und deine Wurzeln, genauso wie dein Kronenchakra und deine Verbindung zum Kosmos. Das weißgoldene Licht deines Hohen Selbst vereint sich mit deinen physischen, emotionalen, mentalen und spirituellen Körpern. Du bist eins mit dem weißgoldenen Licht deines göttlichen Funkens. Nimm wahr, welch einzigartiges, wertvolles Lichtwesen du bist. Du bist ein geistiges Wesen. Du bist eine Seele. Durch die Annahme deines wahren Seins verkörperst du deinen Seelenplan. Du lebst deine Bestimmung durch dein Sein, indem du bist.

Vielleicht erhältst du in diesem Moment einen Impuls, eine Botschaft deiner Seele, die den Augenblick der Einheit nutzt, um dir etwas mitzuteilen? Bezogen auf deine Lebensaufgabe oder auch auf eine momentan für dich wichtige Situation oder Fragestellung. Wenn du nichts wahrnimmst, ist dieses auch vollkommen in Ordnung. Dennoch bist du eins mit deinem Hohen Selbst, eins mit deiner Seele. Verweile in diesem Sein. Beginne, dein Leben mit den Augen deiner Seele zu betrachten. Führe Gespräche, triff Entscheidungen aus dieser Einheit mit deinem göttlichen Funken. Lies dieses Buch, führe deine Handlungen in dieser Energie aus. In der Verbindung mit dem Zentrum deines Herzens hört jegliche Wertung auf. Alles ist, wie es ist. So kann Liebe blühen, so kann Friede sein. Als Seele bist du ein Segen für die Menschen, die Erde und die gesamte Schöpfung.

Atme nochmals tief ein und aus. Sei Licht. Sei Hohes Selbst. Sei Seele. Und so kehre mit deiner Aufmerksamkeit nun zurück in dein Hier und Jetzt. Als Seele, die du bist, setze fort, was auch immer du gerade im Begriff warst zu tun beziehungsweise tun möchtest. Du bist ein wundervolles Lichtwesen. Genieße es!

☆☆☆☆☆

8.8.1
Morgana lädt dich zu einer Reinigung alter Energien ein

Diese kleine Reise ist eine Vorbereitung auf deine Rückkehr nach Avalon. Nach all den vielen theoretischen Ausführungen der letzten Seiten beginnen wir nun, Schritt für Schritt in die Begegnungen einzutreten, die Magie von Avalon wieder zu entdecken und den Artusweg zu gehen.

☆☆

Ich bitte dich nun, es dir bequem zu machen, egal, ob du sitzen oder liegen möchtest. Gehe in den Kontakt mit deinem Herzen und richte dich auf den göttlichen Funken aus, der du bist. Sei eins mit deinem Hohen Selbst. Lass das Licht deiner Seele leuchten und wisse, dass es die Gesamtheit, die du bist, durchdringt. Es entspannt dich, es harmonisiert und gleicht aus, und wo auch immer du im Moment möglicherweise Heilung benötigen solltest, wirkt es. Deine Seelenenergie erinnert alles, was du bist, an seinen göttlichen Ursprung. Tiefer Frieden und Einverstandensein mit Allem-was-ist nehmen so in dir Raum.

Atme tief ein und aus und unterstütze den Fluss der Energien. Lass dir dafür so viel Zeit, wie du möchtest, so viel Zeit, wie du benötigst, um die Einheit mit deinem göttlichen Licht wahrzunehmen, um dich als Lichtwesen zu erfahren und zu erkennen, das du bist.

Mit deinem nächsten bewussten Atemzug erlaube dir, vor deinem geistigen Auge einen Garten zu erschaffen. Betritt ihn und nimm ihn mit all deinen Sinnen wahr. Atme den Duft der Blüten, höre das Gezwitscher der Vögel, spüre den sanften Wind und die zart wärmende Sonne auf deiner Haut. Berühre die Pflanzen mit deinen Händen und fühle die Erde unter deinen Füßen. Komme ganz in diesem Garten an.

Erkenne, dass es hier einen Weg gibt, der dich zu einer kleinen, bunt blühenden Wiese führt. Dort wirst du bereits erwartet. Viele Wesen aus dem Reich der Natur haben sich versammelt: Feen, Elfen, Zwerge, Kobolde und Faune. In ihrer Mitte steht die Priesterin von Avalon. Es ist Morgana. Sie lächelt dir zu und lädt dich ein, näherzukommen. Morgana heißt dich willkommen und bittet dich, in das Reich der Naturwesen einzutreten, das dir auf dem Weg nach Avalon immer wieder begegnen wird, weil es ein Teil davon ist. Durch das Einlassen auf die Welt der Feen, Elfen und ihrer Geschwister wächst in dir ein neues Verständnis für die Erde und ihre heilenden Kräfte. Das ist einer der Gründe warum du nach Avalon gerufen wirst und begonnen hast, dich auf den Weg zu begeben.

Damit du deine Reise frei und ohne Angst fortsetzen kannst, möchte Morgana gemeinsam mit den Naturwesen ein Ritual der Reinigung mit dir vollziehen. Sie bittet dich, ihnen zu vertrauen. Morgana nimmt dich an die Hand und führt dich weiter. Während du geleitet wirst, beginnen Feen, gesammelte Blüten und Blätter über dich zu streuen. Es sind Kräuter und Pflanzen, die eine klärende Wir-

kung auf dein System haben. Ihr Duft und ihre Energie entspannen dich und öffnen deine Zellen, damit das, was dort gespeichert ist, sich leicht berühren und bei Bedarf wandeln lässt.

Morgana bringt dich zu einer heiligen Quelle. Sie liegt ganz versteckt, in weiches Moos eingebettet. Der klare Fluss hat auf seinem Weg ein kleines Becken gefüllt. Es ist so groß, dass du bequem darin Platz hast. Die Naturwesen bitten dich, deine Kleider abzustreifen und in das von der Sonne gewärmte Wasser zu steigen. Es ist angenehm warm. Sie benetzen deine Haut mit dem reinigenden Wasser und waschen deinen Körper und deine Aura. Sie laden dich ein, von der Quelle zu trinken. Morgana spricht Worte in einer uralten Sprache. Sie ist dir vertraut. Dabei ruft sie den Segen der Großen Göttin auf dich herab. Spüre ihre Gegenwart auf deine eigene Art und Weise.

Nun beginnt die Wandlung deiner Energien, der alten Erfahrungen, die du nicht mehr benötigst. Morgana berührt dich behutsam mit ihrer Hand an verschiedenen Stellen deines Körpers, um dein Loslassen zu fördern. Sie bittet dich jetzt, Verletzungen, die in Verbindung mit deinen Inkarnationen in England, in Avalon oder in einer Druidenschule geschehen sind, abfließen zu lassen. Ebenso wie Erinnerungen der Trennung, die du innerhalb von Glaubenskriegen erlebt hast, egal, ob du sie in der Rolle des Opfers oder des Täters erfahren hast. Sie lädt dich ein, Formen von Wertungen, die besagen, dass entweder der alte oder der neue Weg besser als der andere sei, jetzt ins Gleichgewicht zu bringen. Morgana sagt, dass du dir er-

lauben sollst, Schwüre und Gelübde, die du geleistet hast, die dich binden und dadurch letztendlich deine eigene persönliche Entwicklung behindern, mit Hilfe der heiligen Quelle nun zu erlösen und zu neutralisieren.

Das Wasser wirkt in allen deinen Körpern und Energiezentren und dringt bis zu den Ursprüngen deiner Verengungen und Hemmnisse vor, sodass sie endgültig befreit werden können. Nimm wahr, wie die Feen und Elfen diese Transformation unterstützen. Du wirst aufgefordert, immer wieder bewusst zu atmen und die klärende und heilsame Kraft des Wassers auf- und anzunehmen. Morgana bittet dich, alle Verwünschungen, die du in diesem Kontext gesprochen hast, oder die über dich gelegt wurden und in dir sind, jetzt durch den Augenblick der Gnade, der ist, und der Liebe der Großen Göttin zu transformieren, zu befreien und loszulassen. Sie habe keine Bedeutung mehr für dich. Alle Seelen, mit denen du durch sie gebunden warst, werden nun von Engeln berührt, sodass sie das erhalten, was sie benötigen, um im Frieden zu sein. Dieser Frieden strahlt zu dir zurück. Dadurch gibt es keine Schuld, keine Bindung, kein Karma, kein Wiedergutmachenmüssen mehr zwischen dir und diesen Seelen. Sie sind frei, und du bist frei. Als Lichtwesen, das du wirklich bist, kannst du nun deinen Weg und deine Bestimmung zu leben fortsetzen. Du löst dich aus Prägungen des mangelnden Selbstwerts und der Unerfülltheit. Leidensprogramme werden in dir gestoppt und gelöscht.

Erlaube dir mit Hilfe einiger tiefer Atemzüge, diese Heilung jetzt anzunehmen. Die Zeit ist reif dafür. Morgana sagt, dass Avalon ein Paradies war und ist. Du sollst und darfst nun in dieses Paradies zurückkehren. Es gehört zu deinem Lebensplan. Es ist deine Aufgabe, in diesem Paradies zu leben und anderen Menschen den Zugang zu öffnen, sie einzuladen und sie zu begleiten, es zu erkennen und ebenso in ihm zu sein. Morgana bittet dich, diese Worte anzunehmen. Was machen sie mit dir? Wie fühlst du dich dabei? Falls du spürst, dass sie dich noch ängstigen oder verunsichern, dann übergib diese Energien dem heilenden Wasser, bis dich diese Aussagen frei, weit und sicher machen. Erkenne, dass du durch deine Rückkehr nach Avalon einen Weg vollenden darfst, den du vor langer Zeit begonnen hast zu gehen. Verweile, so lange es für dich stimmig ist und dir guttut, in dieser reinigenden Quelle. Feen, Elfen und Naturwesen wirken mit dir und unterstützen dich mit all ihrer Liebe und Kraft. Gemeinsam erschafft ihr den Neubeginn, der durch eine Wandlung von Speicherungen in deinem Sein ermöglicht wird. Leichtigkeit wächst in dir. Atme tief und sei frei. Sei dir selbst sicher, jetzt und allezeit.

Wenn du dich ganz klar, ausgerichtet, gestärkt und bereit für deine Weiterreise nach Avalon fühlst, dann bedanke dich bei der Quelle und den Naturwesen für ihre Unterstützung und steige aus dem Wasser. Morgana überreicht dir die Kleider einer Priesterin vom See oder die eines Druiden. Du hast sie bereits einmal, vor langer Zeit, getragen. Sie beziehungsweise ihre Schwingungen haben sich insofern verändert, als dass sie zu der jetzigen Zeitqualität und zu dir in deinem heutigen Sein passen. Deine Geschwis-

ter aus dem Naturreich schmücken dich mit Blüten und Kränzen. Nun bist du vorbereitet, um zu deinen keltischen Wurzeln zurückzukehren und deine Priester- und Druidenschaft in Würde neu, zum Ruhme der Großen Göttin, zu leben. Dadurch hilfst du mit, das Schwingungsfeld der Fünften Dimension auf der Erde weiter Raum nehmen zu lassen. Morgana und die Naturwesen danken dir dafür.

Bleibe mit deiner Aufmerksamkeit ganz bei dir und nimm dich in deinen alten und zugleich neuen Kleidern wahr. Atme bewusst ein und aus. Dann bedanke dich bei Morgana. Diese lächelt dir zu und tritt einen Schritt zurück. Ihre Begleiter sammeln sich um sie. Sie beginnen, sich vor dir aufzulösen. Das ist dein Zeichen, um wieder ganz zurückzukehren in dein Hier und Jetzt. Tritt bewusst aus deinem Garten und fokussiere dich dabei auf dein Herz und seinen Rhythmus. Zentriere deine Körper und die Gesamtheit, die du bist. Erde dich und lass deine Wurzeln stabil in den Schoß von Gaia wachsen. Beginne, dich sanft zu dehnen und zu strecken. Dann halte nochmals inne und spüre der Leichtigkeit und der Wandlung nach, die in dir Raum genommen haben, so lange du möchtest. Spüre die Vorfreude, die in dir erwacht ist, tiefer in die Begegnung mit Avalon zu gehen. Du wirst erwartet, setze deinen Weg fort. Sei gesegnet. Jetzt und allezeit. Amen.

☆☆☆☆☆

Rückkehr nach Avalon

In dieser Meditation geht es um die Begegnung mit Viviane, einer Hohepriesterin vom See, und um die Rückkehr nach Avalon.

☆☆

Dazu mache es dir jetzt bitte bequem. Nimm einige tiefe Atemzüge und visualisiere weißes Licht, das dich berührt und durchdringt. Lege dabei deine Hände auf dein Herz, um mit deiner Aufmerksamkeit ganz bei und in dir zu sein. Nun erfüllt die Gegenwart von Erzengel Gabriel den Raum, um über das weiße Licht mit dir und deinem Herzen zu kommunizieren. Gabriel erschafft in deinem Herzen ein Symbol der Reinheit. Es ist eine weiße Lilie. Er bittet dich, die Energie dieser Lilie aufzunehmen und in dir wirken zu lassen. Denn es bedarf eines reinen Herzens, um den folgenden Weg zu beschreiten, den Weg der Heilung, den Weg des Verbindens. So empfange über und durch deinen Bruder und deine Schwester, der und die Gabriel ist, jetzt die Energie der Reinheit, die die Gesamtheit deines Seins erfüllt. Dadurch strahlst du deine Bereitschaft aus, Frieden und Aussöhnung zu bringen und zu sein.

Erlaube dir erneut, tief zu atmen, um den Fluss des weißen Lichtes zu fördern. Aus deinem Herzen heraus formt sich nun ein weißer Lichtkanal. Er strahlt hinaus in den Kosmos. Dort warten Emanationen von Erzengel Michael bereits darauf, diese Lichtverbindung jetzt mit den

Schwingungsebenen und ätherischen Tempeln, die dem blauen Strahl dienen, zu verbinden. So lässt Erzengel Michael nun blaues Licht über deinen Lichtkanal zu dir, in dein Herz und darüber in die Ganzheit, die du bist, fließen. Erzengel Michael fördert die Fähigkeit, Altes mit Neuem zu vereinen, wie auch bereit zu sein, in dir ganz zu werden und zu sein. Michael durchströmt jede Faser, die du bist. Dann nimmt er eine Form vor dir an, in der du ihn auf deine eigene Art und Weise klar erkennen kannst. Der Erzengel trägt sein Schwert. Er überreicht es dir und bittet dich, es zu übernehmen. Dabei sagt er, dass du keine Furcht vor deiner Ermächtigung zu haben brauchst. Dass es Zeit ist zu lernen, zu unterscheiden, um dadurch für dich zu erkennen, was deine Wahrheit ist und sie durch die Reinheit deines Herzens so leben zu können, dass alle anderen Wege neben dir gleichgültig sind.

Michael bittet dich, das Schwert zu tragen. Dann erhebt er seine Lichthand, um in flammenartiger Schrift Zeichen auf deine Stirn zu setzen. Sie fördern deine Erkenntnis, klären deinen Weg und stärken die Selbstbestimmung in dir. Der Engel bittet dich, ihm zu vertrauen. Er nimmt dich an die Hand und führt dich über das Zimmer, in dem du bist, hinaus. Er trägt dein Bewusstsein empor und durch die Illusion von Zeit und Raum hindurch. Er bringt dich in das Land, das du heute als England bezeichnest. Gemeinsam kommt ihr am Ufer eines Sees an. Nebel steigt aus ihm empor. Es ist eine sumpfige Landschaft. In der Ferne kannst du eine Insel erahnen. Du spürst ihre Gegenwart ganz deutlich. Die Energie von Avalon strahlt bis hierher.

Du bist ihr sehr nahe. Kannst du dich noch daran erinnern, wie das Wasser sie eingehüllt hatte, sodass es deshalb immer wieder die Barke benötigte, um zu ihr zu gelangen? Die Insel war ein Symbol der Fruchtbarkeit, der Lebendigkeit, der Lebensfreude und auch der großen Muttergöttin.

Nun bittet Erzengel Michael dich, die Spitze des Schwerts, das du erhalten hast, in das Wasser zu tauchen. So nimmst du mit den Wasserwesen, den Hüterinnen des Wassers und mit der Herrin vom See, die damals die Hohepriesterin Viviane war, Kontakt auf. Vielleicht war Viviane auch einst deine Lehrerin? Dann fordert Erzengel Michael dich auf, das Schwert nach oben, mit der Spitze zum Himmel zu strecken. Dadurch signalisierst du, dass du die Nebel, die Schleier, die Illusionen durchtrennen wirst, um klar zu sehen und zu erkennen, was wirklich ist.

Bitte nimm wahr, wie sich dir jetzt ein Boot nähert, das du gemeinsam mit Erzengel Michael besteigen kannst. Es wird durch die Gedankenkraft und die Magie der Priesterinnen vom See bewegt, und so gleitest du damit durch das Wasser. Es bringt dich zurück nach Avalon. Am Ufer der Insel wirst du bereits erwartet. Viviane erwartet dich mit ihrem Gefolge. Sie möchte dich wieder zu Hause aufnehmen. Sie hat so lange auf dich gewartet und bittet dich, ihr ganz nahe zu kommen. Lass dir dafür so viel Zeit, wie du für deine bewusste Rückkehr nach Avalon benötigst.

Viviane fragt dich, was mit deiner Sicht und deiner Unterscheidungsfähigkeit geschehen ist. Sie fragt dich, warum du begonnen hast, an dir und deinen Fähigkeiten zu zweifeln. Warum du begonnen hast, deine Begabungen zu unterdrücken, zu verleugnen, zu missbrauchen. Viviane bittet dich, dein Herz zu betrachten. Sie fragt dich, woher die Schwere kommt, die darin ruht, woher die Traurigkeit und die Angst sind, die ihm wohnen. Sie sagt, dass du das alles nicht hier auf dieser Insel gelernt hast. Sie bittet dich, dein Schwert zu betrachten und fragt dich, wie es wirklich ist. Glänzt es, oder trägt es Blut auf seiner Klinge? Ist es abgebrochen oder rostig? Ist es dir eine Last in deiner Hand oder leicht wie eine Feder? Erlaube dir, dir für die Beantwortung der Fragen so viel Zeit zu lassen, wie du dafür benötigst. Nimm wahr, was aus deinem Schwert geworden ist. Es repräsentiert deine klare Absicht, die Fähigkeit, eine Vision zu empfangen und sie umzusetzen, klar und deutlich. Es steht für die Zielgerichtetheit deines Wegs, es symbolisiert das Zu-dir-Stehen, ohne Wenn und Aber, und das furchtlose Betrachten von Herausforderungen, um ihnen entsprechend zu begegnen. Nun, wie ist dein Schwert?

Viviane bittet eine ihrer Priesterinnen, dein Schwert jetzt zu übernehmen. Sie erklärt dir, dass, unabhängig davon, wie du es nun für dich empfunden hast, es heiligen und heilenden Ritualen unterzogen wird, um seine ursprüngliche Kraft zu festigen und zu erneuern. Währenddessen lädt sie dich ein, mit ihr den alten Prozessionsweg hochzusteigen. Erinnerst du dich noch daran, wie du ihn bei so vielen verschiedenen Gelegenheiten gegangen bist? Bitte wisse, dass es für dich darum geht, dir zu erlauben, nach Hause kommen zu dürfen. Egal, wie deine Verbindung zu Avalon war, ist und sein wird. Es geht um das Wahrneh-

men von Ankommen und zu Hause sein. Lass es in dir wachsen. Atme dazu bewusst ein und aus.

Viviane führt dich weiter auf der Insel herum. Sie bringt dich zu einem dir vertrauten Ort, an dem du dich früher immer zurückziehen konntest, um mit dir selbst zu sein. Sie bittet dich, dieses nun erneut zu tun. Begegne dir selbst. Entdecke deine Geschichte, die dich mit Avalon verbindet. Was ist deine Aufgabe in diesem Kontext? Was benötigst du, um sie erfüllen zu können? Um deine Antworten klar und deutlich zu empfangen, lädt Viviane dich ein, tief zu atmen, um die Energien dieses heiligen Platzes in dich aufzunehmen. Deine Reise nach Avalon ist wie eine Rückkehr in den Schoß von Mutter Gott. Es ist wie die Rückkehr in das Urvertrauen und die Geborgenheit der Quelle. Daraus kann neues Leben, dein neues Leben, entstehen.

Viviane bittet dich, in die Kontemplation zu gehen. Dazu legt sie dir einen dunkelblauen, bestickten Samtmantel sanft um deine Schultern. Er schenkt dir Ruhe und Entspannung. Vivian heißt dich willkommen in ihrem Reich. Alles steht dir offen, weil du ein Kind dieser Insel bist. Viviane wird dich unterstützen, die Kräfte, die du in Avalon erworben hast, neu zu entdecken und zu leben. Sei es die Fähigkeit zu kommunizieren, zu sehen, zu heilen.

Vivianes Hand ruht auf dir, und es ist der Segen der großen Mutter, der darüber zu dir strömt. Lass deine Last los, lass den Schmerz des Getrenntseins los. So verweile in der Stille und in der Zwiesprache mit deiner Seele und mit Viviane, so lange du möchtest.

Bevor du deine Reise beendest, überreicht dir Viviane dein gereinigtes Schwert. Nimm wahr, wie es, und dadurch auch du selbst, sich verändert hat. Atme tief ein, um die Kraft, für die das Schwert steht, die Unterscheidungsfähigkeit, die Zielgerichtetheit, ganz in dich aufzunehmen. Sei bereit, in deiner Selbstermächtigung, zum Wohle aller, zu sein. Sei bereit, deinen eigenen Weg zu gehen. Sei bereit, altes Wissen und Fähigkeiten in dir zu erkennen und sie im Hier und Jetzt zu leben.

Bedanke dich bei Viviane und verabschiede dich auf deine eigene Art und Weise von ihr und der Insel Avalon. Erlaube dir nochmals, bewusst anzunehmen, dass du zu Hause angekommen bist. Du hast Heimat gefunden. Das ist die Basis, um dein göttliches Potenzial voll zu entfalten. Bitte lass die Energie von Sich-zu-Hause-Fühlen, von zu Hause sein in der Gesamtheit, die du bist, wirken. Dadurch können jetzt viele alte Verletzungen leicht und sanft heilen. Erlaube dir, dass es geschieht.

Erzengel Michael steht dir nach wie vor zur Seite. Er berührt dich liebevoll und nimmt deine Hand, um dein Bewusstsein erneut emporzuheben. Er trägt dich von der Apfelinsel zurück in den Raum, in dem dein Körper geduldig auf dich wartet. Erzengel Michael achtet darauf, dass du alle Seelenanteile und Aspekte, die du bist, mitbringst, sodass nichts von dir zurückbleibt. Dennoch wisse, dass die Wahrnehmung von Geborgenheit, von zu Hause sein, in dir bleibt und auch in deinem Alltag weiter wirkt. Du hast eine alte Verbindung neu belebt. Sie ist immer da, und du kannst jederzeit nach Avalon reisen und dich mit Viviane oder anderen Priesterinnen vom See austauschen. Trennung ist eine Illusion. Je mehr du dir deines multidimensionalen Wesens gewahr wirst, umso mehr verstehst du dieses mit allen Ebenen deines Seins, sodass es zu einer gelebten Wirklichkeit wird.

Erzengel Michael und Erzengel Gabriel segnen dich. Bitte erlaube dir nun, dich zu erden und zu zentrieren, um vollkommen im Hier und Jetzt zu sein. Sei gesegnet, sei gesegnet, sei gesegnet. Amen.

☆☆☆☆☆

8.8.8
Viviane

Viviane möchte dir nochmals begegnen. Es ist ihr ein Anliegen, dir zu vermitteln, in welchen Bereichen deines Lebens sie dich unterstützen kann, wenn du es möchtest.

☆☆

Sie bittet dich, kurz deine Augen zu schließen und mit deiner Aufmerksamkeit ganz in und bei dir zu sein. Erinnere dich an dein Herz, erinnere dich an dein Hohes Selbst. Erlaube dir nun, das strahlende Lichtwesen zu sein, das du in Wirklichkeit bist.

Viviane sagt, dass du dir eine Wegkreuzung vorstellen sollst. An dieser erwartet sie dich, wann immer du das Bedürfnis hast, mit ihr zu kommunizieren. Stelle dir vor, dass du dich jetzt auf dieser Weggabelung befindest und Viviane mit dir ist. Sie spricht zu dir: „Sei gesegnet, geliebtes Kind, das du mir bist. Ich verkörpere tiefe Weisheit und stehe für altes Wissen. Ich repräsentiere deine Wurzeln, deine Verbindung zu deinen Ahnen und zu deinen Großmüttern, und wenn du es möchtest, auch zu deinen Großvätern."

Viviane zeigt auf einen Stein, der am Rand des Weges liegt, und bittet dich, ihn genau zu betrachten. Sie erklärt dir weiter: „Du stehst hier an einem Kreuzungspunkt. Erkenne, dass du immer die Wahl hast, welchen Weg du gehen möchtest. Dieser Ort hilft dir dabei, Entscheidun-

gen zu treffen. Ebenso, wie er dir die Möglichkeit gibt, mit helfenden Wesen an deiner Seite in die Kommunikation zu gehen. Berühre den Stein. Er ist wie ein Schlüssel, den du aktivierst, um dir die Fähigkeiten dieses Ortes zugänglich zu machen. Sei dir, während deine Hände auf ihm ruhen, des Lichtwesens, der Priesterin und des Druiden bewusst, das, die und der du bist. In dieser Ausrichtung bitte ihn um Einlass in eine tiefere Ebene dieses Ortes. Es ist so, als würdest du dadurch in das Innere des Platzes, in das Zentrum seiner Kraft, in sein Potenzial, in sein wahres Wesen eintreten. Der Stein ist sein Hüter. Dadurch, dass du ihn berührt hast, ist es so, als hättest du eine andere Dimension betreten. Wisse, wie sehr alle Ebenen, alle Reiche miteinander verbunden sind, wie sie sich durchdringen und sich nahe sind. Es kommt immer nur auf deine Ausrichtung, deine Absicht und den Fokus deiner Wahrnehmung an. Erlaube dir, einen tiefen Atemzug zu nehmen, um nochmals bewusst in dieser neuen Schicht des Ortes anzukommen und dich darauf einzulassen.

An dieser Wegkreuzung kannst du nun Folgendes erfahren und tun. Erkenne, dass sich dir Wesen zeigen und auf dich zukommen. Dazu zählen deine innere Heilerin, die Schamanin, die Medizinfrau, die alte Weise, deine Großeltern und Urgroßeltern, unabhängig davon, ob du sie gekannt hast oder nicht. Es erscheinen dir Lehrer und Meister, die dich in verschiedenen Weisheitsschulen lehrten, und andere Wesen des Lichts, die Wissen verkörpern, das dir übertragen wurde und in dir weiterlebt, genutzt oder bisher ungenutzt, aktiviert oder nicht, bewusst oder noch unbewusst.“

Viviane bittet dich, dir nun genügend Zeit zu schenken, bis du alle, die mit dir auf dieser Kreuzung sind, betrachtet hast. Dabei nimm auf deine eigene Art und Weise wahr, ob dir einige von ihnen ein Geschenk überreichen oder eine Botschaft überbringen möchten. Vielleicht ist es jemandem von ihnen ein Anliegen, dich auf etwas aufmerksam zu machen, wofür du endlich die Verantwortung übernehmen und wovor du dich nicht mehr verstecken solltest. Möglicherweise vermittelt dir jemand einen Lösungsansatz, einen Heilungsschritt, der für dich oder einen anderen Menschen gerade wichtig ist. Es kann sein, dass dir einer der Anwesenden eine Aufgabe übergibt, die zu erfüllen ist, oder dir noch etwas mitteilen möchte, was in eurer letzten Begegnung nicht mehr ausgedrückt werden konnte. Was seither unerfüllt, unerlöst zwischen euch gestanden hat. Das darf sich jetzt ändern.

Falls es ungeklärte Themen innerhalb deiner Herkunftsfamilie oder deiner jetzigen Familie gibt, die mit deinen Großeltern oder Urgroßeltern in Verbindung stehen, hast du nun die Möglichkeit, um Klärung, Lösung und Heilung zu bitten beziehungsweise die nötigen Informationen darüber, wie du dieses tun kannst, zu erhalten. Dabei höre bitte ganz auf deine Intuition, nicht auf das, was dir vielleicht dein mentales Sein zu dieser Frage gerne vermitteln möchte. Auf jeden Fall stärken alle, die hier mit dir sind, dein Urvertrauen und geben dir das Gefühl und die Sicherheit, dich auf deinem Weg zu unterstützen.

Wenn für den Moment alles mit ihnen ausgetauscht ist, was Wichtigkeit hat, kannst du dich bei ihnen bedanken und erhältst ihren Segen. Dann gehen sie ein paar Schritte zur Seite, sodass Viviane wieder zu dir treten kann. Sie spricht:

„Wie du bereits weißt, ist eine Wegkreuzung ein Ort der Begegnung. Du kannst, wann immer du Antworten auf Fragen suchst, wann immer du den Kontakt mit früheren Lehrern aufbauen möchtest, hierher kommen, um sie zu erhalten und es zu tun. So kannst du Heilwissen aus früheren Leben abrufen, wiederfinden und weiterentwickeln. Des Weiteren hast du die Möglichkeit, gemeinsam mit den hier Anwesenden Konzepte zu erstellen, um das alte Wissen in einer neuen Form weiterzugeben. Genauso, wie du bei jedem Konflikt innerhalb deiner Familie oder beispielsweise bei Erbstreitigkeiten an diesen Ort zurückkehren kannst, um entsprechende Erkenntnisse und Heilung zu erfahren. Wisse, dass alles, was in dir ist, so, wie in diesem Augenblick diese Wegkreuzung, auch im Außen existiert.

Jetzt, für den Moment, hast du deine erschaffende Kraft genutzt, indem du sie dir vorgestellt hast. So hast du sie auch betreten, darüber bist du mit den Helfern an deiner Seite in Kontakt gekommen. Du kannst es, wenn du möchtest, immer auf diese Art machen. Du hättest aber genauso die Möglichkeit, eine Weggabelung im Außen zu wählen, beispielsweise auf einem Feld oder in einem Wald. Dort wanderst du mit deinem physischen Körper hin, entdeckst den Stein oder vielleicht den Baum, der der Hüter ist und dir durch deine Berührung, deine Ausrichtung und deine Bitte Einlass in die heilsame Kraft der Kreuzung gibt. Dann gehe in die Stille, in die Begegnung und in die Kommunikation. Abschließend bedankst du dich bei allen

Wesen, dem Platz und seinen Energien und erdest und zentrierst dich wieder. Hinterlasse dort ein Geschenk für deine Geschwister aus dem Naturreich und setze deinen Weg fort. Dieses Geschenk ist wichtig, damit Geben und Nehmen in Balance sind.

Nun möchte ich dir noch mehr über den Nutzen der Wegkreuzung, im Innen oder im Außen, erklären. Die Weggabelung unterstützt dich, Entscheidungen zu treffen. Wenn du dir in einer Situation nicht sicher bist, was du tun, welchen Weg du einschlagen sollst, dann stelle dich mit deinem Anliegen in das Zentrum der Kreuzung. Die Wege, die abführen, repräsentieren die verschiedenen Richtungen und Möglichkeiten, aus denen du wählen kannst. Wenn du weißt, welche Wahl du hast, dann kläre für dich, welcher Weg für welche Option steht. Wenn du glaubst, bezogen auf ein Thema, keinen Ausweg zu finden, so erlaube dir zuerst, durch diese Kreuzung wahrzunehmen, dass dieses nicht der Fall ist. Das bedeutet, dass du auch in scheinbar aussichtslosen Situationen, immer Lösungen zur Verfügung hast und Schritte setzen kannst. Möglicherweise ermutigt dich diese Erkenntnis so, dass sie im Moment ausreichend für dich ist, sodass du von deiner Kreuzung ins Hier und Jetzt zurückkehren möchtest. Du kannst dir aber auch Zeit nehmen, um dich in die einzelnen Wege einzufühlen oder einige Schritte auf ihnen zu gehen. Dabei sei mit deiner Aufmerksamkeit ganz bei dir. Was geschieht in deinem Körper, während du auf einem Weg schreitest? Entspannt oder verspannt er sich? Was fühlst du? Leichtigkeit? Schwere? Angst? Druck? Freude? Alles das gibt dir wichtige Informationen, um dei-

ne Entscheidungen fällen zu können. Kehre immer wieder in die Mitte der Wegkreuzung zurück und erkenne, welche Antworten, Impulse, Erkenntnisse, Gedanken und Gefühle, Bezug nehmend auf deine Situation, in dir emporsteigen.

Dann gehe mit deiner Aufmerksamkeit zu deinem Herzen. Nimm wahr, zu welcher Möglichkeit es dein Herz am meisten hinzieht. Dabei brauchst du erneut nicht zu denken, sondern es einfach geschehen lassen, einfach deinem Herzen folgen. Auf welchem Weg fühlst du dich am wohlsten?

Wenn du gemeinsam mit einem anderen Menschen dieses Ritual zur Entscheidungsfindung praktizieren möchtest, könntest du mit ihm auch vereinbaren, dass er bestimmt, welcher Weg für welche Option steht. Diese Zuordnung erzählt er dir erst, nachdem du die einzelnen Möglichkeiten für dich wahrgenommen hast. So könntest du dich mitunter freier darauf einlassen. Wenn du merkst, dass dich alle Wege beschweren, könnte es ein Hinweis darauf sein, dass es um eine Richtung geht, an die du bisher noch nicht gedacht hast. Dann entscheide dich dafür, dass auch dieser Weg von deiner Kreuzung aus führt, und gehe ihn. Dadurch findest du Impulse, was es für eine weitere Möglichkeit sein könnte. Wenn auch dieser Weg nicht stimmig erscheint, ist es vielleicht noch nicht der richtige Zeitpunkt, um eine Entscheidung zu treffen. Dann wiederhole das Ritual später noch einmal und nimm wahr, ob oder was sich in der Zwischenzeit verändert hat. Wenn dich alle Richtungen gleich leicht und freudig machen, dann bedeutet es, dass es gleichgültig ist, wohin du gehst.

Mit Hilfe der Wegkreuzung könntest du beispielsweise für dich auch überprüfen, ob die Umsetzung eines Projekts für dich passend ist oder nicht, beziehungsweise, ob es der richtige Zeitpunkt dafür ist. Wann immer du ins Zentrum der Weggabelung zurückkehrst, kannst du hier deinen Helfern begegnen, die dir weitere Informationen zu den Wegen geben können. Für all das schenke dir genügend Zeit. So viel, wie du benötigst, um deine Entscheidung zu finden.

Wenn das Ritual für dich beendet ist, danke dem Ort und hinterlasse erneut ein Geschenk. Verabschiede dich von allen Wesen, die dich begleiteten, und kehre mit deiner ganzen Aufmerksamkeit und Präsenz ins Hier und Jetzt zurück.

Doch das ist noch nicht alles, was du auf einer Wegkreuzung erfahren kannst. Generell möchte ich dich einladen, aufzuhören, dich in und vor der Dunkelheit zu fürchten. Es gibt nichts, wovor du dich fürchten müsstest. Wann immer du dieses tust, gibst du einen Teil deiner Kraft ab und nährst damit das, wovor du dich ängstigst. Dadurch wird es mächtiger, größer und gewinnt an Bedeutung. Dann fürchtest du dich noch mehr davor und gibst erneut einen Teil deiner Eigenermächtigung ab. Das wiederholt sich so lange, bis du dich deiner Angst stellst und das Gleichgewicht von Energien wieder erschaffst, indem du dir das, was du abgegeben hast, wieder zurücknimmst und die Furcht wieder loslässt.

Wegkreuzungen sind ein guter Ort, um sich seinen Ängsten zu stellen. Wenn du in der Mitte der Kreuzung stehst, kannst du deine Angst oder das, wovor du dich fürchtest, zu dir einladen. Dann gehe in die Begegnung, in die Auseinandersetzung damit. Erkenne, was du dabei lernen darfst. Was der Ursprung deiner Angst ist. Was du benötigst, um es zu heilen. Vollziehe ein Ritual der Heilung, einen Tanz der Erlösung. Dabei erlaube dir, deine abgegebene Macht zurückzuholen und das, was du statt ihrer übernommen und gelebt hast, zu entlassen und aus der Gesamtheit, die du bist, abfließen zu lassen. Sei wieder du selbst. Sei frei. Dann bedanke dich bei dem was du gefürchtet hast, für seine Unterstützung, dich zu lehren, dir deiner selbst gewahr zu werden und in deiner Präsenz zu sein. Siehe, wie es sich für dich auflöst. Es hört für dich auf zu existieren und geht dorthin, wo es noch benötigt wird. Für dich hat es keine Bedeutung mehr.

Zusätzlich zu den bisher bereits vertrauten Begleitern, die dir an der Kreuzung zur Seite stehen, kann es sein, dass sich noch weitere dazu gesellen, um dich zu unterstützen, deine Angstlosigkeit zu stärken. Beispielsweise ist es möglich, dass dir Hekate, Innana, Kali, Percht oder Babayaga[*]*, um nur einige zu nennen, erscheinen.*

---

[*] *Hekate:* Mondgöttin der Thraker und gleichzeitig eine griechische Göttin der Hebammen, der Geburt, der Fruchtbarkeit und der Unterwelt. Meist wird sie von Hunden begleitet.
Innana: Sumerische Göttin. Sie reiste zu ihrer Schwester in die Unterwelt. Dort wurde sie getötet. Unter der Bedingung, dass sie einen Ersatz für sich in die Unterwelt schicken würde, konnte sie nach Hause zurückkehren.
Percht: Göttin des Alpenraums. Sie reitet mit ihrem wilden Gefolge, mit Hunden und Seelen, die sie hütet, in den Raunächten durch das Land. Ein anderer Name für sie ist Holle. Sie steht für Erneuerungen und bedingungsloses Loslassen. Sie ist wild und fördert den Kontakt zu den Ahnen. Sie lebt in den Bergen. Zu Allerheiligen wird ihr etwas Leckeres vor die Tür gestellt. Sie macht keine Kompromisse.
Kali: Hinduistische Göttin der Schöpfung, des Bewahrens und der Zerstörung. Wenn sie tanzt, trägt sie häufig eine Kette aus Totenköpfen und hat ihre Hände und Füße rot gefärbt, was ein Symbol für Blut ist. Sie transformiert Altes, um Platz für Neues zu schaffen. Sie erinnert dich an deine eigene Kraft und fragt dich, wie du sie lebst.
Babayaga: Slawische Göttin der Geburt und des Todes. Ihre Symbole sind ein Mörser und ein Kessel. Sie ist wild und frei. Sie zerstört alles Unnötige und lässt nur das Wahre, die reine Essenz übrig. Sie ist ein Sinnbild für Lebenskraft.

Sie sind alle Kinder, Töchter der Großen Göttin, deren Aufgabe es ist, dir zur Seite zu stehen, deine ursprüngliche Kraft zu finden, dich zu begleiten, um dich dem zu stellen, was dich ängstigt, um es zu transformieren und zu erlösen. Jedes Mal, wenn du auf diese Art etwas erlöst, gleicht es einer persönlichen Initiation, die du erfahren hast. Du kommst dadurch in den Tiefen deines wahren Wesens an. Das gibt dir Basis, Selbstvertrauen und Sicherheit, bezogen auf die Wahrnehmung deiner wirklichen Essenz.“

Viviane hält in ihren Ausführungen inne. Sie hat dir nun einiges erzählt. Einen Aspekt hat sie noch nicht erwähnt, und darauf möchte sie jetzt noch eingehen. Sie beginnt wieder zu sprechen. Dazu hebt sie eine Hand hoch, und mit der anderen berührt sie dein Herz.

„Ich bin wie eine Art Großmutter für dich, wenn du möchtest. Ich höre dir zu, wenn du dein Herz ausschütten willst. Ich lehre dich Durchhaltevermögen und Ausdauer. Ich ermutige dich, nicht aufzugeben, wenn du kurz vor einem Ziel bist. Ich lehre dich Geduld, den richtigen Zeitpunkt abzuwarten und ihn zu erkennen, um dann Schritt für Schritt deine Zeichen zu setzen und Aufgaben zu erfüllen. Ich unterstütze dich, alle Lektionen gleich liebevoll anzunehmen. Da ich die uralte Weisheit repräsentiere, die oft verdrängt, abgelehnt und abgeschoben wurde, helfe ich dir, sie in dir wiederzufinden. Ich weihe dich in die Geheimnisse des Lebens ein. Ich stehe für die Tradition, die Kraft gibt. Ich begleite dich, um dich aus jenen Strukturen zu lösen, die zu eng geworden und nicht mehr dienlich sind. Gleichzeitig zeige ich dir, das Alte, dessen Weisheit

immerwährende Gültigkeit hat, dennoch weiter oder wieder zu achten und zu respektieren. So können aus den alten Stämmen die neuen Knospen sprießen, die von so großer Wichtigkeit in dieser Zeit sind. Wann immer du meinen Namen sprichst, denkst oder fühlst, stehe ich an deiner Seite und stelle dir all das zur Verfügung und betrete mit dir jegliche Wegkreuzung, an der du in deinem Leben gerade stehst beziehungsweise die du aufsuchen möchtest, die dich ruft. Ich bringe dich in Kontakt mit deiner eigenen, tiefen, unendlichen Weisheit. Ich bin eine Tochter der Shekaina, und ihr Segen strahlt über mich zu dir und über dich in die Welt.

Jetzt nimm einen tiefen Atemzug, geliebtes Kind, das du mir bist. Die Erinnerungen erwachen. Nun siehe dich klar und deutlich und nimm es auf deine eigene Art und Weise wahr, wie wir einst in Avalon miteinander verbunden gewesen sind. Welche Aufgaben hattest du inne, als du als Priesterin oder als Druide gewirkt hast? Was davon sollst du wieder erkennen, aktivieren und weiter entwickeln? Was wurde damals nicht vollendet, das du heute fortsetzen sollst? Was auch immer deine Antworten dazu sind, ich werde an deiner Seite sein, wenn du möchtest. Möge das Licht der Einheit, das aus dem Zentrum von Avalon zu dir strömt, dich allezeit berühren und segnen. Sei gesegnet. Jetzt. Amen.“

Nach diesen Worten neigt Viviane leicht den Kopf und lässt ihre Arme sinken. Sie überreicht dir einen Kristall. Diesen hat sie seit deinem Fortgang aus Avalon für dich aufbewahrt. Jetzt gibt sie ihn dir zurück. Nimm ihn in deine

Hände und erlaube dir zu erkennen, wofür er steht, was er für dich bedeutet und wozu du ihn nutzen sollst. Über den Kristall bleibt der Kontakt zu Viviane bestehen, und du kannst mit ihr kommunizieren, wann immer du möchtest.

Viviane tritt einen Schritt zurück. Es ist Zeit, dich bei ihr und allen Wesen, die mit dir gewesen sind, zu bedanken. Atme tief ein und aus, um alle Eindrücke, so lange du möchtest, auf dich wirken zu lassen. Dann kehre mit deiner Aufmerksamkeit zurück ins Jetzt. Verlasse die Wegkreuzung. Erde und zentriere dich auf deine eigene Art und Weise und sei ganz präsent in deiner Gegenwart. Viviane ist mit dir, wann immer es für dich stimmig ist.

☆☆☆☆☆

8.8.1
In Kontakt mit den Wesen der Natur

Wie du weißt, begegnen dir auf deinem Weg nach Avalon immer wieder Wesen der Natur. Einerseits, weil die Priesterinnen und Druiden eng mit ihnen zusammengearbeitet haben, andererseits, weil Avalon selbst Teil der Anderswelt ist. Der Kontakt zu den Naturwesen lehrt uns die Liebe zum Leben, zur Erde und zu unserem physischen Sein. Er schenkt uns Leichtigkeit und hilft uns, humorvoll und voller Vertrauen zu sein. Die hilfreichen Wesen fördern unsere Kreativität und Lebensfreude, wie auch das Wiederentdecken von Kräuterwissen und von heilenden Ritualen mit Elementen und beispielsweise Steinen etc. Des Weiteren lassen sie Wohlgefühl, Wohlstand und materielle Fülle wachsen.

Zu den Naturwesen gehören zum Beispiel: Feen, Elfen, Gnome, Zwerge, Salamander, Sylphen, Nixen, Devas, Trolle, Kobolde etc. Viele Menschen fragen nach dem Unterschied zwischen Feen und Elfen. Bei der Beantwortung scheiden sich die Geister. Einige sagen, es gibt keinen gravierenden. Andere wiederum legen sehr großen Wert darauf, dass beide sehr unterschiedlich sind, was Größe, Aussehen und ihre Art betrifft. Wobei es, bezogen auf diese Beschreibungen, Widersprüche zu geben scheint. Denn das, was die einen den Elfen zuordnen, sagen andere wiederum über Feen. Ich nehme es so wahr, dass ich keine Einteilungskriterien und Unterscheidungsmerkmale nennen kann. Wenn ich aber in der Begegnung mit einem Naturwesen bin, weiß beziehungsweise fühle ich, ob es eine Elfe oder eine Fee ist. Für die Kommunikation mit den Naturwesen ist es auch nicht erforderlich, Feen und Elfen genau einteilen zu können. Das funktioniert auch ohne Katalogisierung.

Anhand dieses Beispiels kannst du erkennen, wie wichtig es ist, dass du deine eigenen Erfahrungen sammelst und deine Wahrheiten findest. Alle Aussagen haben ihre Gültigkeit. Es darf verschiedene Meinungen geben, ohne dass wir uns bemüßigt fühlen, uns gegenseitig von der Richtigkeit unserer Wahrnehmung zu überzeugen. Das ist nicht erforderlich. Du darfst deine eigene Sicht der Dinge haben. Und erlaube es den anderen Menschen auch.

Ich werde immer wieder gefragt, was man tun kann, um die Naturwesen ENDLICH mit physischen Augen zu sehen. Meistens antworte ich darauf, dass es wichtig ist, sich selbst nicht unter Druck zu setzen. Das berühmte „Ich will jetzt aber!" entspringt eigentlich aus einem Mangel des Inneren Kindes. Dadurch kommt es automatisch zu einer Verengung im energetischen Fluss eines Menschen, sodass genau das Gegenteil von dem, was man möchte, gefördert wird. Das bedeutet, dass es für die Erweiterung der feinstofflichen Wahrnehmung wichtig ist, entspannt zu sein. Jeder Mensch nimmt wahr. Es ist nur wichtig, dass er seine eigene Art, wie er dieses im Moment tut, annimmt. Dann können sich auch andere Wahrnehmungskanäle entwickeln. Das heißt, es ist empfehlenswert, die Stärken und eigenen Fähigkeiten zu sehen und in den Vordergrund zu stellen, nicht auf den möglichen „Schwächen" herumzureiten. Wenn wir uns nämlich auf etwas zu sehr versteifen, zum Beispiel die Naturwesen unbedingt mit den physischen Augen sehen zu wollen, übersehen wir dadurch häufig, wie nahe sie uns sind und sie sehr wohl den Kontakt mit uns suchen. Häufig kommunizieren sie über das Rascheln von Blättern mit uns oder durch eine sanfte Berührung unserer Wange, die wie ein zärtlicher Windhauch erscheint, oder sie begrüßen uns über einen Schmetterling, der vor uns tanzt, oder durch eine Libelle, die vor uns schwebt.

Der bekannte Satz des kleinen Prinzen von Antoine de Saint-Exupéry: „Man sieht nur mit dem Herzen gut. Das Wesentliche ist für die Augen unsichtbar!", hat hier Gültigkeit. Wenn du also deine Wahrnehmung erweitern möchtest, ist es hilfreich, die Kommunikation, die Einheit mit deinem Herzen zu stärken. Wahrnehmen findet auf vielen Ebenen statt und bezieht alle deine Sinne mit ein. Du kannst etwas oder ein Naturwesen fühlen, sehen (mit deinen physischen Augen oder innerlich, vor deinem geistigen Auge), riechen, schmecken oder einfach wissen, dass es da ist. Bitte vergleiche dich in deiner Art der Wahrnehmung nicht mit anderen Menschen. Du bist einzigartig. Bewerte und kritisiere dich nicht, was häufig durch den Vergleich mit anderen geschieht. Und wie bereits an einer anderen Stelle erwähnt, streiche Sätze und Gedanken wie: „Ich kann das nicht", „Bei mir funktioniert es einfach nicht", „Ich probiere die ganze Zeit, aber...!" sowohl aus deinem aktiven als auch passiven Wort- und Gedankenschatz. Falls du dich dabei ertappst, dass du so über dich denkst oder sprichst, unterbrich dich und formuliere sofort etwas Positives nach. Manchmal benötigt es ein bisschen Übung, bis wir uns so aus alten, letztendlich lieblosen Gewohnheiten herausbewegen, doch es ist möglich. Die Auswirkungen sind sehr schnell spürbar. Also probiere es aus!

Doch nun zurück zu den Naturwesen. Es gibt sie in jeglicher Form. Sie können ganz klein, einige Zentimeter, oder auch sehr groß, viele Meter hoch, sein. Sie erfüllen die Natur mit Lebendigkeit, und du kannst ihnen überall begegnen, auch in Städten. Die Wesen der Natur lieben es, wenn sie in unser Leben mit eingebunden werden. Wenn wir ihnen in unseren Wohnräumen, Gärten oder im Wald in unserer Nähe einen Platz schaffen, an dem wir sie einladen, mit uns zu sein. Beispielsweise, indem wir dort Geschenke für sie hinterlassen. Das können kleine Windspiele, bunte Bänder, Reis, Schokolade etc. sein. Falls du den Kontakt mit den Naturwesen vertiefen möchtest, gibt es mittlerweile so viele empfehlenswerte Literatur und Feenkarten dazu, dass ich dir ans Herz lege, dich diesbezüglich von deiner Intuition führen zu lassen, um das für dich Stimmige zu finden.

In diesem Buch geht es mir um einen bestimmten Aspekt in der Verbindung zum Naturreich, auf den ich nun eingehen werde. Unsere physischen Körper wurden sozusagen aus den Elementen der Erde erschaffen. Ihre Qualitäten spiegeln sich in uns wider. Auch benötigen sie die Kommunikation und die Verbindung zur Erde, um in der Stabilität und Balance zu sein. Gerade in dieser Zeit, die wir als Aufstieg bezeichnen, hilft die Begegnung mit der Natur und ihren Wesen, unseren physischen Körper zu stärken. Deshalb zieht es viele von uns intuitiv mehr hinaus in die Natur als früher.

Aufgrund der permanenten Schwingungserhöhung arbeiten unsere physischen Körper auf Hochtouren, um die einstrahlenden Energien aus dem Kosmos immer wieder zu integrieren, um die Geburt des Kosmischen Menschen in der Materie, im physischen Sein, zu vollziehen. Ein Ausdruck dieser Entwicklung ist eine Steigerung von physischen Disharmonien innerhalb der letzten Jahre, die auch viele von uns Lichtarbeiter betrifft. Aufgrund unseres Erwachsens lösen sich dabei zum Teil alte Zellinformationen aus unserem physischen Körper, die über eine nochmalige Aktivierung endgültig transformiert und gewandelt werden. Somit gleichen viele dieser Symptome einer großen Reinigung, die bis in den physischen Zellkern wirkt. Zum anderen ist es aber auch ein Hinweis darauf, dass unsere physischen Körper die einstrahlenden Lichtimpulse noch nicht in dieser Form aufnehmen, umsetzen und integrieren können. Das geschieht deshalb, weil sie manches Mal aufgrund ihrer Speicherungen in ihrer Entwicklung noch etwas langsamer sind als unsere anderen Körper und daher mit manchen Informationen der Neuen Zeit, die auf sie einwirken, noch nicht „konstruktiv" umgehen können.

Genau hier helfen uns die Naturwesen, denn eine ihrer Qualitäten ist das Verbinden von verschiedenen Ebenen. Unsere physischen Körper können durch die Berührungen der Wesen der Natur leichter kosmische Strahlen aufnehmen und für sich nutzen. Dabei werden sie unterstützt, sich daran zu erinnern, dass sie Licht sind, was zu einer Auflösung von Glaubenssätzen, beispielsweise, dass Materie träge ist, und anderen, nicht liebevollen Zellinformationen führt. Die Energie der Feen und Elfen fördert unsere physischen Körper, in ihr fünfdimensionales Bewusstsein einzutreten. Deshalb ist es empfehlenswert, den Kontakt zu den Naturwesen bewusst zu pflegen und sie bei jeglicher Körper- und Energiearbeit einzuladen, mitzuwirken. Wir sollten aufhören, ihre Fähigkeiten weiter zu unterschätzen, was einige von uns nach wie vor tun. Die Geschwister aus dem Reich der Natur sind große Heiler! Um die Kommunikation mit ihnen zu erweitern, kannst du, wie bereits erwähnt, hinaus in die Natur gehen. Genauso gut könntest du dir aber auch vorstellen, dass du einen Garten betrittst und dich dann dort dafür öffnen, Naturwesen wahrzunehmen und mit ihnen zu sein. Für dein emotionales Sein macht es keinen Unterschied, ob du etwas wirklich tust oder nur visualisierst. Das ist ein wichtiger Schlüssel für die Erschaffung deiner Realität.

Wenn Feen und Elfen in der Regelmäßigkeit mit deinem physischen Körper wirken dürfen, wirst du feststellen, dass er Kräuteressenzen, Pflanzenmedizin etc. anders aufnehmen wird. Du hast vielleicht schon von den Orbs gehört. Das sind Energiekugeln und Lichtphänomene, die sich jetzt häufig auf Fotos zeigen. Du machst ein Bild auf einer Geburtstagsfeier deiner besten Freundin oder deines besten Freundes, und wenn du es dann betrachtest, erkennst du zusätzlich Lichtpunkte darauf. Das sind Orbs.

Es sind Lichtwesen, die auf diese Art und Weise sagen möchten: „Wir sind hier!“ Einige dieser Energiekugeln sind Engel und Geistführer, doch auch Naturwesen zeigen sich darüber.

Was ich in meiner Praxis verstärkt erlebe ist, dass Menschen Wesen aus der Natur als Begleiter in ihrem aurischen Feld mitbringen. Beim letzten Meditationsabend beispielsweise waren drei Kobolde dabei. Sie hatten die Tendenz, immer wieder aus ihrer Sicht witzige Zwischenbemerkungen zu machen, als an diesem Abend Erzengel Gabriel eine Reise zu den Sternen anleitete. Diese fanden sie dann selbst immer am lustigsten, und ich sah, wie sie sich die Bäuche hielten, am Boden kullerten und laut über ihre eigenen Witze lachten und sich darüber amüsierten. Durch ihre Anwesenheit war zuerst eine ziemliche Unruhe im Raum, sodass es einige Zeit benötigte, um diese auszugleichen.

Jetzt möchte ich dich zu einer kleinen Meditation einladen, die eine Einstimmung auf die Energie der Naturwesen ist. Gleichzeitig bereitet sie dich darauf vor, dich auf ihr Reich so einzulassen, dass du im nächsten Kapitel deinem Elfenselbst begegnen kannst.

Erlaube dir, bewusst zu atmen und die Erde unter deinen Füßen zu spüren. Mit jedem Ausatmen lass alles, was dich gerade bewegt und beschäftigt, aus deinem Basiszentrum und deinen Fußsohlen in den Schoß der Erde fließen. Mit jedem Einatmen erlaube dir, die Liebe, die Kraft und das Vertrauen von Gaia in dich aufzunehmen und die Gesamtheit, die du bist, damit zu nähren und zu erfüllen. Nimm an, dass du ein Kind dieser Erde bist. Lege die Aufmerksamkeit so lange auf deine bewusste Atmung, bis du spürst, dass tiefe Ruhe und Gelassenheit in dir Raum genommen haben.

Nun stelle dir einen wundervollen Garten vor. Diesen betritt und komme darin an. Viele bunte Blumen blühen darin und verströmen ihren Duft. Kleine Quellen und plätschernde Brunnen sprudeln. Es ist ein Ort der Stille, und gleichzeitig ist er voller Lebendigkeit und Leben. Fühle und erlebe mit all deinen Sinnen den Zauber und die Magie dieses Platzes. Es ist ein besonderer Garten, denn hier ist der Übergang in das Naturreich sehr leicht. Deshalb kannst du auch auf deine eigene Art und Weise überall die Gegenwart der Naturwesen wahrnehmen.

Immer wieder siehst du kleine Tore, aus Steinen errichtet, teilweise mit reich verzierten eisernen Türchen, die dich in andere Bereiche des Gartens führen. Es sind Pforten, die dich, wenn du sie durchschreitest, in andere Schwingungsebenen und somit Dimensionen bringen.

Du bist nun eingeladen, ein Tor zu durchschreiten. Erlaube, dir von den Naturwesen, die mit dir sind, zeigen zu lassen, welches dieses für dich ist. Durch dieses Tor be-

trittst du das Feenreich. Du tauchst dabei ganz in ihre Welt der Magie und Mystik ein. Wir bitten dich, dieses Tor jetzt wahrzunehmen und zu erkennen. Halte kurz davor inne und gehe dann mit einem bewussten Atemzug hindurch.

Du kommst in einem anderen Teil des Gartens an. Bitte nimm auch diesen mit all deinen Sinnen tief in dich auf. Erkenne, ob sich für dich etwas verändert hat. Und lass dir für das neuerliche Ankommen die Zeit, die du dafür benötigst. Du hast eine neue Welt betreten, das Reich des Blauen Volkes, wie die Naturwesen auch genannt werden. Durch das Durchschreiten des Tors hat sich deine Wahrnehmung verfeinert, und du kannst nun viel mehr Feen und Elfen und andere Geschwister aus dem Reich der Natur auf deine eigene Art und Weise wahrnehmen, die um dich sind. Sie kommunizieren mit dir. Sie bitten dich zu verstehen, dass es deine Aufgabe als Mensch ist, zu vermitteln. Sie erklären dir, dass einige Menschen aus dem Zwischenreich aus der Anderswelt stammen. Sie tragen eine tiefe Sehnsucht in sich, dorthin zurückzukehren, weil sie sich als Mensch beziehungsweise in einem menschlichen Körper verloren und unwohl fühlen. Durch das Durchschreiten dieses Portals in die Feenwelt kann diese Erfahrung zu heilen beginnen. Der betreffende Mensch kann sich endlich ganz fühlen.

Die Naturwesen bitten dich, jetzt den Wind, als Vertreter des Elementes Luft, tief in dich einzuatmen, in dir aufzunehmen und wirken zu lassen. Dann höre auf das Plätschern des Wassers, das um dich fließt, und atme es auch bewusst in dich ein. Nach einer kurzen Pause atme die Wärme der Sonne in dich ein, die das Feuerelement repräsentiert, und lass sie sich in dir ausdehnen. Nimm die Erde, auf der du stehst, über deine Atmung in dich auf und erlaube ihrer Kraft und ihrer Liebe, in dir zu strömen.

Verweile bitte einige Zeit in der Verbindung mit den Elementen. Sie unterstützen dich im Hier und Jetzt, um in der Balance und Ausgeglichenheit deiner Körper zu sein. Gleichzeitig fördern ihre Energien in dir die Bereitschaft, dich von diesem Ort und den Wesen, die hier sind, berühren zu lassen, sodass Harmonie in dir wächst und die Freundschaft mit dem Reich der Natur vertieft wird. Du befindest dich an einem Platz der Heilung. Deshalb bleibe jetzt hier, so lange du möchtest. Achte auf die Impulse, die du dabei von den Naturwesen erhältst. Erlaube ihnen, an dir wirken zu dürfen, damit du möglicherweise alte Erfahrungen, die du nicht mehr benötigst, jetzt loslassen und transformieren kannst. Stattdessen stellen sie dir ihren Feenstaub der Leichtigkeit zur Verfügung.

Wenn die Zeit der Verabschiedung gekommen ist, frage die Feen und Elfen, was sie als Austausch für ihre Hilfe möchten. Dann bedanke dich bei ihnen und den Kräften des Ortes. Nimm einige bewusste Atemzüge und komme durch das Tor wieder zurück in den anderen Teil des Gartens. So kannst du jederzeit und überall das Reich der Naturwesen betreten und mit ihnen in den Austausch gehen. Sie freuen sich immer auf dich und deinen Besuch! Nun erde und zentriere dich und sei ganz präsent im Hier und Jetzt. Sei gesegnet. Amen.

8.8.8
Dein Elfenselbst

Nun möchte ich dich einladen, dein Elfenselbst kennenzulernen. Über unsere physischen Körper und durch unsere Inkarnation hier auf der Erde hat jeder von uns eine Verbindung zum Reich der Natur. Einige von uns haben auch im Naturreich Inkarnationserfahrungen gesammelt. Somit gehört die Anderswelt zu ihren Wurzeln und ihrer Heimat. Manchen von ihnen fällt es immer noch schwer, sich als Mensch wohlzufühlen und im eigenen menschlichen Körper zu Hause zu sein. Was aber zu ihren Aufgaben gehört, denn sonst wären sie ja im Feenreich geblieben und hätten sich nicht in die Menschenwelt inkarniert.

Einige dieser „Feenmenschen" werden von ihrer Sehnsucht aus dem Hier und Jetzt und somit aus ihrer Präsenz gezogen. Durch die Begegnung mit dem Elfenselbst, das der Seelenaspekt ist, der du im Feenreich warst, kann sich dieses verändern. In der Verbindung mit dem Elfenselbst geht es darum, diesen Teil wiederzufinden und wie ein fehlendes Puzzleteil zu integrieren, damit Ganzwerdung und Erfülltheit Raum nehmen können. So kannst du in deiner Mitte und in deiner Kraft sein und deinen Seelenplan leben. Deshalb möchte ich dich jetzt erneut bitten, dich auf das Reich der Naturwesen einzulassen.

Mache es dir bitte bequem und atme bewusst und tief ein und aus, um dich zu entspannen. Sei eins mit deinem Herzen und deinem Hohen Selbst. Lass deine Wurzeln tief in den Schoß von Mutter Erde wachsen. Visualisiere vor deinem geistigen Auge einen wundervollen Garten. Betritt ihn. Sei ganz an diesem Ort der Natur. Jetzt. Fühle, sehe, schmecke, rieche und höre – nimm deinen Garten mit allen deinen Sinnen wahr und in dich auf. Entdecke und erforsche ihn.

In diesem Garten gibt es einen Durchgang in die Anderswelt. Das kann ein altes eisernes Tor in einer kleinen Steinmauer sein, ein Spalt in einem Baum oder etwas Ähnliches. Finde deine Pforte und durchschreite sie. Dadurch betrittst du das Reich der Naturwesen noch tiefer. Nimm die Leichtigkeit wahr, die dich umgibt. Sie durchströmt dich, hüllt dich ein und erfüllt die Gesamtheit deines Seins. Atme bewusst ein und aus und lass dich auf die Energie der Wesen der Natur ein. Erkenne, wer von ihnen mit dir und um dich ist. Fühle auf deine eigene Art und Weise die Lebendigkeit, die von ihnen zu dir strahlt. Erlaube dir, dich davon anstecken, inspirieren und berühren zu lassen.

Die Feen und Elfen laden dich ein, mit ihnen in den Austausch und in die Kommunikation zu gehen. Dazu fordern sie dich auf, die Kraft der Erschaffung und der Erneuerung, die in diesem Garten ist, wahrzunehmen und in dich aufzunehmen. Die Wesen der Anderswelt erinnern dich an eine Zeit, in der das Menschenreich und das der Naturwesen eng miteinander verbunden waren, was sich im Laufe der Evolution veränderte. Manche Menschen lei-

den immer noch an dem Schmerz der Verdichtung, dem Schmerz der Trennung. Beispielsweise, weil dadurch der Austausch mit den Wesen der Natur nicht mehr in der altvertrauten Klarheit und Intensität gepflegt werden konnte, oder weil sie dabei den Kontakt zu ihren Wurzeln und ihrer Heimat verloren hatten.

Die Feen und Elfen erklären dir, dass früher, als die Reiche eng miteinander verwoben waren, die Schwingungsunterschiede zwischen den menschlichen Körpern und denen der Naturwesen nicht so groß war. Deshalb gestaltete sich der Austausch so einfach. Geschwister aus der Anderswelt konnten sich in Menschenwesen verlieben, und umgekehrt. Diese Liebe konnte auch gelebt werden. Feen war es möglich, in menschliche Körper zu schlüpfen und für Menschen Daseinsebenen im Feenreich zu erfahren. Die Dimensionen flossen ineinander und durchdrangen sich harmonisch.

Die Naturwesen laden dich ein, nochmals zu erkennen und wahrzunehmen, wie wichtig die Rückbindung an das Reich der Natur in dieser Zeit des Aufstiegs für die Heilung und Stabilisierung deines physischen Körpers ist. Die Schwingungsqualität der Anderswelt unterstützt die Regenerationsfähigkeit deines physischen Seins und stellt ihm erneut eine lebenserschaffende Kraft zur Verfügung, von der dein Körper durch das Auseinanderdriften der Reiche ebenfalls getrennt wurde, und die ihm seither „fehlte". Deshalb benötigen manche Heilungen für ihre Umsetzung in der Materie heute so lange, im Vergleich zu damals. Der physische Körper kann durch die Trennung der Reiche nur langsam auf die Impulse der Heilung reagieren. Er braucht länger, um sich auf die göttliche Harmonie auszurichten und sie zu manifestieren.

Durch die Weltentrennung verstärkte sich die Intensität an Erfahrungen von Disharmonien, Erkrankungen und Alterung des menschlichen Körpers. Des Weiteren ist die fehlende Rückbindung an das Feenreich ein Grund, warum manche Menschen nicht ganz in ihrem Körper sein können oder wollen. Deshalb ist für die Geburt des Kosmischen Menschen die Verbindung zum Reich der Natur genauso wichtig, wie sich im eigenen Körper und auf der Erde vollkommen zu Hause zu fühlen und hier Heimat zu finden. Dieses vertiefte Einlassen darauf und auf die Wesen der Natur ist genauso bedeutend wie die Zunahme des Kontakts zu den Sternengeschwistern.

Der Garten, in dem du dich befindest, ist ein magischer Ort der Begegnung und der Heilung. Atme tief ein und aus und nimm auf deine eigene Art und Weise wahr, dass die Naturwesen, die mit dir sind, nun beginnen, deine Aura zu streicheln und deinen physischen Körper zu berühren. Dabei summen sie ein Lied, das das Loslassen von alten Energien, die du nicht mehr benötigst, unterstützt. Sie bitten dich, dir selbst die Erlaubnis zu geben, dich von den Erfahrungen des Getrenntseins in Bezug auf das Feenreich zu lösen und eine Rückbindung Raum nehmen zu lassen. Du wirst auf einen Neubeginn vorbereitet, der sich in der Gesamtheit deines Seins vollziehen darf. Durch das Wirken der Naturwesen dürfen sich deine Körpererinnerungen so öffnen, als wären sie lang versperrte Schlös-

ser gewesen, die nun aufspringen. Dadurch erweitert sich der energetische Durchfluss in deinem physischen Köper, und darüber hinaus auch in deinen feinstofflichen Ebenen. Das fördert sowohl das Loslassen des Alten, als auch die Annahme und den Wiederaufbau der Verbindung zum Feenreich.

Fühle und erkenne, wie dein Körper durch die Veränderungen in seinem Sein weit und entspannt wird. Durch diese Weite findet eine Rückbindung zu einem Teil deiner Wurzeln statt, nämlich zum Feenreich und zur Anderswelt. Jetzt.

Halte kurz inne, atme bewusst ein und aus und lass diese Erneuerung geschehen. Wisse, dass die Menschen in dieser Zeit diese Kommunikation, diese Form des Austausches mit den Naturwesen benötigen. Deshalb nimm das Geschenk der Rückbindung jetzt für dich selbst an, um es dann an andere Menschen weiterzugeben, um es hinauszutragen in dein Lebensumfeld, in deine Lichtkreise und Meditationsgruppen, wo du diese Neuverbindung zur Anderswelt auf deine eigene Art und Weise lehren und vollziehen kannst. Zelebriere es mit vielen Menschen, damit sich auch ihre physischen Körper so öffnen können, dass dadurch ein Einlassen und ein ganzes Ankommen im Hier und Jetzt möglich wird.

Gleichzeitig führt diese Form der Rückbindung an das Reich der Natur zu einer Erweiterung der Kommunikation mit allem, was mütterliches Prinzip ist, mit Mutter-Gott und all ihren Aspekten, einschließlich Gaia. Ein neues Verständnis in Bezug auf das Thema Nahrung kann dadurch entstehen. Was ist gesunde Ernährung für mich? Was benötige ich in der Gesamtheit, die ich bin, also nicht nur mein physischer Körper, sondern alle meine Seinsebenen und Aspekte, die ich bin, um sich genährt zu fühlen? Wie kann ich andere nähren?

Das sind Fragen, die du dir in diesem Kontext immer wieder stellen darfst und sollst. Sie führen dich in ein Bewusstsein der Fülle, das sich auch auf den finanziellen Fluss auswirkt beziehungsweise dich unterstützt, in Leichtigkeit und Sicherheit in neue Formen des Austauschens überzuwechseln. Deshalb bitten die Naturwesen dich, diese Rückbindung an ihr Reich auf deine eigene Art und Weise zu erfahren und zu erleben. Schenke dir die Zeit dafür, die du benötigst. So bereitest du die Begegnung mit deinem Elfenselbst vor. Durch die Annahme der Feenenergie im Hier und Jetzt findet dein Körper Gleichgewicht. Erlaube dir, ganz Mensch zu sein! Jetzt. Lass die Schwingungsebene der Naturwesen in der Gesamtheit, die du bist. Es ist eine Energie, die vor allen Dingen dein physischer Körper benötigt, um seine Schwingung auf die Fünfte Dimension auszurichten.

Wenn du spürst, dass du deine Verbindung zum Reich der Natur angenommen hast und bereit bist für den nächsten Schritt, dann nimm bitte einen bewussten Atemzug und lies weiter. Wenn nicht, mache eine Pause, indem du dich bei den Naturwesen bedankst, bewusst durch das Tor aus der Anderswelt zurück in den Garten gehst, ganz in deinem Herzen ankommst, dich erdest und zentrierst. Schließe deine Reise ab, lass dir Zeit zum Nacharbeiten, so lange du möchtest, und dann gehe zu einem Zeitpunkt, der für dich stimmig ist, über den Garten in deinem Herzen wieder in den Kontakt mit den Naturwesen, und setze die Rückbindung an das Feenreich fort. Sei gesegnet. Jetzt. Amen.

☆☆☆☆☆

8.8.1
Die Integration deines Elfenselbst

Nimm bitte einen bewussten Atemzug und erlaube, dass deine Reise durch die Feenwelt weitergehen darf. Wenn du noch in dem magischen Garten verweilst, so bitten wir dich, weiterzulesen. Andernfalls erde und zentriere dich kurz, gehe mit deiner Aufmerksamkeit zu deinem Herzen, erschaffe deinen Garten und betritt ihn. Dort finde deinen Eingang in die Anderswelt, durchschreite ihn und komme darin ganz an. Halte inne und nimm wahr, dass in deinem Herzen eine Blüte zu wachsen beginnt. Ihre Blütenblätter öffnen sich mit jedem deiner Atemzüge mehr. Lass diese Blüte ganz weit sein. In ihrem Zentrum wird ein kleiner goldener Schlüssel sichtbar. Die Geistige Welt bittet dich, diesen Schlüssel aus deinem Herzen in deine Hände zu nehmen. Während du tief atmest, erkenne, dass über dem gesamten Garten ein besonderer Hauch liegt. Er schimmert in den unterschiedlichsten Farben des Regenbogens. Er verheißt Magie. Die Wesen der Natur sind dir ganz nahe, berühren dich und freuen sich über die Begegnung mit dir.

Nun bist du aufgefordert, in diesem Garten die geheimnisvolle Tür zu entdecken, zu der dein goldener Schlüssel gehört. Siehe dich um und mache dich auf die Suche. Die Tür kann in einer Mauer sein oder möglicherweise in einem Baum. Sie ist ganz versteckt. Dein Herz wird von ihr angezogen, und so lass dich führen. Erkenne dein verschlosse-

nes Tor, zu dem nur du den Zugang hast. Jetzt nimm deinen Schlüssel und sperre auf. Ganz langsam und etwas knarrend öffnet sich die Tür. Du siehst nun, was sich hinter ihr so lange verborgen gehalten hat. Vor dir erscheint eine Energie, ein Licht, ein Wesen, das voller Lebendigkeit, voller Lebensfreude, voller Leichtigkeit, voller Kreativität, voller Tanz, voller Anmut, voller Begeisterungsfähigkeit und voller Unschuld strahlt. Das ist dein Elfenselbst. Erlaube dir, ihm in die Augen zu blicken. Darüber findet ein tiefes Erkennen statt. Gehe in den Austausch, in die Begegnung und in die Verbindung mit deinem Elfenselbst. Heiße es in deinem Leben willkommen. Öffne dein Herz. Öffne deine Arme. Nimm es an. Über deinen bewussten Atem beginne, mit ihm zu verschmelzen, dich mit ihm zu vereinen und es zu integrieren. Werde eins mit deinem Elfenselbst. Sei eins mit deinem Elfenselbst. Jetzt.

Erkenne erneut, dass das Reich der Naturwesen immer die Aufgabe hatte, eine Brücke zu sein, zu verbinden, zu vernetzen, zu vermitteln. Diese Schwingungsqualität benötigt dein physischer Körper in dieser Zeit, um in die Fünfte Dimension aufsteigen zu können. Durch die Annahme deines Elfenselbst schenkst du ihm die Möglichkeit, Informationen bis in seinen Zellkern so aufzunehmen, dass dadurch Heilung schneller Raum nehmen kann. Durch die Integration deines Elfenselbst erinnert sich dein Körper an seine Leichtigkeit, an sein Lichtsein. Das fördert deine Fähigkeit zu lachen. Du beginnst, häufiger durch dein Leben und deinen Alltag zu tanzen und suchst nach kreativen Selbstausdrücken. Durch die Verbindung mit deinem El-

fenselbst verändert sich deine Wahrnehmung. Du fühlst dich mehr als ein Teil des großen Ganzen.

Atme tief ein und aus und sei eins mit deinem Elfenselbst. Dann gehe bewusst, in der Einheit mit deinem Elfenselbst, durch den Garten. Lass dich von seiner Energie, Kraft und Heilungsmacht durchströmen. Das fördert nicht nur die Manifestation der Vereinigung mit deinem Elfenselbst in der Materie, sondern stärkt und harmonisiert dich in der Gesamtheit, die du bist. Jetzt.

Wenn du möchtest, triff eine klare Entscheidung, von nun an aus der Fülle zu leben und zu schöpfen. Wenn du mit anderen Menschen an der Stärkung ihrer physischen Körper wirkst, dann betritt mit ihnen einen magischen Garten, wo sie ihrem Elfenselbst begegnen können. So, wie die Geistige Welt dich einladen möchte, bei jeglicher Form der Körperarbeit vermehrt Feen, Elfen und Wesen der Natur mit einzubeziehen, damit sie ihre Kraft des Verbindens und Heilens mit einfließen lassen können. Das ist das Geschenk de Naturwesen an dich.

Verweile nun in diesem Garten, so lange du möchtest und für die Integration deines Elfenselbst benötigst. Wenn du bereit bist, in der Einheit mit deinem Elfenselbst deinen Weg weiterzugehen, dann löse und verabschiede dich von diesem Ort. Bedanke dich bei den Wesen der Natur. Wann immer du möchtest, kannst du hierher zurückkommen, um den Austausch und die Freundschaft mit den Naturwesen zu pflegen. Den Schlüssel kannst du in der geöffneten Tür stecken lassen. Du brauchst ihn nicht mehr.

Durchschreite das Tor zurück in dein Herz. Fühle die Einheit mit deinem Elfenselbst. Erde und zentriere dich. Erkenne, ob und was sich durch diese Integration für dich im Hier und Jetzt und darüber hinaus verändert hat und wird. Erlaube dir, dich in dir, in deinem Körper, in deinem Leben zu Hause zu fühlen. Sei ganz. Sei verwurzelt. Sei in deiner Kraft und in deiner göttlichen Präsenz. Du hast Heimat in dir gefunden, weil du das, was zu dir gehörte, zu dir zurückgeholt hast. So sei bereit, weitere Schritte in die Fünfte Dimension zu setzen. Sei gesegnet. Jetzt. Amen.

☆☆☆☆☆

Die Magie des Apfels

Wie könnte ich ein Buch über Avalon schreiben, ohne dabei ein Kapitel dem Apfel zu widmen. Avalon wird auch als Apfelinsel bezeichnet, weil dort viele Apfelbäume wuchsen. Vor Jahren pflanzte ich in meinem Garten einen kleinen Apfelbaum. Er verbindet und erinnert mich an Avalon. Seither bemüht er sich sehr, jedes Jahr ein bisschen größer zu werden. Wann immer ich ihn sehe, denke ich an Avalon, was ich allerdings auch bei anderen Apfelbäumen tue, denen ich begegne. Der Apfel ist ein Symbol des Lebens, der Fruchtbarkeit, der Fülle und der Liebe. Es gibt Bräuche, wo die Kerne von Äpfeln zu Fruchtbarkeitsketten zusammengefasst werden, die die Empfängnis und die Geburt wie auch generell Wohlstand fördern sollen.

Als Kind hatte ich eine hartnäckige Warze an einem meiner Finger. Nachdem wir schon einiges versucht hatten, sie zum Verschwinden zu bringen, machte meine Mutter mit mir folgendes Ritual: Es war Vollmond. Ein Apfel wurde halbiert. Eine Hälfte musste ich essen und mit der anderen wurde meine Warze abgerieben. Im Anschluss daran vergruben wir diese Apfelhälfte in der Natur. Die Warze verschwand. Ich war sehr beeindruckt. Vor allen Dingen von meiner Mutter, dass sie solche „Zaubereien" kannte.

Wenn du einen Apfel auseinanderschneidest, zeigt sich im Inneren ein fünfzackiger Stern. Aufgrund dieses Pentagramms wurden ihm seit jeher magische Kräfte zugesprochen. Es gibt alte Hochzeitsbräuche, bei denen im Laufe der Zeremonie ein Apfel zerteilt wird. Sowohl die Braut als auch der Bräutigam essen eine Hälfte. Das soll die ewige Liebe manifestieren. In Rumänien gibt es in diesem Zusammenhang auch einen sehr interessanten Brauch. Der Apfel wurde als heilige Frucht der Göttin, die als feenhafte Magdalena bezeichnet wird, verehrt. Man sagte, sie würde in einem kosmischen Apfelbaum leben. Seine Zweige berühren den Himmel und seine Wurzeln reichen tief in die Erde. Erkennst du die Verbindung zu Avalon, der Anderswelt, Maria Magdalena und dem Heiligen Gral? Ich persönlich finde es immer wieder faszinierend, wie das alte Wissen letztendlich überall zu finden ist.

Dass dem Apfel heilsame Kräfte zugesprochen werden, drückt auch das folgende, bekannte Sprichwort aus: One apple a day keeps the doctor away (einen Apfel am Tag erspart den Doktor). Natürlich gibt es noch eine weitere bedeutende Geschichte, bei der zumindest vermutet wird, dass ein Apfel darin eine besondere Rolle spielte. Meist wird zwar einfach von einer Frucht gesprochen, die Eva Adam vom Baum der Erkenntnis gereicht haben soll. Doch es gibt auch Versionen, bei denen in diesem Zusammenhang von einem Apfel erzählt wird. Als Frucht der Großen Göttin würde dieses sehr gut in das Bild passen, welcher Stellenwert der weiblichen Energie innerhalb der katholischen Kirche gegeben wurde. Sie wurde grundsätzlich minderwertiger, dunkler und gefährlicher angesehen als die männliche. Demnach musste Evas Tat als etwas Negatives bewertet werden, und als Folge davon wurden Eva und Adam, und somit wir, aus dem Paradies vertrieben. Daraus ergibt sich der logische Schluss, dass wir, um in den Garten Eden wieder eintreten zu können, der offensichtlich ein Garten der Großen Göttin gewesen ist, sonst wären in ihm keine Äpfel gewachsen, unsere Urweiblichkeit wieder entdecken und leben dürfen beziehungsweise „müssen". Denn davon haben wir uns durch das Verlassen des Paradieses getrennt und abgeschnitten. Das betrifft Männer und Frauen gleichermaßen. Dieses deckt sich mit vielen Durchsagen der Geistigen Welt durch unterschiedliche Botschafter des Lichts in dieser Zeit. Es ist eine Entwicklung, die weltweit zu beobachten ist. Die Rückkehr nach Avalon ist ein Teil davon, genauso, wie das Wiederfinden und Stärken unserer lemurianischen Wurzeln. Alles gehört zusammen.

Doch Äpfel tauchen auch noch in vielen anderen Mythologien auf und haben auch innerhalb unseres Jahreskreises immer wieder eine besondere Bedeutung. Früher war es üblich, an unsere weihnachtlich geschmückten Christbäume Äpfel zu hängen. Sie symbolisierten Fruchtbarkeit, Unsterblichkeit und Auferstehung. Man geht davon aus, dass sich unsere heutigen Christbaumkugeln daraus entwickelt haben. Gerade in den kälteren Monaten des Jahres werden sie genutzt, um beispielsweise als Teelichtständer oder auch als leckere Bratäpfel Wärme und Geborgenheit zu spenden. Wenn du das nächste Mal einen Apfel siehst, kannst du ja in dein Herz spüren und wahrnehmen, was er für dich noch alles bedeuten mag. Bei jedem weiteren Apfel oder Apfelbaum, den du siehst, kannst du an die Große Göttin denken, dich als Kind von ihr wahrnehmen und dich auch an dein Sein in Avalon erinnern, wenn du möchtest.

8.8.8
Avebury – ein Ort der Heilung

Der nächste Kraftort, den ich mit dir besuchen möchte, ist Avebury. Der Steinkreis ist so groß, dass durch ihn hindurch eine Straße führt und einige Häuser darin stehen, was aber der heilenden Energie, die von diesem Ort ausgeht, keinen Abbruch tut. Er ist ein sehr weiblicher Heilungsplatz und steht in Verbindung mit den Kräften von Lemurien. Wenn du schon einmal dort gewesen bist oder ein Bild von Avebury hast, kannst du dir bei den nächsten Meditationen visualisieren, wie du irgendwo in dem alten Steinkreis stehst und seine Schwingungen in dich aufnimmst. Wenn du keine Vorstellung von Avebury hast, dann denke einfach an diese Stätte und kreiere dir einen eigenen Steinkreis, den du in diesem Zusammenhang betrittst.

Ich möchte dich zuerst einladen, deine eigenen Erfahrungen mit Avebury zu machen. Später werde ich dir noch ein bisschen mehr über den Heilungskraftort erzählen. Deshalb lass dich jetzt auf seine Energien ein und erlaube ihm, dich zu berühren.

☆☆

Dazu nimm einige bewusste Atemzüge. Werde ruhig und entspanne dich. Sei eins mit der Erde, mit deinem Herzen und deinem göttlichen Funken. Nimm wahr, wie grünes Licht den Raum, in dem du gerade bist, erfüllt. Es durchströmt dich und hüllt dich ein. Erzengel Raphael stellt sich dir zur Seite. Er möchte dich zu einer Reise einladen. Er hält deine Hand und erschafft einen Lichtkanal, durch den er dich jetzt nach Avebury, dem uralten Steinkreis der Heilung, bringt. Die Geistige Welt bittet dich, ihn dir zu einer Zeit vorzustellen, wo noch keine Straßen der heutigen Zeit ihn durchquerten. Komme dort an.

Raphael begleitet dich weiter. Nun gehe mit deiner Aufmerksamkeit zu deinem Basiszentrum. Lass es weit offen sein. Wie eine rote Spirale dehnt sich die Energie über dein Basiszentrum tief in das Innere der Erde aus. Nimm wahr, dass du darüber jetzt mit der weiblichen Kraft dieses Ortes verbunden bist. Über deine Verbindung, die nun zwischen deinem Wurzelzentrum und Gaia ist, beginnt die Große Mutter mit dir zu kommunizieren. Verweile einige Augenblicke in diesem Austausch. Sie erzählt dir über die ursprüngliche Bedeutung und Heilungsmacht dieses Platzes und in welcher Form du selbst damit verbunden bist. Atme ihre Gegenwart tief in dich ein, sodass dadurch Urvertrauen und ein tiefes Wissen um die verschiedenen Zyklen und Kreisläufe der Entwicklung deines eigenen Seins und der Erde in ihrer Gesamtheit in dir zu wachsen beginnen. Durch diese Weisheit, die deine ureigene ist, die dabei wieder aktiviert wird, wirst du noch tiefer in die uralten Geheimnisse dieses Ortes eingeweiht.

Erkenne, dass sich vor deinem geistigen Auge ein Weg formt, der dich durch den Steinkreis führt. Er bringt dich zu einem besonderen Platz. Es ist ein Fokus der Kraft, der hier einst in Form einer Mysterienschule war. Dort wurden

Seherinnen ausgebildet. Wir bitten dich, dorthin zu gehen, denn du wirst bereits erwartet. Priesterinnen der alten Zeit heißen dich willkommen und legen dir einen Blütenkranz ins Haar beziehungsweise hängen ihn dir um deinen Hals. So wirst in ihrer Mitte aufgenommen. Jetzt beginnt eine Spirale der Initiation. Die Priesterinnen nehmen dich an deinen Händen und bilden mit dir einen Kreis. Sie sagen, dass sich dadurch ein Schwingungsfeld aufbaut, das im Außen durch den Steinkreis widergespiegelt wird.

Du bist tief im Schoß der Erde verwurzelt, und dein Haupt berührt die Sterne. In der Verbindung mit den Priesterinnen wirst du zu einem Gefäß. Es ist leer und bereit, aufzunehmen. Das Gefäß wird nun mit reiner, erschaffender Kraft, die als Inspiration der Quelle bezeichnet wird, gefüllt. Sie fließt in dich über, in dein Stammhirn. Dort aktiviert sie jene Speicherungen, die, Bezug nehmend auf Inkarnationserfahrungen in Verbindung mit Avalon und Avebury, in dir sind. Dieses erwachte Wissen fließt über dein Stammhirn als weißgoldenes Licht zu den Drüsen in deinem Gehirn und durchwirkt diese. So werden jene Zentren durchströmt, die mit deiner Fähigkeit in Zusammenhang stehen, dein Drittes Auge zu nutzen und klar zu sehen. Über dein Stammhirn, über deine Drüsen, wird dein Drittes Auge jetzt berührt. Es klärt, es weitet sich. Es dehnt sich aus.

Während die Energie wirkt, laden dich die Priesterinnen ein, für dich selbst noch einmal ganz bewusst die Entscheidung zu treffen, dein spirituelles Erbe anzunehmen. Für die Umsetzung bieten sie dir ihre Unterstützung an, indem sie gemeinsam mit den Naturwesen, die hier sind, deine Zellen, deine Schichten, deine Körper berühren und eine Wandlung von Unsicherheiten, Selbstzweifeln, Schuldenergien und Abhängigkeiten fördern. Atme tief ein und aus und erlaube dir, die Transformation anzunehmen. Jetzt. Lass deine wahre Präsenz leuchten. Freiheit darf die Gesamtheit, die du bist, erfüllen.

Die Priesterinnen erzählen dir, dass viele Menschen einst zu den Seherinnen und dem Ort der Heilung kamen, um Rat und Lösung zu finden. Nachdem sie erfahren hatten, welche Kraft sie benötigen würden, um zu gesunden, wurden sie in unterschiedlichen Abfolgen durch den Steinkreis geführt. Dabei waren sie aufgefordert, verschiedene der großen Steine zu berühren und ihre einmaligen Heilungsenergien zu empfangen. So fand Heilung statt. Bereits damals halfen viele anwesende Wesen aus dem Reich der Natur mit und förderten die Kommunikation und Annahme der heilenden Kräfte des Ortes.

Eine der Priesterinnen, die neben dir steht, legt nun kurz ihre rechte Hand auf dein Herz. Sie bittet dich, ihren Segen zu empfangen, damit du dein Herz weit öffnen kannst. Atme tief ein. Erinnere dich daran, als die Menschen hierher kamen, um Heilung zu erfahren. Erinnere dich an die alten Zeremonien und Rituale, die gefeiert und praktiziert wurden. Dadurch beginnt das Potenzial deiner Heilungsfähigkeiten und -möglichkeiten, egal, in welchen Kulturen, Mysterienschulen und zu welchen Zeiten du es gelernt hast, in dir neu zu leuchten. Es aktiviert sich. Die Zugänge werden wieder freigelegt. Sie dürfen aus deinem

Unterbewusstsein wieder in dein Tagesbewusstsein aufsteigen. Du darfst deinen Platz im Hier und Jetzt wieder einnehmen. Nimm dein Potenzial an. Lebe dein Heilertum. Jetzt und allezeit.

Erkenne, dass sich jetzt aus den großen Steinen die einzelnen Devas, die sie hüten, lösen, um auf dich zuzukommen. Sie möchten dir ganz nahe sein. Eine nach der anderen berührt dabei dein Herz und überträgt ihre einmalige Heilungsqualität. Lass dir dafür so viel Zeit, wie du benötigst. Durch diese Energieübertragung erzählen dir die Steine, wofür sie im Einzelnen stehen. Bei welchen Disharmonien du sie aufsuchen kannst, um sie mit ihnen zu transformieren. Sie berichten dir von ihrer Grundschwingung und ihrer Einzigartigkeit. Jeder der Steine hat eine Botschaft der Heilung in sich, die er dir übermittelt.

Während dir die Steine ihre Informationen übertragen, fließt weiterhin unaufhörlich die Inspiration der Quelle durch dein Stammhirn, deine Gehirndrüsen in dein Drittes Auge, um dieses zu aktivieren. Verweile im Fluss der Energien und im Austausch mit den Kräften dieses heiligen Ortes, so lange du möchtest. Wenn es für dich ausreichend ist, kannst du dich bei den Devas der Steine bedanken. Sie segnen dich und ziehen sich wieder zurück. Genauso kannst du dich von den Priesterinnen lösen. Auch sie schenken dir ihren Segen und öffnen wieder den Kreis, den du mit ihnen gebildet hast. Die erschaffende Kraft, die Inspiration der Quelle, durchwirkt dich noch einmal in der Gesamtheit, die du bist. Erwache zu deinem wahren Wesen. Jetzt und allezeit. Dann zieht sie sich sanft aus dir zurück.

Die Geistige Welt bittet dich wahrzunehmen, dass Raphael nach wie vor an deiner Seite ist. Er lädt dich ein, einige bewusste Atemzüge zu nehmen und alles noch einmal auf dich wirken zu lassen. Wenn du bereit bist zurückzukehren, nimmt dich Raphael an die Hand. Er breitet seine Schwingung aus und trägt dein Bewusstsein liebevoll zurück in dein Sein im Hier und Jetzt. Fühle deinen Herzschlag, komme ganz in deinem Körper an. Grünes Licht durchströmt dich und hüllt dich ein. Lass dir die Zeit zum Ankommen, die du benötigst. Dann erde und zentriere dich und sei vollkommen präsent. Wenn du möchtest, kannst du dir nun einige Notizen zu deinen Eingebungen und Erfahrungen machen. Erzengel Raphael verabschiedet sich von dir. Bedanke dich bei ihm. Er segnet dich. Sei gesegnet. Jetzt und allezeit. Amen.

☆☆☆☆☆

Phönix aus der Asche

Wenn du in Avebury den alten Steinkreis entlangwanderst, kommst du zu einem mächtigen, einzigartigen Baum. Natürlich gibt es dort mehrere wundervolle alte Bäume. Doch ich spreche von einem ganz besonderen – ja, ich weiß, die anderen dort sind auch einmalig – ich meine aber den einen, ganz speziellen...

Da wächst also dieser Baum. Er hat weite, kraftvolle Wurzeln, die zum Teil wie ein Netz auf der Erdoberfläche sichtbar sind. Unter seiner Krone findest du Geborgenheit, und du kannst dich gut an ihn anlehnen. An diesem Ort kannst du etwas über deine Wurzeln erfahren, genauso, wie du sie stabilisieren und erweitern kannst. Hier ist es leicht, in den Kontakt mit deinen Ahnen zu gehen, die ja auch Teil deiner Wurzeln sind. Gleichzeitig lädt das Baumwesen ein, beispielsweise durch das Hinterlassen von kleinen Geschenken, wie das Anbinden von bunten Bändern an den Ästen, deine Wünsche an die Naturwesen abzugeben und sie zu bitten, dich bei deren Erfüllung zu unterstützen.

Auf unserer gemeinsamen Reise begegnen wir hier nun Merlin.

☆☆

Dazu atme bitte einige Male bewusst ein und aus. Entspanne dich auf deine eigene Art und Weise. Lass deine Wurzeln tief hinein in den Schoß der Erde wachsen. Sei eins mit deinem Herzen und mit deinem Hohen Selbst. Jetzt.

Grünes Licht erfüllt den Raum, in dem du bist. Erzengel Raphael berührt dich und möchte dich begleiten. Seine grüne Energie harmonisiert deine Körper und deine Chakren. Wenn du bereit bist für den nächsten Schritt, nimmt Raphael dich bei der Hand und trägt dein Bewusstsein höher und höher. Er reist mit dir nach „Engel-Land" und bringt dich erneut zu dem alten Steinkreis der Großen Göttin, der Avebury genannt wird. Dort landet er mit dir bei diesem uralten, mächtigen Baum. Komme dort jetzt ganz an. Über deinen Atem lass dich ein auf die Kraft dieses wundervollen Wesens. Berühre seine Baumhaut. Spüre, wie das Leben durch seine Wurzeln, die über die Erde hinausragen, fließt, wie das Blut durch deine Adern. Es ist ein Heilungsplatz. Nimm seine Energie in dich auf und in dir an. Erzengel Raphael lenkt die heilsamen Schwingungen in der Verbindung mit seinem grünen Licht in kreisenden Bewegungen durch deine Chakren und deine Körper, um den Durchfluss und die Harmonie nochmals in der Gesamtheit, die du bist, zu fördern.

Raphael bittet dich, es dir bequem zu machen und deine Augen zu schließen. Nun stell dir vor deinem geistigen Auge einen weiteren Kraftort vor, einen alten Hain, in dem früher die Große Göttin angerufen wurde, ihre Kräfte in der Materie wirken zu lassen. Lass dich darauf ein und betritt ihn jetzt. Erkenne, dass in seiner Mitte Merlin steht. Seine Hände sind erhoben, und in einer hält er einen Stab der Kraft. Er sieht dich, lässt seine Arme sinken und lä-

chelt dir zu. Er begrüßt dich und fordert dich auf, näherzukommen. Merlin betrachtet dich ganz genau. Er schaut dir bis auf den Grund deiner Seele. Vor ihm kannst du nichts verheimlichen. Deine tiefsten Ängste, das, wovor du dich am meisten fürchtest, wird nun für Merlin sichtbar. Es manifestiert sich als eine Spiegelung deines Inneren in Form eines Symbols, eines Gegenstands oder eines Zeichens in seiner Hand. Merlin sagt, dass dich diese Angst bindet. Sie hält dich an der nicht geheilten Dualität fest. Sie behindert dich, deinen eigenen Weg zu gehen und den Platz einzunehmen, der dir zusteht und dir gehört. Er lädt dich ein, dir diese Angst jetzt ganz genau anzusehen, und erklärt dir, dass durch diese Angst andere Menschen und Wesen Macht über dich haben. Nun fragt er dich, ob du jetzt bereit bist, diese Angst in die Transformation zu geben. Dazu gibt er dir deine Angst in deine Hände. Fühle, wie schwer sie ist. Erkenne, wie alt sie ist. Nimm wahr, wohin sie gehört. Denn möglicherweise ist sie schon über viele Leben hindurch an deiner Seite. Vielleicht spaziert sie aber auch seit Generationen durch deine Ahnenreihe, wo sie einfach weitergegeben wurde.

Merlin verbindet deine Angst nun über seinen Kraftstab mit ihrem Ursprung. Dann fordert er dich auf, gemeinsam mit ihr in das Zentrum des alten Ritualplatzes zu gehen. Er bittet dich, ihm zu vertrauen. Er tritt einige Schritte zurück, um erneut seine Arme zu erheben. Er richtet die Spitze seines Stabs in den Himmel, genau auf das Zentrum der Zentralsonne. Er murmelt einige Worte der Kraft, in einer Sprache, die schon lange niemand mehr kennt. Da-

durch löst sich aus der Spitze seines Kraftstabs ein Blitz, der durch die Muttersonne hindurch in die Zentralsonne schießt. Dort setzt er einen Feuerfunken der Transformation frei, der als kleine Flamme durch den Kosmos fliegt und dann zurück auf die Erde, direkt zu dir, eilt. Sie entzündet dich und deine Angst. Ihr beginnt zu brennen. Merlin sagt, dass du tief atmen sollst. Lass das Feuer lodern. Gib dich ganz der Wandlung hin. Die Transformationskraft durchdringt alles, was du bist. Die Feuerzungen verbrennen alle deine Körper. Dadurch verliert deine Angst ihre Anker- und Ansatzpunkte und löst sich auf. Deine feinstofflichen wie auch dein grobstofflicher Körper verbrennen in der Gesamtheit, die sie sind.

Nimm dich einen Augenblick als Asche im Zentrum des heiligen Ortes wahr. Jetzt. In dieser Asche ist die Kraft des Lebens enthalten, sodass du dadurch neu entstehst. Neu bildet sich dein physischer Körper. Neu bildet sich dein emotionales Sein. Neu bilden sich dein mentales und dein spirituelles Sein. Du erstehst strahlender und größer als je zuvor. Freier und mächtiger. Du hast dich im Zentrum des heiligen Hains neu erschaffen. Deine Angst ist nicht mehr da. Sie hat aufgehört zu existieren.

Merlin sagt, dass du deinem mentalen Körper jetzt verbieten sollst, sie wieder zu kreieren, indem du an ihrer Transformation zweifelst, was auch immer dein Beweggrund dafür sein möge. Sei in der Klarheit, dass du neu geboren bist. Das ist das Prinzip des Phönix. Mit der Kraft des Phönix arbeiten die Druiden seit ewigen Zeiten. Durch dein Tun, durch dein Sein an diesem Ort, hast du nun auch begonnen, durch die männlichen Aspekte und Anteile in dir, dich in deiner männlichen Energie an die Große Göttin rückzubinden. Dieser Teil deines Wesens strahlt diesen Schritt in deine gesamte männliche Ahnenreihe aus. So kann, wo auch immer dieses benötigt wird, eine Aussöhnung zwischen den männlichen und weiblichen Kräften Raum nehmen, die dich bis in dein Hier und Jetzt berührt und dir guttut.

Merlin ist mit dir zufrieden und meint, dass du dich als guter Schüler erwiesen hast. Du kannst, wann immer du möchtest, deine Lehre bei ihm fortsetzen, um deine innere Meisterschaft zu vervollkommnen. Die Geistige Welt bittet dich, grüne, heilende Energie durch die Gesamtheit, die du bist, zu atmen. Merlin richtet die Spitze seines Stabs auf dein Herz. Daraus fließt eine heilsame Schwingung, die dein Herz weitet. Sie fördert das Dich-liebevoll-Annehmen in der Gesamtheit, die du bist. So kannst du auch deine Fähigkeiten annehmen. Genauso wie dein Potenzial. Erkenne es. Lebe es. Das ist deine Aufgabe. Wenn du dieses tust, schenkst du auch anderen Menschen die Erlaubnis, wiederum ihr eigenes Potenzial zu leben. Das verbreitet sich um die ganze Erde, und dadurch erhält auch Gaia die Möglichkeit, ihr Potenzial, ein Paradies zu sein, zu leben.

Merlin lässt seinen Stab sinken, er geht einige Schritte zur Seite. Er segnet dich, nickt dir zu und löst sich vor deinen Augen in Luft auf. Nimm einen bewussten Atemzug und fühle die neue Energie, die in dir Raum genommen hat. Dann bedanke dich bei Merlin und der Kraft des heiligen Hains. Öffne deine Augen und erkenne, dass du dich unter dem alten, mächtigen Baum befindest. Raphael ist an deiner Seite. Er lächelt dir zu und bittet dich, eine der vielen Wurzeln, die du hier am Boden wachsen siehst, auszuwählen. Berühre sie mit deinen Händen. Streichele an ihr entlang. Erlaube dir, ihre Stabilität wahrzunehmen und den Halt, den sie vermittelt. Nimm diese Qualitäten in dich auf und übertrage sie auf deine eigenen Wurzeln.

Etwas später lädt Raphael dich ein, dich von dem Baum zu verabschieden. Umarme ihn. Fühle seine Kraft und seine Verbundenheit mit Himmel und Erde. Atme es in dich hinein, um dich zu stärken. Danke ihm und sende ihm einen Lichtstrahl der Liebe aus deinem Herzen. Nun strecke Raphael deine Hand entgegen. Er breitet seine Schwingen aus und bringt dich vollkommen und sanft zurück in dein Hier und Jetzt. Spüre nochmals der Erneuerung, die du vollzogen hast, nach. Dann zentriere und erde dich. Erinnere dich dabei an den Baum und werde selbst zu einem. Raphael segnet dich, und seine Gegenwart legt sich wie ein grüner Hauch durch und um dich, um dich weiterhin zu begleiten. Lass Heilung sein. Jetzt und allezeit. Sei gesegnet. Amen.

☆☆☆☆☆

Merlin

Merlin erwartet dich nochmals. Er möchte dir etwas mitteilen. Dazu halte kurz inne und erinnere dich an dein wahres Wesen. Lass das göttliche Licht, das du bist, strahlen. Nimm einen bewussten Atemzug und betritt deinen Herzensraum. Von dort führt eine Tür hinaus in einen Wald. Atme seinen Frieden in dich ein und genieße die Weite, die dadurch in dir entsteht.

An einem der vielen Bäume sitzt Merlin. Er bittet dich zu sich und sagt, dass du es dir neben ihm bequem machen sollst. Dann beginnt er, zu dir zu sprechen. Merlin sagt, dass es viele Geschichten um ihn gibt und ihm unterschiedliche Rollen zugeteilt wurden. Er bittet dich zu erkennen, dass die Zeit, in der er lebte, „dichter" und „langsamer" war. Das bedeutet, dass die Menschen sich noch viel mehr mit der nicht-geheilten Dualität identifizierten, die Schleier nicht so dünn waren und dementsprechend fischezeitaltermäßig leidvoll die meisten Erfahrungen waren. Was ihm allerdings viel wichtiger erscheint ist, dir zu erklären, dass alle Überlieferungen, die weitergegeben wurden, helfen sollten, sich darin selbst wiederzufinden, um einen Teil der eigenen Geschichten erlösen und heilen zu können. Wenn es dich also zu einer bestimmten Person aus der Vergangenheit, wie beispielsweise in diesem Fall zu Artus oder Morgana etc., hinzieht, kannst du dich selbst darin wiedererkennen und durch die Beschäftigung mit ihrem Leben eine Klärung deines Seins im Hier und Jetzt ermöglichen. Dadurch findet eine Läuterung statt.

Bitte erkenne, dass es natürlich einen Grund hat, warum du dich zu einer bestimmten Wesenheit hingezogen fühlst. Sie verkörpert in diesem Kontext einen Archetypus. Sie entspricht einem inneren Aspekt von dir. Die Art, wie du dieses Wesen wahrnimmst, wie auch deine Interpretation ihrer Geschichte, zeigt etwas über dich auf. Es besagt, was du noch lernen, üben oder heilen darfst, aber auch, was deine Stärken und dein Potenzial, das du entfalten solltest, sind.

Diese Personen sind also ein Teil von jedem Menschen. Weil sie so vertraut sind, haben manche von euch auch das Gefühl, die Inkarnation von der Wesenheit zu sein, von der sie sich so angezogen fühlen. Meistens hat dieser Eindruck mit der Identifikation der Rolle, die diese Seele spielte und wie sie von dem Einzelnen erlebt wird, zu tun. Sehr selten ist es so, dass die eigene Seele diesen anderen Seelenaspekt wirklich in der Materie verkörperte. Für die Entwicklung der Menschheit im Ganzen, worum es eigentlich geht, hat es auch keine Bedeutung. Jeder von euch befindet sich sozusagen auf seiner eigenen sogenannten inneren Heldenreise. Das ist sein Beitrag für sich selbst und das Kollektiv.

Auf diesem Weg in die Fünfte Dimension geht es nicht um ein Herausheben aus der Masse, indem man sagt, ich bin diese oder jene besondere Person gewesen. Vielmehr sollte sich jeder auf sein wahres Wesen fokussieren, in dem letztendlich alles vorhanden ist und das in der Gleichwertigkeit zu allen anderen steht. Die Zeiten der inneren Kämpfe gehen zu Ende, und es kann sich auch der äuße-

re Frieden manifestieren. So ist die Sicht, dass wir, beispielsweise Morgana und die Priesterinnen vom See und die Druidenschaft, gegeneinander wirkten, eine überholte. Merlin möchte dich einladen, seine ursprüngliche Weisheit wieder zu entdecken und anzunehmen. Wann immer du also einen Ort in der Natur besuchst, um darüber in Kontakt mit Merlin zu gehen, findet dieser auf mehreren Ebenen statt. Es ist tatsächlich eine Begegnung mit dem Seelenaspekt, der Merlin war und immer noch ist, als auch eine mit dir selbst. Dabei veränderst du gleichzeitig etwas in dir, genauso wie über die Morphogenetik im Außen.

Merlin möchte dir vermitteln, dass er ein männlicher, väterlicher, nährender Aspekt ist, der in der Einheit mit der Erde, und somit in der Balance mit den weiblichen Kräften, wirkt. Falls du die väterliche Energie oder andere Formen der männlichen Autorität in deinem Leben beispielsweise als manipulativ, verletzend, missbräuchlich oder fehlend empfunden hast, kann dieses, wenn du möchtest, über den Austausch mit Merlin heilen. Merlin möchte dir den Halt und die Sicherheit geben, damit diese Enttäuschungen heilen können. Es ist ihm ein Anliegen, dich zu unterstützen, wieder Vertrauen in die männliche Präsenz zu bekommen, die auf der Basis des Respektes gegenüber der weiblichen Energie aufbaut. Deshalb lädt er dich ein, falls du in diesem Zusammenhang eine Aussöhnung benötigst, sooft wie möglich mit ihm in Kontakt zu gehen. Lass dich dabei von Merlin liebevoll berühren, sodass ein diesbezüglicher Neubeginn möglich ist.

Des Weiteren unterstützt Merlin die Kommunikation

mit deinem inneren Heiler und dem Schamanen in dir. Er fördert das Wiederentdecken der alten Zugänge zu heilendem Wissen, beispielsweise, wie du Pflanzenenergien nutzen kannst, um dir oder anderen Gutes zu tun. Merlin lehrt dich, wenn du möchtest, wie du die Kräfte der Elemente mit einbeziehen kannst, um Heilungen oder Balancen zu vollziehen.

Doch noch etwas anderes ist Merlin wichtig, dir mitzuteilen: Merlin lädt die Menschen ein, die einst in seiner Druidenschaft oder anderen Druidenschaften lernten und diese Ausbildung nicht vollendet haben beziehungsweise nicht mehr konnten, dieses jetzt gemeinsam mit ihm nachzuholen. Dazu bittet er dich, dir ein Heilungsausbildungsbuch zu besorgen. Das ist einfach ein leeres Heft beziehungsweise Buch, in dem du seine Übermittlungen niederschreiben sollst.

Wenn du spürst, dass es ein Wunsch deiner Seele ist, bittet er dich, dazu bewusst eine Reise zu ihm zu unternehmen, wobei ein Aufnahmeritual in die Weiterführung der Ausbildung stattfinden darf. Während diesem wird er dir nähere Informationen über den Ablauf geben, beispielsweise indem er dich auffordert und bittet, dir jeden Sonntagvormittag Zeit für Begegnung und Austausch mit ihm zu nehmen, oder dreimal wöchentlich. Er wird dir dabei mitteilen, welche Schwerpunkte diese Ausbildung für dich beinhalten wird und ob es Orte gibt, die du im Laufe dieser Zeit aufsuchen solltest. Merlin würde gemeinsam mit dir Kristalle programmieren, Kraftstäbe bauen und diese energetisieren, und, wie gesagt, dich über die Wirkung der

Elemente und der Kräfte der Natur unterrichten. Gleichzeitig würde das deine Verbindung zur Erde verändern. Deine männliche Energie kann gestärkt werden und sich liebevoll in und auf ihrem Boden entwickeln, was die Balance in der Gesamtheit, die du bist, fördern würde.

Merlin sagt, dass es bei diesem Austausch um Kontinuität geht. Das heißt, du sollst dabei davon ausgehen, dass es sich hier um Begegnungen handelt, die ungefähr zwei Jahre lang, um eine zeitliche Richtlinie zu nennen, in der Regelmäßigkeit stattfinden würden. Wenn Merlin erkennt, dass du deine Aufgaben gut gemeistert und das Wissen und deine Fähigkeiten integriert hast, möchte er den Ausbildungsweg durch ein Einweihungsritual vollenden. Merlin bittet dich, dir während der Ausbildung immer wieder genügend Zeit für Rückzug und Stille zu geben. Das ist erforderlich, damit du dich ganz auf die Vollendung der früheren Lehre fokussieren kannst. Genauso, wie es wichtig ist, so viel wie möglich in der Natur zu sein. Merlin sagt, dass es ein Weg der Heilung für die männliche Energie ist, nicht nur für dich und in dir, sondern erneut auch für das Kollektiv.

Es besteht die Möglichkeit, diesen Merlinweg gemeinsam mit anderen gleichgesinnten Menschen zu teilen. Dabei könntet ihr euch gegenseitig unterstützen. Weisheit und Liebe sind die tragenden Säulen dieses Weges. Dein Ausbildungsheilungsbuch, das dich dabei begleitet, sollte dir heilig sein. Merlin meint, dass deine Seele (und somit du) genau weiß und spürt, ob du hier aufgefordert und angesprochen bist. Ansonsten freut sich Merlin auch über jeden anderen Besuch, und er lädt dich ein, dieses, wann immer du möchtest, zu tun.

Jetzt bittet er dich, dich in deinem Herzen berühren zu dürfen. Er möchte dir einen Impuls für das Finden eines neuen Zugangs zu deiner männlichen, liebevollen Weisheit mit all ihren Aspekten schenken und übertragen. Lass darüber bitte heilen, was nun heilen möchte. Verweile in der Begegnung mit Merlin, so lange es für dich stimmig ist. Empfange seine unterstützenden Energien und weitere, für dich wichtige Antworten. Wenn es Zeit ist zu gehen, segnet Merlin dich. Bedanke dich bei ihm, verabschiede dich und kehre zurück in dein Herzzentrum. Sei wieder vollkommen präsent im Hier und Jetzt. Die Worte Merlins kannst du in dir nachwirken lassen, deine Seele wird dir ihre Sicht dazu auf ihre eigene Art und Weise klar und deutlich vermitteln. Vertraue der Führung deiner Seele. Vertraue dir selbst. Sei gesegnet. Amen.

☆☆☆☆☆

Wofür du die Energien von Avebury noch nutzen kannst

Avebury ist ein sehr weiblicher Heilungsort, im Gegensatz zu Stonehenge, dessen Energien sehr zielgerichtet, eher männlich, auf den Kosmos ausgerichtet sind. Avebury hingegen stärkt deine Verbindung zur Erde und zu deinen lemurianischen Wurzeln. Wenn du beispielsweise Heilungsrituale für deine Innere Frau, deine Weiblichkeit, oder deine Herkunftsfamilie machen möchtest, kannst du dazu (physisch oder energetisch) nach Avebury reisen und die unterstützenden Kräfte des Steinkreises für dich nutzen. Ebenso ist es empfehlenswert, dieses zu tun, wenn es um die Aussöhnung mit deiner Erdinkarnation und die Annahme deines irdischen Lebens geht.

Den Platz hütet ein großer, leuchtender Landschaftsdeva, dessen Gegenwart den gesamten Steinkreis liebevoll einhüllt. Er freut sich, wenn Menschen kommen, die sich auf die Grundschwingung von Avebury einlassen können, um dort Heilung zu erfahren. Er selbst berührt gerne Herzen, um sie zu öffnen und alte Verletzungen zu heilen. Wenn du dieses benötigen solltest, warum auch immer, kannst du gerne nach Avebury kommen und den Hüter des Platzes bitten, dein Herzzentrum sanft zu durchströmen. Es ist ein Ort der Regeneration und der Erneuerung, der vor allen Dingen auch deinem grobstofflichen Körper guttut.

Wenn du beispielsweise eine physische Disharmonie verspürst, könntest du damit nach Avebury reisen. Dann richte dich auf die heilenden Kräfte des Ortes aus. Bitte die Steindevas, dich zu unterstützen. Dann folge deiner Intuition. Gehe zu den Steinen, die dich anziehen und verweile dort. Berühre sie, damit eine Energieübertragung stattfinden kann, und auch, um die Botschaften der einzelnen Wesen, bezogen auf die Heilung deines Themas, zu empfangen. Sie können dir nicht nur Energien für eine Linderung der momentanen Situation schenken, sondern dir auch über ihren Hintergrund Informationen geben, sodass du den Ursprung des entstandenen Ungleichgewichts erfährst und hier Lösung stattfindet. Einiges kann gleich direkt vor Ort geheilt werden. Wenn es noch weitere, zusätzliche Schritte erfordern sollte, wirst du die entsprechenden Anregungen dazu erhalten, genauso, wenn es wichtig ist, mehrmals in dieser Form nach Avebury zu reisen, um in Schichten an dem Thema zu wirken.

Falls dich kein Stein mehr anzieht und du dich erfüllt und für den Moment satt fühlst, bedanke dich bitte bei den Kräften des Ortes. Frage, was sie sich als Ausgleich für das geschehene Zusammenwirken wünschen. Vertraue deiner Intuition. Nimm das an, was dir als Impuls kommt, unabhängig davon, was dein mentales Sein dazu meint. So kannst du beispielsweise die Aufgabe bekommen, bei deinem nächsten Spaziergang in der Natur ein Dankeslied für die Naturwesen zu singen.

Nachdem du in Avebury alles empfangen hast, kehre mit deiner Aufmerksamkeit in dein Hier und Jetzt zurück und erde und zentriere dich auf deine eigene Art und Weise. Spüre der Veränderung des Energieflusses in dir nach.

Bestätige sie dir selbst noch einmal. Dann schließe deine Heilungsmeditation ab.

Wenn du dich bei deinen Heilarbeiten regelmäßig mit Avebury verbindest, könntest du den Kontakt durch das Miteinbeziehen von Fotos oder Bildern unterstützen. Des Weiteren hast du die Möglichkeit, diese Heilungsreisen gemeinsam mit Erzengel Raphael zu unternehmen. Du kannst ihn im Vorfeld einladen und bitten, dich zu begleiten, um den heilenden Energiefluss noch zusätzlich über die Engelebene zu erweitern. Du kannst auf deinen Meditationsreisen nach Avebury auch einen grünen Turmalin oder einen kleinen Bergkristall mitnehmen. Diese kannst du von den Steinwesen, mit denen du in Kontakt bist, zusätzlich mit heilenden Schwingungen aufladen lassen. Nach deiner Rückkehr kannst du ihn bei dir tragen, um dich zu unterstützen, die gewandelten Energien in deinem alltäglichen Leben anzunehmen, denn du weißt, dass deine Körper einige Tage, manchmal auch Wochen benötigen, bis sie Veränderungen bis in die zellulären Ebenen integrieren können. Das ist eine sehr sensible Zeit für dein System, vor allen Dingen dann, wenn du dich dabei immer wieder in Schwingungsfeldern der nicht geheilten Dualität bewegst. Diese Steine können dir dabei hilfreich sein.

Du wirst vor Beginn deiner Heilungsreise wissen, ob du einen Stein mitnehmen möchtest oder nicht. Es kann sein, dass er von den Wesen so energetisiert wird, dass sich die Programmierung auflöst, wenn die Integration der neuen Informationen in deinem Sein vollendet ist. In diesem Fall könntest du ihn kurz reinigen und bei deiner nächsten Reise wieder benutzen. Ebenfalls ist es möglich, dass die Wesen deinem Stein eine dauerhafte Programmierung übertragen, sodass er dich länger begleiten darf. Wie auch immer es ist, sie werden es dir klar und deutlich mitteilen.

Natürlich kannst du diese Heilungsreisen auch mit anderen Menschen unternehmen, indem du sie dazu anleitest und dabei führst. Ebenso kannst du die Kräfte von Avebury bitten, dich in deinen Heilungssitzungen zu durchströmen und sie so auf andere übertragen. Nutze die heilenden Energien in deinen Lichtkreisen und Heilungsmeditationen, wie du möchtest. Avebury hat ein stark grün schwingendes Energiefeld und ist ein ganz besonderer Heilungsort. Wenn du möchtest, kannst du auch dorthin reisen, um deine Kommunikation mit der Erde zu entwickeln und zu vertiefen, genauso wie mit den Wesen der Natur. Ebenso ist Avebury immer eine Reise wert, wenn es um die Aktivierung und Erweiterung deiner Hellsicht und deines Dritten Auges geht. In diesem Zusammenhang wäre es empfehlenswert, dich dort mit den Priesterinnen der Sicht zu verbinden und dich auf diese Begegnung einzulassen. Erlaube dir, dass sich dich berühren, führen und lehren dürfen.

Es ist unsere Aufgabe, uns in unserer Selbstmeisterschaft zu üben. Deshalb sind wir auch mehr als früher aufgefordert, unsere Antworten in uns selbst zu finden. Das bedeutet, dass wir immer mehr dazu eingeladen werden, selbst in die Kommunikation mit den uns begleitenden Energien zu gehen. Das gehört zu unserer Selbstermächtigung, die wir mehr und mehr leben dürfen. Aus diesem Grund möchte ich dich an dieser Stelle erneut ermutigen, deine eigenen Erfahrungen mit Avebury zu sammeln und dich selbst auf seine Energien einzulassen und sie zu erleben. Es wird dir wundervoll gelingen. Avebury ist ein liebevoller, Ort, der deine empfängliche Seite in dir stärkt. Ich möchte dich einladen, nun mit mir weiterzureisen. Die nächste heilige Stätte erwartet uns.

☆☆☆☆☆

8.8.1
Glastonbury Abbey

Die Ruinen der Abbey befinden sich mitten in Glastonbury. Für mich ist das ein heiliger Ort. Jedes Mal, wenn ich ihn betrete, fühle ich einen tiefen Frieden in mir und habe das Gefühl, eine andere Dimension zu betreten, in der die Zeit stillzustehen scheint. Ich nehme dort einen großen Landschaftsdeva wahr, der den Platz hütet. Was mich besonders berührt ist, dass ich, wenn ich an den alten Überresten vorbeispaziere, immer wieder die choralen Gesänge der Mönche aus vergangenen Tagen höre. Der Grund, auf dem die Abbey steht, gehörte eins zu Avalon beziehungsweise wurde später, wie bereits erwähnt, von den Druiden an Josef von Arimathäa übergeben.

Die Geschichte des Ortes zeigt, wie sich das Christentum im Laufe der Zeit, im wahrsten Sinne des Wortes, auf die ursprüngliche, weibliche Energie der Großen Göttin setzte und sie einzufangen und zu kontrollieren versuchte. Das finden wir an vielen Plätzen wieder, wo auf einem natürlichen Kraftort später eine Kirche oder Kapelle errichtet wurde. Das ist beispielsweise bei vielen Wallfahrtsorten der Fall. Zu Beginn war die Ausrichtung da, beide Wege, den alten und den neuen, nebeneinander stehenzulassen und sie dadurch zum Teil miteinander zu verbinden. Die Geschichte zeigt uns jedoch, dass es nicht funktionierte. Die Energie der Großen Göttin blieb im Christentum über

Maria von Nazareth lebendig. Überall dort, wo eine keltische Göttin verehrt worden war, errichtete man Marienstatuen oder Marienkapellen.

Wenn du dich auf die Schwingung von Glastonbury Abbey einlässt, kannst du die Vibration des Bodens fühlen. Das ist die Energie der Erde, der Großen Mutter, – alles schwingt und ist lebendig. Die restlichen Steine der Abbey stehen für die Neue Zeit, die auf der Basis der ursprünglichen Kraft errichtet ist. Das Neue kann nur wirklichen Bestand haben, wenn es das Alte, auf dem es aufbaut, achtet und respektiert. Diese Gesetzmäßigkeit gilt in allen Bereichen unseres Lebens. Die Geschichte besagt, dass hier, neben denen von Josef von Arimathäa, auch die Gebeine von König Artus und seiner Gemahlin Guinevere gefunden wurden. Es ist wissenschaftlich nicht belegt, was in diesem Fall jedoch nicht sonderlich von Bedeutung ist, denn die Präsenz von König Artus ist in der Abbey sehr spürbar und groß. An diesem Ort kannst du sehr gut erkennen, wie du mit beiden Wegen im Frieden bist, mit dem der Großen Göttin und dem, einfach formuliert, männlichen.

Menschen erfahren Plätze sehr unterschiedlich. Meistens spiegelt das innere Haltungen wider. So fühlen sich beispielsweise einige hier nicht wohl. Sie bekommen physische Reaktionen. Andere genießen die Erhabenheit und können den tiefen Wunsch nach Einheit, der von diesem Platz ausgeht, wahrnehmen. Wie auch immer es ist und du diesen Ort erlebst, es ist in Ordnung.

Jetzt möchte ich dich einladen, selbst nach Glastonbury Abbey zu reisen, um dort deine eigenen Erfahrungen zu sammeln. Dazu mache es dir bitte wieder bequem. Gehe mit deiner Aufmerksamkeit zu deinem Herzen und sei eins mit deinem Hohen Selbst. Schließe deine Augen für einen Augenblick. Erschaffe vor deinem geistigen Auge Glastonbury und die Abbey. Nimm einen tiefen Atemzug und betritt sie. Komme darin an. Gehe ein wenig spazieren, spüre die Energie und lass sie auf dich wirken. Dann finde in der Abbey einen Platz, an dem du dich wohl und geborgen fühlst.

Jetzt hast du dich eingestimmt und bist bereit, in die Begegnung zu gehen. Atme nochmals tief ein und aus und erlaube dir dabei, dein Basiszentrum zu öffnen. Lass deine Wurzeln tief in den Schoß der Erde wachsen und nimm wahr, wie du willkommen geheißen wirst. Erkenne, dass sich dir zwischen den Steinen, die hier sind, eine große Lichtgestalt zeigt. Sie verströmt Frieden und Harmonie. Es ist ein Landschaftsengel, der seit Äonen dient. Er begrüßt dich, denn er hat dich bereits erwartet. Deine Reise nach Avalon ist ein Weg des Nach-Hause-Kommens. Das findet in verschiedenen Formen und Zusammenhängen statt.

Erlaube dir, auf deine eigene Art und Weise zu spüren, dass Legionen von Erzengel Michael beginnen, vom Himmel herabzusteigen und um dich einen Kreis des Friedens bilden. Dabei lassen sie blaues Licht zu dir strömen. Nimm wahr, dass nun der blaue Strahl mit dir zu kommunizieren beginnt. Dieses geschieht sowohl über den Fokus von El Morya, dem Hüter dieses Strahls, als auch über den

Seelenaspekt von König Artus, der er in dessen Inkarnation gewesen ist. Atme bewusst ein und aus und erkenne, dass sich dir König Artus nähert. Er offenbart sich dir in einer Form, die für dich stimmig und annehmbar ist. Er repräsentiert im Hier und Jetzt auch ein Stück den neuen Weg, der in späterer Folge als Christentum bezeichnet wurde.

Gehe nun in die Kommunikation mit Artus. Artus hatte einen Auftrag, den er zu seinen Lebzeiten nicht vollenden konnte. Dieser lebt in dir weiter, und es ist deine Aufgabe, ihn zu erfüllen. Deshalb wurdest du gerufen, deine Reise nach Avalon anzutreten und den Artusweg zu gehen. Da Artus keine physische Form mehr hat, benötigt er einen Menschen wie dich, der in der Materie bewegt, was in die Materie gehört. Du hast aufgrund deiner eigenen Seelenschwingung eine besondere Verbindung zu Artus. Er ist dir dankbar, wenn du nun diese Aufgabe erkennst und erfüllst. Die Tafelrunde, die er einst um sich versammelte, hätte wie ein großer Körper, ein einziger Leib sein sollen. In dieser Form existiert sie nicht mehr. Nun sollst du dich als Teil der Tafelrunde, einer neuen Tafelrunde, erleben und erfahren. Denn die Suche nach dem Gral, worum es in diesem Zusammenhang geht, ist keine individuelle Suche, sondern kollektiver, gemeinsamer Weg.

Nimm wahr, dass Josef von Arimathäa, dessen Präsenz du in der Abbey spüren kannst, ebenso die Aufgabe gehabt hätte, in der Verbindung mit seiner Gemeinschaft, der er angehört hat, den Heiligen Gral zu finden. Seine Glaubensgemeinschaft war das Essenertum. Jetzt bist du nach hier gekommen, um dieses zu vollenden. Deine Suche nach dem Heiligen Gral beginnt nun und ist Teil des Artuswegs.

Wenn du bereit bist, deine Aufgabe anzunehmen, atme die blaue Energie, den Frieden von Erzengel Michael, die liebende Kraft von Artus und den Segen von El Morya tief in dich ein. Während das blaue Licht mit dir, um dich und durch dich ist, lass dich jetzt bitte nochmals auf die Schwingung des neuen Wegs, des Christentums, der Christianisierung mit all ihren Aspekten, die auch über dieses Land und den keltischen Fokus hinausgehen, ein. Dazu reicht deine mentale Ausrichtung, ein Gedanke, aus.

Die Wesen des blauen Strahls laden dich ein, dich an deine Inkarnationserfahrungen in diesem Kontext zu erinnern. In welcher Form bist du den Weg des Christentums, freiwillig oder unfreiwillig, gegangen? Erinnerst du dich an Erfahrungen, in denen du zwangsgetauft wurdest oder dich unter großem Druck für das Christentum entscheiden musstest, weil du dadurch versuchtest, dein eigenes Leben oder das der dir anvertrauten Menschen zu retten? Wie oft hast du dich selbst und deine Wurzeln verleugnet, weil du dir Vorteile, in finanzieller, materieller als auch politischer Hinsicht, erwartet hast? Wie oft hast du dabei dein eigenes Blut, dein Erbe, das in Verbindung mit der Verehrung der Großen Göttin steht, verraten?

Ebenso wirst du eingeladen, dich an deine Inkarnationen als Würdenträger, die du verkörpert hast, zu erinnern. Vielleicht in Form eines Bischofs oder Kardinals? Erkenne, ob Neid in dir war, weil andere Positionen einnahmen, die du gerne übernommen hättest. Wie oft hast du etwas erzählt, was nicht der Wahrheit entsprach, um Menschen, die deiner Karriere im Weg standen, zu schaden? Wie oft hast du die Lehre, die du vertreten hast, auf manipulative Art gelebt?

Gleichzeitig bitten dich die Wesen des blauen Strahls wahrzunehmen, wie oft du dich auf deinem Weg innerhalb des Christentums aufgeopfert hast? Vielleicht weil du glaubtest, je mehr du dich kasteien würdest, desto schneller würdest du Erleuchtung erfahren. Erlaube, dass alles, was du in diesem Kontext an Erinnerung in dir trägst, vom blauen Strahl berührt werden darf, damit er Frieden und Auflösung bringen kann. Jetzt.

Die Geistige Welt bittet in diesem Zusammenhang, dich auch daran zu erinnern, wie oft du versucht hast, den alten Weg zu bewahren. Wie sehr hast du an deinen Überzeugungen festgehalten? Wie stark hast du dich neuen Strömungen und Entwicklungen widersetzt und warst auch bereit, zu sterben und zu töten? Hast du dich verzweifelt oder ohnmächtig gefühlt, als du erkanntest, dass du nichts verändern konntest?

Die Wesenheiten des blauen Strahls laden dich ein, dem Friedenslicht jetzt zu erlauben, Zellerinnerungen in allen Ebenen deines Seins zu lösen, die Speicherungen von Verfolgungen, Missbräuchen, Folterungen und Verbrennungen in diesem Zusammenhang beinhalten. Die Geistige Welt bittet dich zu erkennen, dass das Festhalten an diesen alten Energien einer Form von Selbstzerstörung gleicht, an der du dann ebenfalls festhältst. Deshalb laden sie dich ein, um den Weg der Freiheit gehen zu können, das blaue Licht ganz tief in dich aufzunehmen und wirken zu lassen, damit sich die Erfahrungen lösen, wandeln und verabschieden können. Das ist vor allen Dingen für deinen physischen Körper von Bedeutung. Einige der genannten Themen hast du bereits auf feinstofflichen Ebenen geklärt. Erlaube dir, dass sich die Zellinformationen nun ebenso in den einzelnen Schichten deines physischen Körpers transformieren dürfen. Denn dein physischer Körper ist ein Gefäß, auch ein Heiliger Gral, damit er weit und offen ist, und bereit, göttliche Essenz zu sein.

Die Geistige Welt bittet dich, jegliche Form der Unterdrückung, die du auf dem alten Weg erfahren hast, jede Übernahme, jede Ausbeutung, jede Plünderung und Zerstörung der heiligen Stätten, die du erlebt hast, dem blauen Licht des Friedens zu übergeben. Gib die Erfahrungen frei, damit sie in die Aussöhnung gehen können. Dadurch wächst die Bereitschaft in dir, Spiritualität in der Ganzheit zu leben, ohne Wenn und Aber, ohne deinen Glauben zu definieren, indem du ihn beim Namen nennst, ohne Bewertung eines Weges, der besser, liebevoller und lichtvoller als ein anderer ist.

Atme tief ein und aus und lass dich so auf den Fluss des Friedens ein. Vertraue ihm und dir. Auch wenn dein mentales Sein zu vielen Dingen, die genannt wurden, keine klaren Vorstellungen hat. Die Aussöhnung findet dennoch statt. Lass das blaue Licht einfach fließen. Erlaube dir selbst, dass es wirkt. Jetzt. König Artus sagt, dass er dich nun gerne auf dem alten Prozessionsweg, der von der Abbey hinauf zum Tor führt, begleiten möchte. Es ist auch für ihn eine Art Rückkehr zu seinem Ursprung, so, wie für dich. Denn dein Weg, die Verleugnungen deiner Herkunft zu heilen und dein wahres Erbe anzunehmen, ist auch seine Aufgabe.

Verweile so lange du möchtest in der Kommunikation mit den Wesen des blauen Strahls. Lass die Energie des Friedens weiterströmen und wirken. Die Emanationen von Michael hüllen dich ein, und El Morya segnet dich. Wann immer es für dich Zeit ist weiterzugehen, verabschiede dich bitte von der Glastonbury Abbey und schenke den Naturwesen und Hütern dieses Platzes deine Liebe. Löse dich von der Stätte, um gemeinsam mit Artus den alten Pfad, der durch die Stadt hinaus auf den Hügel von Avalon führt, zu gehen. Dafür erde und zentriere dich nun. Mach eine Pause. Und wann immer du möchtest, setze deinen Weg fort. Sei gesegnet. Jetzt und allezeit. Amen.

☆☆☆☆☆

8.8.8
Der Tor

Der Tor war der höchste Punkt der Insel Avalon. Noch heute kann man ihn bereits von Weitem sehen. Wann immer ich ihn auf meinen Englandreisen erblickte, wusste ich, ich bin zu Hause. Ich weiß nicht, wie oft ich in diesem Leben den Hügel, sowohl den alten, als auch den neuen Weg, hochgewandert bin. In früheren bestimmt noch viel häufiger. Jedes Mal fühlte ich, dass ich noch nicht fertig war und wiederkommen „musste". Bei der letzten Reise war es anders. Ich stand auf dem Hügel und wusste, dass meine Aufgabe nun erfüllt ist. Dass ich zwar jederzeit wiederkommen kann, wenn ich möchte, ich es jedoch nicht „brauche", wie bisher. Ich erfuhr und erlebte, dass meine Verletzungen und Sehnsüchte, bezogen auf Avalon, endlich geheilt waren und ich dort ganz angekommen bin. Ein Gefühl der Freiheit breitete sich in mir aus.

Was mich auf dem Weg zum Hügel immer wieder faszinierte, waren die unterschiedlichen Erfahrungen, die ich dabei machen durfte. Manches Mal war alles still, und ein heiliger, mystischer Hauch lag über der Landschaft und stimmte leicht auf Avalon ein. Bei anderen Gelegenheiten rumorte es in meinem Solarplexus, und ich sah an verschiedenen Stellen, an denen der Weg vorbeiführte, weniger liebevolle Energien, die aufgrund von Menschen und ihren Ritualen, die sie dort zelebriert hatten, übrig geblieben waren. Der Ort benötigte dringend eine Reinigung, denn es war wie eine Missachtung der Göttin, der ursprünglichen Kraft, die stattgefunden hatte. Manchmal war ich fast alleine beziehungsweise mit den mir vertrauten Menschen und Lichtarbeitern unterwegs, dann wieder Teil eines Touristenstroms, der zur gleichen Zeit hochpilgerte. Einmal fühlte ich mich dabei wie in einer Prozession der Alten Zeit, ein anderes Mal wie in einer Horde Trampeltiere, die die Energie der Göttin (im wahrsten Sinne des Wortes) mit Füßen traten.

Dieser Hügel hat für mich deshalb so viele Facetten, weil alles zur Geschichte von Avalon gehört. Alle Erfahrungen entsprechen verschiedenen Phasen von Avalon, und einmal zeigte es sich von der erlösten, geheilten Seite, ein anderes Mal von jener, die noch zu heilen ist, wenn nicht mehr persönlich, dann für das Kollektiv. Der Turm am Hügel ist der Rest der alten Kirche, die hier einst den ursprünglichen Steinkreis verdrängte. Das erwähnte ich schon, genauso wie die Vermutung, dass im Inneren eine versteckte Schatzkammer sein könnte oder auch Höhlen, in denen einst Rituale gefeiert wurden.

☆☆

Während du nun gemeinsam mit König Artus, eingehüllt in die Energie des blauen Strahls, den alten Pfad durch die Stadt bis zum Fuß des Hügels und dann spiralförmig auf die Spitze des Tores gehst, kannst du das Gesagte auf dich wirken lassen. Entdecke dabei deine Wahrheit und erinnere dich an deine Erfahrungen mit dem Hügel von

Avalon, aus diesem oder früheren Leben. Lass dir für deinen Aufstieg so viel Zeit, wie du möchtest. Oben auf dem Hügel atme bewusst ein und aus und komme ganz an. König Artus ist an deiner Seite, und die Wesen des blauen Strahls segnen dich erneut. Sie freuen sich darüber, dass du deinen Weg fortgesetzt hast.

Nun gehe mit deiner Aufmerksamkeit bitte erneut zu deinem Basiszentrum und lass deine Wurzeln tief in den Schoß der Erde wachsen. Dabei verbinde dich mit der Großen Göttin und der Energie der Drachengeschwister), die Kinder der Großen Göttin sind. Erlaube dir bitte wahrzunehmen, dass nun die Kraft und die Liebe der Erde und von Mutter-Gott über deine Wurzeln in dein Basiszentrum aufsteigen und alle deine Chakren durchströmen, alle deine Körper durchdringen. Fokussiere dich auf dein Herz und lass die göttliche Ich-Bin-Präsenz darin leuchten. Mit einem bewussten Atemzug und durch deine mentale Ausrichtung verbinde dich jetzt bitte mit der Priesterin und dem Priester in dir, die und der du warst, bist und immer sein wirst. Fühle den Wind, der kräftig zu wehen beginnt. Es ist Erzengel Gabriel, der Raum nimmt, um dich zu berühren. Dabei klärt er jegliche Formen der Disharmonie dieses heiligen Ortes, in allen Schichten und Ebenen seines Seins. Erzengel Michael, der über den blauen Strahl an deiner Seite ist, lässt seinen Frieden und seinen Segen an*

---

*) In einem späteren Kapitel werde ich noch ein bisschen über die Drachengeschwister schreiben. Sie sind auf jeden Fall liebevolle, weise Wesen, die der Erde und der Quelle dienen.

diesem Platz einströmen. Er weist dich darauf hin, dass, wenn du selbst in der Ruhe und im Frieden bist, es nichts außerhalb gibt und geben kann, was dich davon abbringt. So sei Friede. Sei Ruhe. Sei Klarheit. Jetzt.

Nun erinnere dich an deine Verbindung mit Avalon. Erinnere dich an dein Zuhause, das es war. Erinnere dich daran, dass du bereits damals belächelt und auch gefürchtet wurdest, weil du Teil von Avalon warst. Die Geistige Welt bittet dich, dir im Hier und Jetzt zu erlauben, (endlich) zu dir zu stehen, zu deinen Wurzeln, unabhängig davon, was andere sagen oder tun. Du bist du. Du bist die Kraft der Quelle, die sich in eine menschliche Form manifestierte, um eine Aufgabe zu erfüllen. Deshalb erlaube dir nun wahrzunehmen, wie sich aus dem Inneren des Hügels sanft eine Energie beginnt zu lösen, die ein roter Drache ist. Dieser tanzt spiralförmig durch die Schichten der Erde empor, durchbricht die Erdoberfläche und baut sich schützend hinter dir auf. Er breitet seine Flügel aus und nimmt dich sozusagen unter seine Fittiche. Er öffnet sein Maul und stößt eine Feuerfontäne weit hinaus in den Kosmos. Dadurch setzt er ein Zeichen, dass die alten Zeiten wieder Raum nehmen werden, in einer neuen, geheilten Form. Er signalisiert, dass du gekommen bist, um dieses zu tun. Bitte atme die Energie dieses Ortes tief in dich ein, nimm die Präsenz von Avalon mit jeder und in jede Faser deines Seins auf. Dazu zählt auch das Wissen um die Geheimnisse, die hier in der Erde noch verborgen ruhen. Verweile so lange du möchtest auf diesem Hügel.

Wenn du die Gegenwart von Avalon in der Gesamtheit, die es ist, mit all seinem Zauber, seiner Magie, seinem Glanz und seiner Heilungsmacht in dich aufgenommen hast, kannst du beginnen, dich von hier zu lösen. Von nun an hast du die Möglichkeit, Avalon in dir zu aktivieren und überall dort zu erschaffen, wo immer du gerade bist. König Artus, die Wesen des blauen Strahls sowie der rote Drache werden dich weiterhin begleiten. Bedanke dich für den Moment bei allen und allem, was dich berührte. Empfange den Segen der Großen Göttin. Atme ihre Liebe und Weisheit ein und aus. Erde und zentriere dich und sei präsent im Hier und Jetzt. Sei gesegnet. Amen.

☆☆

Nun möchten wir dich einladen, wieder eine kleine Pause zu machen, um dem Fluss der Energien in dir nachzuspüren und ihnen die Möglichkeit der Integration zu schenken. Wann immer du bereit bist für den nächsten Schritt auf unserem Artusweg, nimm das Buch wieder zur Hand und lies weiter.

☆☆

Nochmals betreten wir die Glastonbury Abbey und gehen gemeinsam zum Tor

Der nächste Schritt auf unserer Reise nach Avalon ist, die Begegnungen in der Glastonbury Abbey und vom Tor zusammenzufassen und zu integrieren. Deshalb lade ich dich ein, mit mir gemeinsam nochmals diese Kraftorte aufzusuchen. Dazu mache es dir erneut bequem und erinnere dich an das wahre Wesen, das du bist. Lass das Licht deiner göttlichen Quelle aus deinem Herzen ausstrahlen und erlaube, dass es die Gesamtheit, die du bist, erfüllt. Sei eins mit deinem Hohen Selbst. Atme blaues Licht tief ein und aus und nimm wahr, wie sich dadurch Frieden mit dir selbst und mit Allem-was-ist in dir ausbreitet und ist.

Nun bist du eingehüllt und ganz von der blauen Energie durchdrungen. Vor deinem geistigen Auge visualisiere nun erneut die Glastonbury Abbey. Gehe hinein und komme ganz darin an. Erkenne, wie strahlend und groß sich dir der Landschaftsengel dort erneut zeigt. Er freut sich über deinen Besuch und lässt all seine Liebe zu dir strömen. Spüre auf deine eigene Art und Weise, wie sich dadurch Geborgenheit in dir ausbreitet und wächst.

König Artus erwartet dich bereits. An seiner Seite steht Guinevere, die Königin, und Erzengel Michael hat seine Legionen ausgesandt, um neben ihnen zu sein. Artus bittet dich, näherzukommen. Erinnerst du dich daran, wie Artus dir sagte, dass du ein Teil einer neuen Tafelrunde sein sollst? In alten Zeiten konnten nur Ritter diesen Platz einnehmen. Artus lädt dich ein, die alten Riten so zu nutzen, dass sie in die Neue Zeit passen und Weite und Wohlergehen für alle Menschen dieser Erde bedeuten. Er lächelt dir zu, denn nun sollst du in den Ritterstand erhoben werden. Knie vor ihm nieder und nimm bitte wahr, dass nicht nur Artus ein Schwert in seinen Händen hält, sondern auch Guinevere. Zuerst legt der König die Spitze seines Schwertes auf deine linke Schulter. Dabei fordert er dich auf, dir zu erlauben, den Platz einzunehmen, der dir zusteht und der dich unterstützt, deine Lebensaufgabe zu erfüllen. Artus bittet dich zu erkennen, dass über dieses Schwert jetzt Friedensenergie in deine linke Seite und somit in den Bereich deiner Weiblichkeit einströmt. Dieses bedeutet, dass die männliche Energie, die Artus repräsentiert, deine weibliche Seite um Aussöhnung bittet. Artus steht stellvertretend für alle Erfahrungen, die du mit Vätern, Brüdern, Partnern, Lehrern, egal, in welchem Kleid sie sich dir zeigten, mit männlichen Kräften und Wesen gesammelt hast. So fördert König Artus nun den Frieden zwischen der männlichen und weiblichen Energie in dir.

Während dieses geschieht, erhebt auch Guinevere ihr Schwert, um es dir auf die rechte Schulter zu legen. Sie zeigt sich dir als ein Aspekt der Großen Göttin. Sie repräsentiert die rezeptive Kraft aller weiblichen Energien und Wesen, denen du jemals begegnet bist: die deiner Mütter, deiner Großmütter, deiner Lehrerinnen, deiner Schwestern, deiner Töchter, deiner Partnerinnen. Auch hier geht es um Aussöhnung. Das, was die weibliche Präsenz deiner inneren Männlichkeit zugefügt hat, darf heilen. Erlaube dir, dass ein Gleichgewicht der Kräfte in dir Raum nimmt und sowohl die männliche als auch die weibliche Linie in dir gleichgültig ist.

Während sich der Frieden weiter in dir ausdehnt, erheben sowohl Artus als auch Guinevere ihre Schwerter, um mit ihren Spitzen dein Drittes Auge und im Anschluss daran dein Herz zu berühren. Dort bleiben sie kurz ruhen, bevor beide Schwerter zu Boden gesenkt werden. Artus und Guinevere bitten dich, dich zu erheben, denn nun bist du im Namen der Kraft, die sie repräsentieren, aufgenommen worden in den Kreis der Ritter und auch in die Tafelrunde. Von jetzt an ist es deine Aufgabe, Frieden zu bringen und Menschen zu unterstützen, um sich selbst zu erkennen. Aus der Selbsterkenntnis kann Freiheit wachsen.

Des Weiteren gehört es zu deinen Aufgaben, dich von nun an bewusst für die Erde, die deine Heimat ist, auf deine eigene Art und Weise einzusetzen. Das ist ein Akt der Liebe und des Friedens. Und es ist auch deine Aufgabe, den Heiligen Gral nicht mehr zu suchen, sondern ihn zu finden und letztendlich selbst zu diesem Gral zu werden. Das bedeutet, dass du dadurch wiederum anderen Menschen behilflich sein kannst, ihrerseits zum Gral zu werden, sodass sich die Schwingung des Christus um diese Erde ausdehnt. Das führt zu einer Erweiterung des Christusgitternetzes, das bereits initiiert ist, sodass sich darüber der Weltfrieden in allen Ebenen und Reichen umsetzt und manifestiert. Durch dieses Ritual stehen Artus und Guinevere in einer gewissen Weise für deinen Bruder und deine Schwester, für deinen Vater und deine Mutter.

Von nun an hast du eine Familie, der du dich zugehörig fühlen kannst, wenn du möchtest. Dadurch gibt es keinen Grund mehr, dich getrennt, alleine oder isoliert zu fühlen, außer du willst in diesen Gefühlen verweilen und an ihnen festhalten.

Die Geistige Welt bittet dich, dir nun vorzustellen, mit allen Menschen, die dieses Ritual der Aufnahme in die Tafelrunde auf diese oder eine andere Art erfahren haben, im Kreis zu stehen. Haltet euch an den Händen. Artus und Guinevere und die Legionen von Michael sind Teil dieser Runde. Spüre die Kraft, die dabei strömt. Das ist ein Potenzial der Menschheit, um den Neuen Morgen zu erschaffen. Während du in diesem Kreis stehst, entzünden sich in allen Herzen goldene Flammen. Das goldene Licht bestätigt und integriert die Weihe, die du erhalten hast. Zu einem späteren Zeitpunkt wirst du noch mehr Informationen zu deinem „Rittersein" erhalten.

Nun nimm einige bewusste Atemzüge, lass die Energien fließen und spüre dem Erlebten nach. Für den Moment bedanke und verabschiede dich von den Lichtarbeitern, mit denen du den Kreis bildest, von Artus und Guinevere, von Erzengel Michael, dem Landschaftsengel und dem heiligen Ort. Dein Weg führt dich weiter. Du wirst bereits am Tor erwartet. Der Segen des blauen Strahls begleitet dich. Atme tief ein und aus und setze deine Reise fort. Dein Pfad bringt dich durch die Stadt, die du als Glastonbury bezeichnest, direkt auf den Tor zu, dem Zentrum von Avalon. Nimm bitte wahr, dass du diesen schmalen Weg zu einer Zeit beschreitest, wo es noch keine Häuser und Straßen in der Form von heute gab. So kommst du am Fuß des Hügels an, und dein Pfad windet sich weiter schlangenförmig bis zu seinem Haupt empor.

Während du deine Schritte setzt, begegnest du Priesterinnen, die in der Meditation und Stille sind. Einige von ihnen singen dabei leise geheimnisvolle Worte vor sich hin. Bitte erlaube dir, dich mit jedem deiner Atemzüge mehr auf die ursprüngliche Energie dieses Kraftplatzes einzulassen. Vor dir ragen große, mächtige Steine aus der Erde. Du bist angekommen. Auch im und um den Steinkreis sind Priesterinnen mit unterschiedlichen Aufgaben betraut und erfüllen diese. Erkenne, dass Morgana anwesend ist und auf dich wartet. Sie dankt dir, dass du zurückgekommen bist, und lädt dich ein, mit ihr ins Innere des Kreises zu gehen. Das macht sie auf die alte Weise, indem sie zuerst die Hütersteine berührt und um Einlass bittet. Dann schreitet sie gemeinsam mit dir spiralförmig innerhalb des Steinkreises weiter, bis ihr den Mittelpunkt erreicht habt. Dort fordert Morgana dich auf, deinen Stand zu finden und dabei deine Wurzeln tief in den Hügel wachsen zu lassen.

Erinnere dich an den roten Drachen. Er zeigt sich dir erneut. Er ist die Kraft im Hier und Jetzt, die Leben spendet, die dich behütet und dich unterstützt, alle deine Ängste und Sorgen zu transformieren. Erlaube dir zu erkennen, dass nun noch jemand zu dir in den Steinkreis kommt. Es ist Merlin. Gemeinsam mit Morgana bittet er dich jetzt, dich als Priesterin oder als Druide, die/der du gewesen bist, wahrzunehmen. Beide Aspekte sind gleichgültig und gleichwertig. Merlin und Morgana überreichen dir ein Ge-

schenk, ähnlich einer leuchtenden Lichtkugel. Sie steht für deine Würde, wieder Priesterin, wieder Druide zu sein. Du darfst den Pfad der Großen Mutter erneut beschreiten. Es gibt keine Trennung mehr zwischen dir und der Großen Göttin. Es existiert keine Form von Schuld mehr, die dich davon abhalten könnte, diesen Weg weiterzugehen. Das bedeutet, dass sich von nun an dein Zugang zu den Kräften der Natur und zu den Naturwesen wieder erweitert. Darüber erfährst du eine Stärkung deines Basiszentrums, was deine Stabilität in der Materie und in deinem physischen Körper fördert.

Nimm wahr, wie Morgana und Merlin jetzt ihre Hände zu deinem Herzen führen, um dir die Lichtkugel deiner Würde zu überreichen. Die Energie fließt über dein Herz in dich ein und dehnt sich so in dir aus, dass dadurch eine Integration der Qualität stattfindet. Sie fördert die Annahme des alten Wissens und die Freude darüber, zu dir zu stehen und es zu verkörpern und zu leben. Es gehört zu deinen Lebensaufgaben, deine Fähigkeiten, die du als Priesterin von Avalon und als Druide der Großen Göttin entwickelt hast, im Hier und Jetzt in ihrer Ganzheit zu entfalten. Deshalb hat die Energie der Lichtkugel auch die Aufgabe, nun auf deine Gehirndrüsen einzuwirken. Dadurch findet eine Hormonausschüttung statt, die die Aktivierung dieser Erinnerungen und Qualitäten fördert. Des Weiteren unterstützt dich die zurück erhaltene Energie der Würde dabei, mehr auf deine Intuition zu hören und dich leichter darauf einzulassen.

Morgana und Merlin senken ihre Hände. Sie verneigen sich kurz vor dir und lächeln dir zu. Dann bitten sie dich, mit ihnen aus dem Steinkreis zu gehen. Dazu wählen sie den umgekehrten Weg, den sie gekommen sind, um mit dir in das Zentrum des Kreises zu gelangen. Sie führen dich zu einer heiligen Quelle, die etwas abseits, gut behütet, neben dem Steinkreis fließt.

Erinnere dich daran, dass du in früheren Zeiten hierher gekommen bist, um auf der klaren Wasseroberfläche die Antworten auf deine Fragen zu finden. Hier fandest du deine Ahnungen bestätigt und konntest immer wieder Entwicklungen vorhersehen. Berühre das Wasser nun mit deinen Fingern. Morgana und Merlin segnen es mit der Weisheit und dem Licht von Avalon. Sie bitten dich, jetzt dein Drittes Auge mit diesem Wasser zu benetzen. Dadurch wird als Priesterin, die du bist, und als Druide, der du bist, ein Zeichen auf deiner Stirn sichtbar. Es ist das Symbol deiner Initiation und Einweihung, das neu aktiviert wird. Jetzt. Dadurch werden sich deine Träume zu verändern beginnen.

Morgana und Merlin laden dich ein, einen Lichtstrahl aus deinem Dritten Auge in das Quellwasser zu visualisieren. Über diesen Strahl des Lichts lass eine bewusste Vision in das Wasser fließen. Manifestiere das Bild von einem leuchtenden Avalon, das einem neuen Jerusalem gleicht. Es ist das Symbol der Fünften Dimension auf dieser Erde. Morgana und Merlin vermitteln dir, dass du die Quelle nicht nur nutzen kannst, um Bilder und Visionen zu empfangen, sondern auch, um etwas gezielt in die Erschaffung zu bringen. So, wie du das nun gerade mit dem leuchtenden Avalon getan hast.

Beide bitten dich, nochmals deine Finger in das Wasser mit deiner Vision zu tauchen. Dann führe sie zu deinem Thymus und benetze ihn damit. Durch diese Berührung überträgt sich nun die Information des geheilten Avalon, das du durch deine Vorstellungskraft manifestiert hast, in deinen Thymus. Dadurch erhält dieser den Impuls, die Engelgegenwart, und die Sternensaat, die du bist, zum Erwachen zu bringen.

Nimm einige bewusste Atemzüge, lass die Energien frei fließen und erfasse die Bedeutung dieses Augenblicks in der Gesamtheit, die du bist. Morgana und Merlin segnen dich. Berühre mit deinen Händen die Erde, auf der du stehst, und spüre dabei die Kraft, die einst von Avalon ausgegangen ist und durch dein Sein neu zu strahlen begonnen hat. Dann erhebe dich, um deine Hände in den Kosmos zu strecken. Danke der Quelle für das, was du bist, und für die wundervolle Zeit, in die du dich inkarniert hast, um deine Aufgaben zu vollenden.

Erlaube dir, dich von der Quelle und dem heiligen Ort zu lösen und verabschiede und bedanke dich bei Morgana und Merlin. Sei dir gewiss, dass sich eure Wege erneut begegnen werden. Der rote Drache, der sich bisher im Hintergrund gehalten hat, erscheint. Er nimmt dich sanft in seine Pranken, breitet seine Flügel aus und trägt dich hinein in eine neue Zeitqualität. Er bringt dich sicher und liebevoll zurück in dein Hier und Jetzt. Erde und zentriere dich auf deine eigene Art und Weise und sei vollkommen präsent. Sei erneut Priesterin von Avalon. Sei erneut ein Druide der Großen Göttin. Der rote Drache bleibt von jetzt an als dein Krafttier an deiner Seite, unabhängig davon, ob und in welcher Form du die Kommunikation mit ihm pflegen möchtest.

Nun erhole dich ein wenig von deinem Ausflug. Spüre den Veränderungen in deinem Sein im Hier und Jetzt nach. Wann immer du bereit bist für den nächsten Schritt auf unserer Reise, kannst du das Buch wieder zur Hand nehmen und weiterlesen. Sei gesegnet. Jetzt und allezeit. Amen.

☆☆☆☆☆

8.8.1
Erlösung – Wookey Hole

Auf unserer Englandreise führte uns der Weg zu einer Höhle, die als Wookey Hole bezeichnet wird. Dort gibt es die Geschichte einer Hexe, die sich dorthin zurückgezogen hatte. Die Dorfbewohner beauftragten einen Mönch der Glastonbury Abbey damit, sie von dieser bösen Frau zu befreien. In der Höhle fand zwischen den beiden eine heftige Auseinandersetzung statt, in der die Hexe letztendlich zu Stein verwandelt wurde. Dieser Stein soll in Wookey Hole immer noch sichtbar sein. Rund um diese Höhle wurde mittlerweile ein Vergnügungspark gebaut, sodass es nicht unbedingt empfehlenswert ist, den Ort aufzusuchen.

Ich erzähle dir davon, weil wir in einem späteren Kapitel nochmals darauf zu sprechen kommen werden, wofür diese Geschichte steht und was sie für uns im Hier und Jetzt bedeutet. Das wird zu einem allgemeinen, vertieften Verständnis dieses Buches beitragen. Je länger ich daran schreibe, umso mehr erkenne ich, dass du dich durch das Lesen auch auf einer Reise befindest. Durch das Einlassen auf die einzelnen Orte und Begegnungen findet eine Initiation statt, ein Wiedererwecken eines ganz alten Wissens, das schon lange in dir schlummert.

Die Geistige Welt führte uns zu dieser Höhle, um uns mit unseren Ängsten und unserer Dunkelheit zu konfrontieren, was Teil einer jeden Einweihung ist, denn dadurch findet eine Transformation von alten Energien und Erfahrungen statt. Die Folge davon ist eine Erweiterung des Bewusstseins, was letztendlich Ziel einer jeden Initiation ist. Die Fragen und Anregungen, die uns unsere feinstofflichen Begleiter in Verbindung mit diesem Ort mit auf den Weg gegeben haben, möchte ich an dich weitergeben. Vielleicht möchtest du dir dafür ein bisschen Zeit nehmen und sie nutzen, um etwas über dich selbst zu erfahren und zu erkennen.

Bezug nehmend auf die Bauten des Vergnügungsparks um die Höhle forderte die Geistige Welt uns auf wahrzunehmen, wie viel wir manchmal selbst um unsere eigentliche Essenz, um das Wesentliche, das wir sind, herumgebaut haben. Wie viele Masken du beispielsweise in deinem Leben trägst. Und wir möchten dir weitere Fragen mit auf den Weg geben:

- Wie oft hast du das, was du nicht verstanden hast, verteufelt?
- Fühltest du dich vielleicht nicht verstanden und verdrängt?
- Wie oft wolltest du mit anderen Menschen in einer Gemeinschaft leben und wurdest dabei ausgegrenzt?
- Oder warst du derjenige, der andere ausgeschlossen hat?
- Vielleicht hattest du das Gefühl, nicht angenommen zu werden, weil du einen anderen Ausdruck, eine andere Form, eine andere Wahrheit lebtest, als es üblich war?
- In welche „Höhlen" ziehst du dich zurück, wenn du dich verletzt fühlst?

- In welchen Bereichen deines Lebens hast du dich selbst eingesperrt oder einsperren lassen?
- Wo und wann hattest du nicht den Mut, zu dir zu stehen?
- Wo und wann hast du dich selbst verleugnet und tust dieses womöglich noch immer?

Falls dir in diesem Zusammenhang einiges eingefallen sein sollte, was du als eine Erfahrung, eine Energie, einen Glaubenssatz erkennst, die und der dir nicht mehr dient, kannst du ein Ritual zur Transformation gestalten. Beispielsweise könntest du alles auf ein Blatt Papier schreiben und dieses im Anschluss verbrennen.

Während das Feuer lodert, lade Erzengel Uriel und die Engel der Transformation ein, auch in dir, in allen Ebenen deines Seins, diese Prägungen und Speicherungen bis zu ihrem Ursprung und ihrer Entstehung zu wandeln, zu befreien und zu lösen. Als neue Qualitäten lade in der Verbindung mit deinen feinstofflichen Geschwistern Lebensfreude, Geborgenheit und Vertrauen ein, in dir Raum zu nehmen und diese stattdessen zu manifestieren, sodass du dich in dieser Zeit in deiner Ganzheit zeigen kannst, mit allen deinen Aspekten, die zu dir gehören, und du dennoch in der Sicherheit und Unversehrtheit sein kannst und bist. Wisse, dass du behütet wirst und es dir auch erlaubt ist, vorausgesetzt, du erlaubst es dir selbst, ein freudvolles, reiches, erfülltes und glückliches Leben zu führen.

Zum Schluss deines Rituals bedankst du dich bei dir selbst für deine Bereitschaft, etwas Neues zu leben, und bei den Wesen der Transformation, die dich unterstützten. Spüre der Wandlung nach, die du in dir vollzogen hast. Dann erde und zentriere dich wieder auf deine eigene Art und Weise, um ganz präsent im Hier und Jetzt zu sein. Bei Bedarf wiederhole das Ritual, sooft du möchtest.

☆☆☆☆☆

8.8.8
Einstimmung auf Artus Geburtsort

Vielleicht fragst du dich, was diese einzelnen Orte mit Avalon zu tun haben? Warum du sie alle gemeinsam mit mir besuchen „darfst“, um nicht zu sagen „musst“? Es ist wie ein Puzzlespiel. Wir sammeln gerade die einzelnen Teile, die wir benötigen, zusammen. Wenn wir alle gefunden haben, werden wir das Gesamtbild bauen. Das heißt, dass wir in einem späteren Kapitel die Zusammenhänge und Verbindungen noch einmal ganz klar verdeutlichen werden. Jetzt bitte ich dich um ein wenig Geduld. Lass dich auf die einzelnen Stationen ein.

Heute möchte ich mit dir zum Geburtsort von Artus reisen. Es ist Tintagel. Für mich erneut ein magischer Ort, an dem ich unendlich verweilen könnte. Als ich das erste Mal dort war, war ich nicht nur von der Landschaft und den Überresten der Geschichte in Form der Gemäuer der alten Burg fasziniert, sondern auch von dem kleinen Dorf, das hier liegt. Es ist bezaubernd. Ich habe dort mein erstes Stoffeinhorn einer mittlerweilen größeren Sammlung von Einhörnern entdeckt und natürlich sofort mitgenommen. Meine Tochter saß damals im Kinderwagen, und mein Sohn war gerade im Babybauch. So erkundeten wir diesen Platz. Doch auch hier hat sich in den letzten Jahren der Tourismus ausgebreitet und seine Spuren hinterlassen. Die kleinen, geheimnisvollen Läden sind nicht mehr so vorhanden. Stattdessen gibt es Souvenirgeschäfte, denen die Magie fehlt, und mittlerweile steht ein großes Hotel am Rand der Küste. Doch dem eigentlichen Kraftplatz, der auch von English Heritage gepflegt wird, konnte das nichts nehmen.

In Tintagel ist es also ganz leicht, in die Kommunikation mit König Artus zu gehen, da er hier, wie gesagt, gezeugt und geboren wurde. Durch die Geschichte, die Igraine und Uther mit Artus verbindet, begegnen wir hier intensiv dem Thema der Weitergabe von Schuldenergien über die Blutslinie. Das ist die eigentliche Erbsünde, die uns nach wie vor alle betrifft. Es ist die Last der Erfahrungen unserer Ahnen, die in der nicht geheilten Dualität in unseren Körpern und Zellen gespeichert ist. Die Lösung und die Befreiung dafür schenkt uns der Heilige Gral. Der Kelch steht in diesem Zusammenhang für unseren physischen Körper. Es ist unsere Aufgabe, uns daran zu erinnern, dass er das Gefäß ist, das die göttliche Essenz unserer Seele empfängt. Durch die Heilung der Blutslinie erhält der Körper seine Reinheit wieder, um mit dem Geist verschmelzen zu können. Das ist die Auflösung der Erbsünde, das Herauslösen aus dem Morphogenetischen Feld der nicht geheilten Dualität und das gleichzeitige Erschaffen und Stärken des fünfdimensionalen Kollektivbewusstseins. In diesem existiert keine Schuld. Dadurch findet auch eine Vereinigung von Seelenplan und Persönlichkeit statt. Außerhalb dieser Einheit erleben wir Konflikte, Spannungen und Getrenntheit. Das nur als kurze Einführung, warum Tintagel auf unserem Weg eine so wichtige Station darstellt. Also ist dieser Platz auf jeden Fall eine Reise wert (und wenn nicht dreidimensional physisch, dann zumindest jetzt energetisch!)

☆☆

So nimm bitte einige bewusste Atemzüge, um dich dabei auf dein Herz und dein Hohes Selbst auszurichten. Sei eins mit deiner Seele und ihrem Plan. Mit jedem Einatmen fülle dich mit Lebenskraft und lass sie durch die Gesamtheit, die du bist, strahlen. Sei mit deiner Aufmerksamkeit jetzt ganz in deinem Körper. Fokussiere dich auf deine Energiebahnen, die du als Meridiane bezeichnest, unabhängig davon, ob du mental weißt, wie sie verlaufen oder nicht. Erlaube, dass sich die aufgenommene Lebenskraft in ihnen ausdehnt und sie dabei öffnet und ausgleicht.

Wenn du den freien Durchfluss der Energien in deinem Körper wahrnimmst, bittet die Geistige Welt dich, mit deiner Aufmerksamkeit zu deinem Basiszentrum zu gehen. Stelle es dir heute als einen roten Raum vor und betritt ihn. Betrachte und erfahre ihn auf deine eigene Art und Weise. Bei Bedarf gestalte ihn neu oder erweitere ihn, sodass er für dich stimmig ist und du dich in ihm wohlfühlst. Wenn dir dein roter Raum gefällt und du mit ihm zufrieden bist, lobe dich selbst und erfreue dich an dir und deinem Raum.

Erkenne, dass er eine Tür hat, die aus ihm hinausführt. Bitte öffne sie. Sie bringt dich in eine Landschaft, die von sattem Grün und kräftigen Pflanzen erfüllt ist. Hier wachsen viele große und alte Bäume. Welcher Baum zieht dich besonders an? Gehe zu ihm. Nimm wahr, dass er eine

Öffnung hat, sodass du in das Innere des Baums eintreten kannst. Dadurch betrittst du einen weiteren Raum. Hier ist Merlin, der sich freut, dich wiederzusehen. Du bist in seinem Reich. Du kannst viele Kräuter um dich erkennen, die er benutzt, um sie immer wieder neu zu verbinden und daraus heilende Säfte zu brauen.

Merlin bittet dich jetzt, einige Zeit bei ihm zu sein und dabei deine Wahrnehmung zu erweitern. Er lädt dich ein, Alles-was-ist, was dir begegnet, in einem viel größeren Kontext zu sehen. In der Folge kannst du beispielsweise auch Entscheidungen, die du selbst (oder andere) für dich im Laufe deines bisherigen Lebens getroffen hast, in einem neuen Licht sehen. Merlin fordert dich auf, ein neues Verständnis für jenen Teil der Geschichte, mit dem du heute in Kontakt treten wirst, zu entwickeln. Es war vorherbestimmt, dass eine Seele auf diese Erde kommen sollte, die in der physischen Inkarnation die Aufgabe hatte, ein König zu sein. So, wie es auch für deine Seele vorhergesehen war, in dieser Zeit auf die Erde zu kommen, um eine Aufgabe zu erfüllen. Merlin erklärt dir, dass die Verbindung zwischen den Eltern von Artus, Igraine und Uther, eine heilige war. Ihre Seelen waren in einem Gleichklang. Sie waren das, was du heute als Zwillingsflammen bezeichnen kannst.

Merlin bittet dich, jetzt mit deiner Aufmerksamkeit in dein Herz zu gehen. Dort entzünde ein violettes Feuer der Transformation. Du weißt, dass es aus der Vereinigung von Rot und Blau entsteht. Das rote Licht repräsentiert heute den weiblichen Aspekt Gottes, das blaue den männlichen.

Aus der Verbindung von Mutter-Vater-Gott, die in dir ist, entfacht sich die violette Flamme in deinem Herzen. Dieses Transformationsfeuer richtet sich nun noch zusätzlich auf das goldene Licht von An aus. Von dort strahlt eine integrative Energie in dein Herz, die dich begleitet und unterstützt.

Merlin bittet dich, Folgendes zu tun:

Erlaube, dass sich der rote Aspekt der violetten Flamme in dir jetzt so ausdehnen kann, dass er sich dabei mit deinem Blut verbindet. Über dieses berührt er deine weibliche Ahnenreihe. Mit deinem nächsten Atemzug sende den blauen Anteil deines violetten Feuers zu deinem Blut aus. Über deinen roten Lebenssaft verbindet er sich mit deiner männlichen Ahnenreihe. Das ist der Beginn der Heilung deiner Blutslinie. Du vollziehst dieses Ritual nun sowohl für dich selbst, als auch für das Kollektiv. Igraine und Uther unterstützen dich dabei. Nimm wahr, dass sie Raum nehmen, um dir zu begegnen. Igraine berührt dabei mit ihren Händen die rote Energie in deinem Herzen, Uther deine blaue. Dadurch beginnt das violette Licht, das aus dieser Vereinigung geboren ist, heller zu lodern und kraftvoller zu brennen. Die Transformations- und Erlösungsenergie strahlt über dein Herz aus, verbindet sich mit deinem Blut, und darüber hinaus mit allen, mit denen du über dein Blut verbunden bist. Nimm einige bewusste Atemzüge und fördere dadurch diesen Energiekreislauf in dir.

Erkenne, dass in der Zwischenzeit ein großer Engel der Gnade zu dir gekommen ist. Zuerst stellt er seine Fähigkeiten Igraine und Uther zur Verfügung. Er löst in ihnen den Schmerz, die Angst und die Unerfülltheit, die aufgrund ihrer Geschichte noch immer in ihnen wirkt. Der Engel schenkt Heilung, damit sie ihr Miteinandersein genießen können und dürfen. Es ist heute die Aufgabe dieses Gnadenengels, die Möglichkeit, zu verbinden, was zusammengehört, zu fördern und zu unterstützen. Er tut dieses, wenn der Impuls des Zusammenseins aus einer Reinheit, die aus dem Herzen der wahren Liebe kommt, entspringt. Die Gnadenenergie ermöglicht eine neue Form der Vereinigung von Igraine und Uther. Dadurch können sie ihre Verbindung in einer geheilten Art und Weise erfahren. Sie dürfen ihr Einssein leben.

Über Igraine und Uther fließt die befreiende Kraft in dein rotes, blaues und daraus entstehendes violettes Herzensfeuer ein, sodass sie sich auch in dir ausdehnen kann. Das Licht der Gnade wirkt in allen Ebenen deines Seins und heilt deine Schmerzen, die du in Beziehungen und Begegnungen mit Menschen erfahren hast. Dabei wandelt sie alles, was dich verletzte, was nicht möglich war, gelebt zu werden, was unerfüllt bleiben musste und geblieben ist. Bitte atme tief ein und aus und lass es geschehen. Die Energie der Einheit und der Gnade berührt über dein Blut deine weibliche und männliche Ahnenreihe. Auch hier darf Heilung Raum nehmen. Dabei verbindet sich, was zu verbinden ist, und löst sich, was zu lösen ist.

Merlin bittet dich, dich die nächsten Tage dem Thema Vereinigung und Einssein zu widmen. Erkenne, dass dieses auch bedeutet, Frieden mit deiner Vergangenheit zu schließen. Nimm sie an, wie auch immer sie gewesen ist. Durch diese Annahme bist du nicht länger in einer Form an sie gebunden, die dir nicht mehr dient. Die Liebe zu dir selbst kann dadurch zu wachsen beginnen. Deine Sehnsucht nach Liebe erfüllt sich. Sie manifestiert sich in allen Bereichen deines Lebens. Aus der Selbstliebe wird Neues geboren. In ihr lösen sich alle Widersprüche auf und hören auf zu existieren. Die Wiederentdeckung deiner Selbstliebe, die einer tiefen Annahme von Allem-was-ist gleicht, wird von der einzigartigen Liebe zwischen Igraine und Uther begleitet. Das Neue, das aus dieser Verbindung geboren wurde, war Artus. Dadurch, dass die Liebe und die heilige Verbindung von Igraine und Uther wieder den Platz erhält, der ihr zusteht, wird eine göttliche Ordnung hergestellt. Für dich bedeutet es Einheit, Selbstliebe und Heilung, die sich im Außen in erfüllenden Partnerschaften und Begegnungen widerspiegelt. Für die männlichen und weiblichen Ahnenreihen heißt es, dass sie ihre Kraft wieder zurück erhalten und ein Gleichgewicht Raum nehmen kann. Sei dir deiner Verbindung mit Igraine und Uther bewusst, genauso wie der mit deinen Blutslinien.

Der Engel der Gnade wirkt so lange in dir, wie du möchtest. Merlin sagt dir, dass du nun eingestimmt bist, um an den Kraftort zu reisen. Lass ihn vor deinem geistigen Auge erscheinen. Mit deinen nächsten Atemzügen komme dort an. Rieche und höre das Meer. Siehe die Möwen, die um dich kreisen. Spüre die Energie der Erde, auf der du dich befindest. Sei in der Ganzheit, die du bist, in Tintagel. Jetzt. Sei gesegnet. Amen.

Tintagel – Finde den Heiligen Gral

Die Geistige Welt sagt über Tintagel, dass das gesamte Meer, das du hier siehst, mit der Hoffnung der Großen Göttin, die Artus für sie war, gefüllt ist. Er wurde in die alten Riten unterwiesen, das gehörte zu seinen Wurzeln. Sie wusste um seine Bestimmungen, einen neuen Weg zu initiieren. Die Große Göttin hoffte, dass er beide Richtungen, das Weibliche und das Männliche, so vereinen könnte, dass es keinen Streit und Krieg geben würde. Doch die Vision der Großen Göttin fand keine Erfüllung. Im Prinzip ist das, was in der damaligen Zeit die Geburt von Artus war, heute unsere Geburt als Kosmisches Kind, als Kosmischer Mensch. Damals ruhte die Aufgabe auf einer Person, die die Prophezeiungen hätte erfüllen sollen. Heute ist es die gesamte Menschheit.

Damit du dir deiner Bedeutung in dieser Zeit bewusst wirst, hat dich die Große Göttin hierher gerufen. Sie ist immer noch voller Hoffnung. Heute setzt sie diese in dich. Nun legt sie es in deine Hände, die Vision des Friedens zu manifestieren und wahr werden zu lassen, denn sie hat nach wie vor Gültigkeit. Deshalb wollte sie, dass du nach Tintagel kommst.

Wenn du einen bewussten Atemzug nimmst und dein Herz dabei öffnest und dich nochmals ganz auf diesen heiligen Ort einlässt, wirst du die Energien von Merlin als auch von Avalon spüren, die hier sehr machtvoll wirken. Bei diesen Felsen hast du einen leichten Zugang zur Zwischenwelt.

Die Große Göttin bittet dich anzunehmen, wie wichtig du für die jetzige Zeit und wie sehr du Hoffnung bist. Lass dich bitte auf die Qualität von Hoffnung ein. Nimm die Hoffnung an, die um dich ist, und fülle dich damit, sodass du selbst zur Hoffnung wirst.

☆☆

Die Geistige Welt lädt dich ein, wieder bewusst deine Wurzeln in die Erde wachsen zu lassen. Dabei spüre die Einzigartigkeit, die Kraft der Erde und der Elemente, die hier lebt. Tintagel wurde von der Großen Göttin gesegnet, und deshalb ist es ein Platz der Fruchtbarkeit. Dadurch wurde die Begegnung zwischen Igraine und Uther ermöglicht, und daraus konnte Artus entstehen.

Atme die Erde, die Luft, die Stabilität der Felsen, das Wasser, die Energie der Großen Göttin und somit ihren Segen tief in dich ein. Lass dabei abfließen, was du nicht mehr benötigst, erlaube dir selbst, in eine Wandlung einzutreten und dich dabei mit Kraft und Mut zu füllen. Erinnere dich nochmals daran, dass die Göttin hoffte, durch die Geburt von Artus das Alte bewahren zu können, auch wenn es neue Wege geben würde. Jetzt hat die Große Mutter auf dich gewartet und setzt ihre Hoffnungen in dich, dass du dieses in Harmonie in dir verbinden und vereinen wirst. So lass dich bitte darauf ein, fühle dich willkommen und antworte der urweiblichen Schöpfungsenergie auf deine eigene Art und Weise. Dazu mache jetzt eine kleine Pause.

Wenn du bereit bist, weiterzulesen, dann fahre fort. Gehe mit deiner Aufmerksamkeit zu deinem Herzen und zentriere dich in ihm. Sei eins mit deinem Herzen und mit deinem Hohen Selbst. Weißt du noch, dass Merlin und Morgana das Zeichen deiner Priesterinnen- und Druidenschaft neu aktivierten? Das ist eine Quelle der Kraft. Dieser erlaube nun, in dein Herz zu strömen. Es ist wie ein Wasser des Wissens, der Weisheit, der Heilkraft, der Allverbundenheit und der unendlichen Liebe. Über dein Herz dehnt es sich weiter aus. Es durchdringt die Gesamtheit, die du bist. So heben sich die Schleier der Illusion, und du erkennst dein wahres Wesen. Du erkennst das Licht in dir und auch, wie machtvoll es ist. Erinnerst du dich an deine Aufnahme in den Kreis der Tafelrunde? Nun beginnt dein Wirken als Teil dieser Gemeinschaft.

Bitte schließe kurz deine Augen. Lass vor dir den heiligen Kelch, der als Gral bezeichnet wird, erscheinen. Ein großes Engelwesen trägt ihn. Erlaube dir, den Gral zu berühren, nimm ihn in deine Hände. Das Lichtwesen lächelt dir zu, während es ihn dir übergibt. Dann segnet es dich und löst sich auf. Erkenne, dass du am Ende einer langen Reise angekommen bist, denn du hast den Heiligen Gral gefunden. Viele Ritter mit klangvollen Namen und zahlreichen Heldentaten versuchten, teilweise in neuen Inkarnationen, bis zum heutigen Tag, dieses Gefäß zu finden. Wisse, dass er nicht in der materiellen Welt ist. So, wie du das wahre Wesen, das du bist, nicht im Außen entdecken kannst, sondern nur in dir selbst. So findest du auch den Heiligen Gral nicht in Gold und Silber gefasst am Grun-

de des Meeres oder begraben an einem versteckten Ort. Auch er lebt in dir. Durch die Annahme, dass der Kelch ein Teil von dir ist, konnte das Lichtwesen ihn dir überreichen.

Die Geistige Welt bittet dich, den Frieden und das Einverstandensein, der und das an diesem Kraftplatz ist, an dem du dich befindest, wahrzunehmen. Die Energien strömen dir zu, um dich zu bestätigen, sodass du nicht an dir selbst und deiner Bestimmung zu zweifeln brauchst. Der Heilige Gral ist ein Symbol der Wahrheit. In ihm vereinigen sich alle Religionen, alle Völker, alle Rassen, alle Länder und auch alle männlichen und weiblichen Kräfte, die es gibt. Er ist ein Kelch der Fülle, der dazu dient, Neues zu gebären.

Damals, als Artus seine Ritter aussandte, um den Gral zu finden, erkannte er nicht, dass er von sich selbst sprach. Er ließ andere sozusagen nach sich suchen, und so konnten sie ihn nicht finden. Als Artus ein Kind war, fühlte er etwas in und um sich, das er nicht benennen konnte. Er spürte eine Kraft in sich, die ihn vorantrieb und bewegte, doch er konnte sie nicht verstehen. Er hatte viele Lehrer, unter anderem Merlin. Sie versuchten ihm zu zeigen, wer er wirklich war, und ihm durch die Rückbindung an die Große Göttin Wurzeln zu geben, damit er in eine neue Richtung wachsen konnte. Doch auch das begriff Artus nicht. Du bist heute hierher gekommen, weil du es verstanden und erkannt hast, sowohl für Artus, als auch für dich selbst. Der Gral ist ein Gefäß, das aufnimmt und vereint. Dadurch ist er auch ein Symbol der wahren und unendlichen Liebe. Bitte erkenne, dass es im Laufe der Zeit viele Bruderschaften gab, die versuchten, das Wirken der Ritter der Tafelrunde fortzusetzen. Sie alle gingen dabei den gleichen Weg. Sie förderten noch mehr Trennung und suchten den Gral im Außen. Du gehörst nun zu einer neuen Form der Tempelritter. Du benötigst keine Hierarchien und keine festgesetzten Rituale. Du bist frei.

Nun erlaube dir anzunehmen, dass du als Ritter der Tafelrunde, in deiner Präsenz als Priesterin und als Druide, den Gral gefunden hast. Dieses Wissen trage über diesen Ort hinaus. Artus hingegen zog damals in seiner Unwissenheit fort. Deine Aufgabe ist es, aufgrund deiner Erkenntnisse und deines Bewusstseins in Liebe zu wirken. Wenn du dich hier auf Tintagel einlässt, erkenne, dass auf der Erde überall Zeichen sind. Es sind Symbole der Großen Göttin, in Form von Spiralen, Schlangen- und Drachenlinien. Einst wurden sie von den Priesterinnen vom See hier gesetzt. Das geschah lange, bevor dieses Schloss erbaut wurde. Denn dieser Ort war von Anfang an ein auserwählter Platz, und so konnte sich die Energie der Göttin entfalten. Lass den Segen, der über diese Zeichen ausstrahlt, in dich strömen. Nimm ihn an und nimm ihn als Kelch, der du bist, auf. Mache erneut eine kleine Pause und lass das Erlebte auf dich wirken.

Wenn du bereit bist, fortzusetzen, kannst du das Buch wieder in deine Hände nehmen und weiterlesen. Richte dich auf die Energie von Tintagel aus, komme nochmals bewusst darin an. Verbinde dich jetzt mit der ursprünglichen Ebene dieses Kraftplatzes, wo alles in Frieden und göttlicher Ordnung war, die Priesterinnen ihre Zeichen setzten und der Segen der Großen Göttin den Ort heiligte. Erinnere dich daran, dass die Drachengeschwister Kinder der Großen Göttin sind.

So blicke nun zum Himmel. Nimm wahr, dass sich aus dem Sternbild des Herkules ein großer, mächtiger Drache auf den Weg zu dir macht. Gleichzeitig spüre die Vibration der Erde unter deinen Füßen. Ein Stück vor dir bricht sie auf, und aus dem Spalt, der dabei entsteht, erhebt sich aus dem Inneren ein weiteres Drachenwesen. Beide tragen ein besonderes Blut in sich. Es ist königlich. Der Himmelsdrache und der Erddrache sind gekommen, um sich zu begegnen und zu vereinen. Der Himmelsdrache steht für Uther, der Erddrache repräsentiert Igraine. Während die beiden Geschöpfe in Liebe miteinander verschmelzen, verbindet sich ihr Blut. Dabei fällt ein kleiner Blutstropfen in den Heiligen Gral, den du nach wie vor in Händen hältst.

Dieses Drachenblut, das aus Liebe gegeben wurde, ist etwas sehr Kostbares und Heilsames. Da dein Gral nun damit benetzt wurde, ist er zu einem Kelch der Heilung geworden. In diesem Blutstropfen ist die Energie der heiligen Vereinigung, die an diesem Ort zwischen Igraine und Uther stattgefunden hat, enthalten. Zu einem späteren Zeitpunkt wird er dir dienen, um ein Heilungsritual für die Klärung des Blutes deiner Ahnenreihe zu vollziehen, damit du sie in die Wahrhaftigkeit zurückführen kannst, was die Auflösung von Schuldprägungen beinhaltet.

Dieser Ort, an dem du dich jetzt befindest, fördert die Annahme deines eigenen Wesens. Wenn es Bereiche in deinem Leben gibt, die du nur schwer annehmen kannst, lass jetzt das Licht dieses Kraftplatzes darin einströmen. Erlaube, dass es sich zu wandeln beginnt und Freiheit in dir wächst. Denn dein Weg mit all seinen Erfahrungen und die Art und Weise, wie du damit umgegangen bist, war genau so, wie es deiner Bestimmung gleicht. Erkenne es an. Nimm die unendliche Liebe der Großen Göttin in dich auf, die die Gesamtheit, die du bist, nährt.

Aus der Vereinigung des Himmelsdrachen mit dem Erddrachen ist ein goldenes Ei entstanden. Die beiden Drachen und dieses Ei werden nun so klein, dass sie in deinem Kelch Platz haben. Dadurch wird dein Gral lebendig, und er beginnt, mit dir zu verschmelzen. Du wirst eins mit dieser Schale. Der Gral ist in dir und durch dich Fleisch geworden. Als Zeichen formt sich ein Bild des Grals in deinem Herzen. Dort erstrahlt er von nun an, und darüber kannst du dich jederzeit mit ihm und seinen Geheimnissen verbinden. Die Große Göttin segnet dich und den Gral, der du bist. Freude erfüllt ihr ganzes Sein, und ihre Dankbarkeit strömt zu dir, um dich zu berühren.

Verweile so lange du möchtest an diesem Ort und spüre dem Fluss der Energien nach. Beginne zu verstehen, was dieses für dich im Hier und Jetzt bedeutet. Du hast einer großen Veränderung erlaubt, in dir Raum zu nehmen. Du warst bereit, eine wichtige Aufgabe zu beginnen. Auch das ist Teil des Artuswegs. Die Geistige Welt dankt dir dafür.

Nun ruhe dich aus. Dazu bedanke dich bei allen Wesen, die dich begleitet und unterstützt haben, und bei der

Magie von Tintagel. Dann erlaube dir, dich mit der Ganzheit, die du bist, bewusst zurückzubringen ins Hier und Jetzt. Spüre deinen Herzschlag. Siehe den Gral in deinem Herzen leuchten. Erde und zentriere dich, um vollkommen präsent zu sein. Sei gesegnet. Amen.

☆☆☆☆☆

8.8.1
Erste Begegnung mit den Og Min

Vielleicht geht es dir beim Lesen, bei deiner Reise, auf der du dich dabei befindest, ähnlich wie mir, wenn ich in den Bergen wandern gehe. Es gibt sehr viele Berge in meiner Umgebung. Allerdings habe ich nicht so viel Zeit, wie ich manchmal benötige, um draußen in der Natur zu sein. Dementsprechend ist meine Kondition auch nicht besonders ausgereift. Wenn ich dann wirklich einmal unterwegs bin, läuft es meist ähnlich ab. Zuerst freue ich mich und genieße die Natur. Dann wird es anstrengender, weil es vielleicht aufwärts geht oder die nächste Alm noch irgendwo in weiter Ferne wartet. Das ist der Zeitpunkt, an dem ich immer zu zweifeln beginne, ob es eine gute Idee war, diesen Ausflug zu machen. Wenn ich zu Hause geblieben wäre, hätte ich mich sicher viel besser entspannen können. Ich hadere mit mir selbst und frage mich, warum ich mir das antue. Ich beschließe dann meist, nie wieder wandern zu gehen. Wenn ich dann mein Ziel erreicht habe oder wieder zu Hause bin, bin ich stolz auf mich. Ich spüre, wie gut es mir getan hat, und weiß, dass ich erneut in den Bergen wandern werde und dann wieder alles nach dem gleichen Muster ablaufen wird.

Aus irgendeinem Grund hat dich dieses Buch angezogen, und du hast dich möglicherweise schon darauf gefreut, endlich mit dem Lesen beginnen zu können. Doch von Seite zu Seite stöhnst du vielleicht mehr, wie anstrengend es ist, und denkst bei jedem neuen Kapitel: Nicht schon wieder eine Meditationsreise. Du fragst dich, warum du dir ausgerechnet dieses Buch ausgesucht hast, und legst es manchmal genervt zur Seite. Vertraue darauf, dass es zu einem späteren Zeitpunkt klarer für dich werden wird.

Erinnere dich daran, dass ich sagte: „Wir sammeln an den einzelnen Kraftorten Puzzleteile zusammen, die zum Schluss ein ganzes Bild ergeben werden.“ Jede Zeile, die du liest, verändert etwas in dir, selbst wenn du es mental nicht (gleich) nachvollziehen oder erkennen kannst. Vertraue darauf, dass deine Seele wusste, warum sie dich zu diesem Buch führte. Warum es für dich genau zu diesem Zeitpunkt wichtig ist, es zu lesen. Damit möchte ich dich motivieren, dich weiter darauf einzulassen, selbst wenn du die einzelnen Kapitel als Herausforderung erleben solltest. Vertraue darauf, dass es einen Sinn hat, den dein Hohes Selbst kennt. Deshalb kannst du dich beim Weiterlesen getrost entspannen, auch wenn ich dich nun zu einer neuen Reise einladen möchte. Sie führt uns nochmals nach Tintagel.

☆☆

Nimm bitte einige bewusste Atemzüge. Lass dabei alles aus dir fließen, was dich gerade bewegt und beschäftigt, werde leer. Gleichzeitig erkenne, dass blaues Licht den Raum, in dem du bist, erfüllt. Es durchströmt und nährt dich. Erzengel Michael erscheint und stellt sich hinter dich. Seine Hände legt er sowohl auf deine Stirn, als auch auf deinen Hinterkopf. So beruhigen sich deine Gedanken, du kommst zur Ruhe und wirst still. Erzengel Michael sagt: „Lass einfach los. Lass alles fließen. Lass alles sein, so, wie es ist. Du brauchst nur zu empfangen. Jetzt."

Michael nimmt dich an die Hand, um dich zu führen und zu begleiten. Er reist mit dir erneut zu dem Ort der Großen Göttin, zu dem Platz der Magie, der als Tintagel bezeichnet wird. Dort bringt er dich an den Rand einer Klippe. Unter dir tost das mächtige Meer. Vor dir ist unendliche Weite. Der Fels, auf dem du stehst, ist geduldig, standhaft und unerschütterlich.

Erkenne, dass du wieder deine alten neuen Kleider der Priesterin und des Druiden trägst. Bereits vor langer Zeit hast du hier gestanden und darauf gewartet, dass sich die Prophezeiungen erfüllen. Sie sagten, dass vom Himmel her Unterstützung zur Erde zurückkommen würde. Immer wieder hattest du davon gehört. Du hast darauf gewartet, dass die Fünfte Dimension, das Paradies, wie sie genannt wurde, das Reich des Friedens, vom Himmel herabkommen würde, um auf der Erde Raum zu nehmen. Du hast lange und immer wieder gewartet. Oft fühltest du dich dabei ganz allein. Du hattest alles hinter dir gelassen.

Erkenne, dass nun die Zeit der Vollendung ist. Deshalb nimm wahr, wie das, worauf du so lange gewartet hast, endlich beginnt, sich am Himmelszelt zu zeigen. Ein goldener Lichtschein beginnt am Firmament zu leuchten. Der Wind weht kräftig. Er heißt die Energie, die aus dem Kosmos kommt, auf der Erde willkommen. Das goldene Licht kommt näher. Es formt sich dabei zu einer großen, leuchtenden Lichtgestalt. Nun steht sie vor dir. Sie nimmt ihre Hand, um mit einem ihrer Finger dein Drittes Auge zu berühren. Das ist ein kosmischer Gruß. Dabei aktiviert sich automatisch dein Drittes Auge. So kann die Kommunikation, die jenseits irdischer Worte ist, zu wachsen beginnen.

Das Wesen beginnt als Abgesandter seiner Gemeinschaft zu dir zu sprechen: „Wir sind Og Min. Wir sind Mitgestalter der neuen Welt. Wir sind die Erinnerung an deine Sternenheimat. Durch die Rückbindung an sie kehrt in dir die Kraft zurück, die es dir ermöglicht, ganz Ja zu sagen zu diesem Leben, zu dieser Inkarnation, zu diesem deinem Körper. Dadurch findet ein Selbstheilungsprozess in dir statt, der deinen Körper weitet und ihn zum Gefäß macht, das er ist. Wir sind Og Min und berühren nun dein Herz. Denn durch seine Öffnung kann die Begegnung mit uns stattfinden. Wir sind Og Min, und jetzt berühren wir die Gesamtheit deines chakrischen Systems. Darüber wandeln wir den Fluss der Energien in deinen Energiezentren, was sich auf deinen physischen Körper auswirkt.

Wir möchten erneut den Begriff des „Grals“ benutzen und bestätigen, dass er ein Kelch ist. Ein Kelch hat die Aufgabe zu empfangen, beispielsweise Informationen, Botschaften und Schwingungen aus dem Kosmos, Sternenlicht und Sternenenergien und auch Sternengeschwister, so wie uns. Alles ist miteinander verwoben. So, wie du hier auf der Erde Teil von verschiedenen Gemeinschaften bist, gehörst du auch zu unserem Kollektiv. Wir bitten dich, dich aufgrund deines Kelchseins, Kommunikation, Ver-

bindung, Vereinigung und Verschmelzung mit Og Min, die wir sind, in dir und durch dich Raum nehmen zu lassen. Erlaube uns, dich in goldener Energie zu baden, dich mit goldener Sternenenergie zu durchdringen, damit wir dich vorbereiten können. Wir möchten dich einladen, Botschafter der Og Min zu werden und zu sein. Diese Initiation wird im Sternentor, das du als Stonehenge bezeichnest, beginnen und stattfinden. Es bedarf dazu im Moment keines mentalen Wissens. Das folgt später.

Wir sind gekommen, um dir zu sagen, dass sich dein Warten gelohnt hat. Wir nehmen dich als Priesterin, die du bist, und als Druide, der du bist, an die Hand und führen dich nun von diesem Felsen fort. In der Verbindung mit den Og Min, die wir sind, bringen wir dich zurück in das volle Leben. Sei wieder Teil davon. Du brauchst nicht mehr zu stehen und sehnsuchtsvoll zu sein. Du brauchst auf nichts mehr warten. Alles ist da. Jetzt. Gehe gemeinsam mit uns von dieser Klippe. Dadurch lass die Einsamkeit los, die über viele Leben in dir gewachsen ist. Wende dich erneut dem Leben zu. Wir sind auf dem Weg zu dir. Wir sind mit dir. Wir sind da. Wir sind Og Min.“

Atme bewusst ein und aus und erlaube dir, die Heilung auf deine eigene Art und Weise wahrzunehmen, die durch diese Begegnung jetzt in dir Raum genommen hat. Wann immer es für dich stimmig ist, kehre gemeinsam mit den Og Min an deiner Seite zurück in dein Herz. Spüre die Verbindung zu den Og Min und bleibe mit deiner Aufmerksamkeit ganz bei und in dir. Dann bedanke dich bei den Wesen, die dich begleitet haben, und verabschiede dich von ihnen so, dass du dich nun vollkommen erden und zentrieren kannst. Sei präsent im Hier und Jetzt. Der Kraftplatz, der Tintagel ist, und mit ihm die Große Göttin, segnen dich. Erzengel Michael segnet dich. Die Og Min segnen dich. Sei gesegnet. Jetzt und allezeit. Amen.

☆☆☆☆☆

8.8.8
Stonehenge – Kontakt zu den Sternengeschwistern

Stonehenge ist ein Sternentor. Das bedeutet, dass seine Energie wie eine riesige Antenne in den Kosmos strahlt. Dabei werden Impulse der Erde in das Universum gesandt, und die Sternenwesen und Sternenrassen antworten. Deshalb ist es so einfach, in Stonehenge mit Sternengeschwistern zu kommunizieren, vor allen Dingen mit den Og Min. Das tiefe, häufig unbewusste Wissen in den Menschen, von den Sternen zu kommen, lässt nach wie vor jährlich tausende nach Stonehenge pilgern. Mittlerweile ist es so, dass die großen Steine eingezäunt sind, sodass man nicht mehr direkt zu ihnen gehen kann. Das war eine Schutzmaßnahme, die vor einigen Jahren getroffen wurde. Es gibt aber die Möglichkeit, einen privaten Eintritt, morgens oder abends, gegen zusätzliches Entgelt zu beantragen. So kann man nach wie vor in das Innere des Steinkreises eintreten.

Für mich war es jedes Mal berührend, im Zentrum von Stonehenge zu sein, und sehr unterschiedlich, schon alleine vom Wetter her! Beim letzten Besuch goss es in Strömen, und der Winde wehte kalt. Ich kann mich nicht erinnern, jemals so bis auf die Haut nass geworden zu sein, dementsprechend fühlte es sich auch nicht sonderlich warm an. Trotz entsprechender Regenkleidung, Winterpullover etc. Der Kommentar der Geistigen Welt dazu war, wir sollten uns über den Regen freuen. Das ist kosmischer Humor. Manchmal ist er, nach irdischen Maßstäben gemessen, gewöhnungsbedürftig.

Du aber hast es da leichter: Wenn wir in den nächsten Kapiteln gemeinsam nach Stonehenge reisen, um die Verbindung zum Kosmos zu stärken, kannst du dir dabei das Wetter aussuchen, das du möchtest, bei dem du dich wohlfühlst und das für dich stimmig ist. Sonnig, trocken, angenehm warm zum Beispiel. Des Weiteren geht es bei dem Kontakt mit Stonehenge darum, unser Sternenerbe anzuerkennen und anzunehmen. So, wie die Feen- und Anderswelt einen Teil von uns darstellt, ist es auch das Sternenwissen in uns. Denn in uns Menschen vereinen sich Erde und Himmel. Wir benötigen beide Qualitäten, um in Harmonie zu sein und den Schritt in die Fünfte Dimension zu setzen.

Wenn wir uns auf Stonehenge einlassen, hast du nun mehrere Möglichkeiten dazu. Du kannst dich an deinen eigenen Besuch erinnern, falls du schon einmal dort gewesen sein solltest. Genauso gut kannst du ein Bild von Stonehenge vor dich legen oder dich darauf setzen, oder du stellst dir den Steinkreis vor deinem geistigen Auge vor und erschaffst ihn so für dich. Mache es, wie du möchtest. Du bist ein unbegrenztes Wesen, also nutze deine Fähigkeiten.

Jetzt möchte ich mit dir nach Stonehenge reisen. Dazu atme bitte tief ein und aus. Lass alles abfließen, was du nicht mehr benötigst, und fülle dich gleichzeitig mit Lebensfreude und Lebenskraft. Wenn du bereit dazu bist, nimm auf deine eigene Art mit Stonehenge Kontakt auf. Visualisiere den alten Steinkreis und betrachte ihn so lange von außen, bis du spürst, dass die Zeit gekommen ist, um in sein Zentrum einzutreten. Begrüße die Hüter des Kraftplatzes und bitte sie darum, dich in das Innerste zu lassen. Dann erlaube dir, in einer spiralförmigen Weise von außen nach innen an den mächtigen Steinen vorbeizuschreiten. Mit jedem Atemzug lass dich dabei mehr auf die Energie von Stonehenge ein. Komme in seiner Mitte an. Aktiviere dein Basiszentrum und lass deine Wurzeln tief hinein in die Erde wachsen. Darüber kann die Kraft des Steinkreises in dich einströmen, und so erfüllt sie die Gesamtheit, die du bist.

Verweile einige Augenblicke in der Wahrnehmung des Kraftortes und dem Fluss seiner Energien. Dann richte deine Aufmerksamkeit bitte auf dein Herz. Dort lass ein goldenes Licht erstrahlen und fülle alles, was du bist, damit. So förderst du das Bewusstsein der Einheit mit Allem-was-ist in dir. Nun wächst aus deinem Herzen ein goldener Lichtstrahl in den Kosmos. Einst versammelten sich Priesterinnen und Druiden zu besonderen Zeiten in diesem Steinkreis, so, wie du heute hierher gekommen bist. Dabei kommunizierten sie mit den Sternen und hießen Gäste aus den Weiten des Universums willkommen. Dein Strahl des Lichts führt direkt in den goldenen Tempel von

An. Dieser liegt auf dem mittleren Gürtelstein des Sternbilds Orion. Dort ist die Dualität bereits geheilt. Und Antwort kommt zurück. Dieses geschieht ebenso in Form von goldener Energie, die jetzt aus dem Herzen von An über den Lichtstrahl zu dir fließt. Erneut hat sich dadurch die Erde mit dem Himmel verbunden. Es gleicht einer Hochzeit, die in dir und durch dich geschehen ist.

Über die Verbindung, die du erschaffen hast, beginnen deine Geschwister, die du als Og Min bezeichnest, von An zu dir herabzusteigen. Atme tief ein und aus, um den Fluss der Energien zu fördern. Die Og Min nehmen Raum. Sie berühren dein Herz und lassen dabei sehr viel Leichtigkeit in dich einfließen. Sie bitten dich, vieles nicht so ernst zu nehmen. Sei in der Freude darüber, dass alles so ist, wie es ist. Die Og Min sind an deiner Seite, um dich zu unterstützen, die Leichtigkeit des Seins und die Freude des Lebens zu erfahren und zu genießen. Sie helfen dir, allen Stress und Druck, die Bemühungen, das mühselige Schaffen und dennoch nicht Erfüllung zu finden, abfließen zu lassen. Deine Sternengeschwister möchten sich mit dir verbinden, damit Leichtigkeit und Freude in deine Erschaffungen und Kreationen mit einfließen. Denn der Weg der Meisterschaft, den du begonnen hast zu gehen, ist ein Weg der Freude und der Leichtigkeit. Die Og Min sind an deiner Seite, um dieses nun in dir zu stärken. Denn die Präsenz der Og Min fördert deine Lebensfreude und Lebendigkeit.

Durch den Drang zu erschaffen und zu leben möchte einer der Og Min, die hier mit dir in diesem Kreis stehen, mit dir gemeinsam diesen alten Kraftort verlassen, um hinauszugehen in deine Welt. Die Og Min haben schon lange auf diesen Augenblick gewartet. Sie berühren weiterhin dein Herz. Sie laden dich ein, dich nun ganz bewusst auf die Energie der Og Min einzulassen. Dadurch kann auch derjenige deiner Sternengeschwister auf dich zutreten, der mit dir Stonehenge verlassen wird, um von jetzt an an deiner Seite zu sein. Erkenne sein Wesen. Er tritt aus seinem Kollektiv hervor und nennt dir seine Namensschwingung. Er ist dir ganz nahe, sodass sich eure Energiefelder zu überlappen beginnen. Dadurch finden eine Kommunikation und ein energetischer Austausch statt.

Wisse, dass an diesem Platz vor langer Zeit Initiationen stattgefunden haben. Dabei verschmolzen Sternengeschwister, die selbst keinen menschlichen Körper annehmen wollten oder konnten, mit ihrem Bewusstsein mit Priesterinnen und Druiden. Es fand eine Vereinigung statt, die zu einer Erweiterung des Bewusstseins beider Rassen diente. So geschah erneut eine Verbindung von Himmel und Erde, und eine Zusammenarbeit war möglich. Da du Kelch bist, heiliger Gral, der bereit ist zu empfangen, ist auch für dich eine solche Form der Begegnung möglich, wenn du möchtest. Du selbst entscheidest, wie weit diese Verschmelzung mit dem Og Min, der sich dir als dein Begleiter zeigte, nun stattfinden wird.

Erlaube dir, einige bewusste Atemzüge zu nehmen, um die Energien frei fließen zu lassen. Gehe jetzt in die Kommunikation, in den Austausch, mit deinem Og Min und erfahre dabei, was der tiefere Zweck dieser Vereinigung ist, auf welche Weise sie stattfindet und in welcher Art sich eure Zusammenarbeit entwickeln wird. Erkenne, dass es darum geht, die Energie der Og Min zu kanalisieren, um den Aufstieg in die Fünfte Dimension auch dadurch zu unterstützen. Verweile in der Begegnung mit Og Min so lange es für dich stimmig ist.

Wenn die Energieübertragung abgeschlossen ist, bedanke dich bitte bei dem Kollektiv der Og Min und der Kraft von Stonehenge und seinen Hütern. Gemeinsam mit deinem Og Min verlasse den Steinkreis in einer spiralförmigen Form: Dieses Mal von innen nach außen, erneut an den mächtigen Steinen vorbei. Bleibe mit deinem Og Min vor dem Kreis stehen. Verabschiede dich und löse dich nochmals von der heiligen Stätte des Lichts. Dann kehre mit deiner Aufmerksamkeit und gemeinsam mit deinem Og Min ins Hier und Jetzt zurück. Dehne deinen Körper sanft, erde und zentriere dich. Nimm wahr, dass der Og Min an deiner Seite ist. Wann immer du möchtest, gehe mit ihm in Kommunikation. Du hast einen neuen Freund gewonnen, der dich auf deinem Weg begleitet. Sei vollkommen präsent. Jetzt. Sternenlicht segnet dich. Sei gesegnet. Allezeit. Amen.

☆☆☆☆☆

8.8.1
Heilungsmeditation mit den Og Min

Dieses ist eine wunderbare Meditation, die vor allen Dingen auch deinen physischen Körper in der Zeit des Übergangs stärkt. Ich bitte dich, sie öfters zu machen und auch mit anderen zu teilen.

☆☆

Mache es dir bitte bequem und entspanne dich auf deine eigene Art und Weise. Atme tief ein und aus, um ganz im Hier und Jetzt anzukommen. Gehe mit deiner Aufmerksamkeit zu deinem Herzen. Darin lass eine Blume blühen, die in den zwölf unterschiedlichen Farben, in denen es Turmalinsteine gibt, leuchtet. Diese steigen aus ihr empor und durchdringen die Gesamtheit, die du bist. Die Turmalinschwingung dehnt sich über dich aus und beginnt, in dir und um dich in einer spiralförmigen Art und Weise zu tanzen. Dadurch trägt sie dein Bewusstsein empor, höher und höher, und reist mit dir erneut zu dem Kraftort, der Stonhenge ist.

Du kommst vor dem alten Steinkreis an. Nachdem deine Füße den Boden berühren, erkenne, dass eine sanfte Vibration die Erde erschüttern lässt, so, als würde sie leicht beben. Diese Erschütterung setzt sich durch die Gesamtheit, die du bist, fort. Sie ist sehr heilsam, weil sie in dir etwas in Bewegung bringt, beispielsweise Verhärtun-

gen oder Erstarrtes, egal, in welcher Ebene deines Seins diese sind.

Nimm wahr, dass die Steine von Stonehenge in goldenem Licht leuchten und sie eine große Lichtkuppel umgibt. Aus ihrem Zentrum erhebt sich eine kraftvolle Lichtsäule, die weit in den Himmel reicht. Sie mündet erneut im goldenen Tempel von An. Erinnere dich daran, dass früher Energien aus den Weiten des Universums gerufen wurden, hier über das Sternentor, das Stonehenge ist, das Antlitz der Erde zu betreten. Das Kraftfeld des Steinkreises potenzierte sich dadurch immer weiter. Auch das Bewusstsein des Christus wurde hier mit in die Materie gerufen. Deshalb erscheint nun erneut das Symbol eines Kelchs, der über den goldenen Lichtstrahl zu An, von dort bis zur Lichtkuppel über Stonehenge schwebt, groß und sanft. Ein Gesang liegt in der Luft. Seine Töne erwecken die Steine, und sie beginnen zu antworten. Aus sich selbst heraus singen sie uralte Lieder.

Mittlerweile haben über den Lichtkanal auch deine Sternengeschwister, die Og Min, Raum genommen. Dein dir bereits vertrauter Begleiter kommt dir aus dem Zentrum von Stonehenge entgegen, um dich einzuladen näherzutreten. Erlaube dir, dich erneut auf die Gegenwart der Og Min einzulassen. Dein Og Min begrüßt dich, indem er zuerst dein Drittes Auge berührt. Dann legt er seine Hand auf dein Herz und durchströmt deinen Körper mit Impulsen des Lichts. Dadurch findet in dir eine Öffnung statt. Dein Og Min dreht sich um und geht dir voraus. Folge ihm. Er führt dich an den großen Steinen vorbei in das Zentrum der Kraft. Dabei durchschreitest du einen Schleier der Illusion von Zeit und Raum, wodurch du eine andere Welt betrittst. So erkennst du, dass du jetzt gemeinsam mit jenen Seelen im Herzen des Steinkreises bist, mit denen du bereits vor langer Zeit hier an diesem Ort gewirkt hast. Dein Og Min bittet dich, deine Schuhe auszuziehen, weil das für die Kommunikation mit Mutter Erde wichtig ist. Das ist generell eine Empfehlung, auch über diese Reise hinaus. Denn wenn deine Füße die Erde direkt spüren dürfen, aktivieren sich dadurch Energiepunkte, die an ihnen sind. Das stärkt die Gesamtheit, die du bist, und schenkt deinem Körper Balance.

Nun stellt sich dein Og Min hinter dich und lädt dich ein, dich anzulehnen. Er legt dir sanft seine Hände auf die Chakren, die jetzt Unterstützung benötigen, um das pulsierende Licht des goldenen Strahls, der in Stonehenge wirkt, ganz aufnehmen zu können. Erlaube dir wahrzunehmen, dass sich vor dir die Erde leicht öffnet. Sie gibt den Blick auf eine goldene Treppe frei, die in das Innere von Gaia führt. Dein Og Min bittet dich, mit ihm gemeinsam die Stufen in den Schoß der Erde hinabzusteigen. Dein Weg führt dich in eine Turmalinhöhle. Alle Formen und Farben, in denen es Turmaline gibt, sind hier vorhanden und leuchten dir entgegen. In der Mitte der Höhle liegt eine wundervolle, große Turmalinscheibe, die ebenso in den unterschiedlichen Farben der einzelnen Turmalinschichten strahlt. Dein Og Min lädt dich ein, dich jetzt auf diese Steinplatte zu legen. Mache es dir auf ihr bequem. Nimm wahr, wie eine Welle des Lichts, eine Welle der Liebe von ihr ausgeht und die Gesamtheit, die du bist, auf und annimmt, dich begrüßt und durchströmt. Dein Og Min sagt zu dir, dass du alle Tränen weinen darfst, sie fließen lassen darfst, die sich im Laufe so vieler Leben angesammelt haben und noch in dir sind. Schenke dir selbst die Erlaubnis, frei sein zu dürfen und Befreiung anzunehmen. Er bittet dich, jeglichen Druck und alle Spannungen, die in dir sind, loszulassen. Er bestätigt dir erneut, dass du zu Hause angekommen bist.

Durch die Berührung mit der Energie von Og Min beginnst du dich jetzt an deine Sternenherkunft zu erinnern. Du bist in diesem Universum bereits weit gereist. Nun ist es an der Zeit, dich auf eine neue und gleichzeitig alte Weise mit den Turmalinschichten dieser Erde zu verbinden. Damit du ganz in deinem physischen Körper ankommen und sein und das Sternenlicht, das du bist, auf der Erde ausdrücken und leben kannst. Aufgrund deiner Erfahrungen in der nicht geheilten Dualität trägst du nach wie vor immer wieder Ängste in dir. Dann zweifelst du daran, dass das Leben in der Materie wirklich erfüllend und frei von Schmerz und Leid sein kann. Die Rückbindung an deine Sternenheimaten fördert die Stabilität in der Materie und in deinen Körpern. Deshalb bittet dein Og Min dich jetzt, einen tiefen Atemzug zu nehmen. Er nimmt einen besonders leuchtenden Turmalin in seine Hände. Seine Form gleicht einem Laserkristall, und es ist ein Stein, der erneut das gesamte Farbspektrum aller Turmalinschichten in sich trägt.

Dein Og Min beginnt, mit dem Turmalin an deinen Füßen zu arbeiten. Dabei sendet seine Spitze Lichtimpulse aus, die tief unter deine Haut gehen. Sie aktivieren erneut

Energiepunkte in deinen Füßen, die eine freie Kommunikation mit der Erde als auch mit deinem physischen Körper fördern. Dadurch kann in deinem physischen Sein das Bewusstsein, dass du mit allem genährt und versorgt wirst, was du benötigst, wachsen, sodass es keiner Mangelerscheinungen mehr bedarf. Dein Og Min wirkt mit diesem Kristall und öffnet Energiebahnen, die mit deinen Füßen und ihren Energiepunkten in Verbindung stehen und nicht mehr frei fließen konnten. Auf der Höhe deiner Knöchel löst er Ablagerungen, sodass die Informationen, die du über deine Fußsohlen aufgenommen hast, sich ungehindert in der Gesamtheit deines Seins ausdehnen können. Generell fokussiert sich das Licht des Turmalins jetzt auf Verkalkungen und Abnutzungen innerhalb deines physischen Körpers und bringt diese in die Auflösung. Nimm einige bewusste Atemzüge und erlaube dir, das Geschenk der Heilung anzunehmen.

Dann richtet dein Og Min seine Aufmerksamkeit auf den Energiefluss innerhalb deiner Meridiane, um darüber deine Organe mit dem Licht des Turmalins zu stärken und zu unterstützen. Das Licht des Kristalls dringt tief in deinen physischen Körper ein und fördert in ihm Erneuerung und Regeneration. Dein Og Min wirkt mit dem Turmalin an deinen Beinen, im Bereich deiner Hüften und deines Unterbauchs, um den Energiefluss der Kraft, Gesundheit und Lebensfreude zu stärken. Dann arbeitet der Og Min an deinem Oberbauch, deinem Brustbereich, deinen Armen und Händen. Er weitet und aktiviert dein physisches Sein. Alles, was Körper ist, berührt dein Og Min mit dem

Turmalin, und lässt Licht einströmen. In deinem Hals und Kopfbereich, überall sendet dein Og Min seine Lichtimpulse aus. Erkenne, wie durchlässig dein Körper eigentlich ist. Erfahre auf deine eigene Art und Weise, dass er reine Energie, reines Licht, reines Bewusstsein ist.

Während dein Og Min deinen Körper durchwirkt, löst er weiter alte Erinnerungen und Belastungen, beispielsweise deine Angst, ausgeschlossen zu sein, einsam, isoliert und ausgegrenzt. Alle diese Speicherungen gehören zur nicht geheilten Dualität. Sie dienen dir nicht mehr. Lass sie frei. Erkenne, wer du wirklich bist. Lass dein Licht strahlen. Erfahrungen, die du in den feinstofflichen Ebenen bereits gelöst hast, können manches Mal noch in deinem physischen Körper weiter bestehen, zum Beispiel in der Muskulatur, was du unter anderem als Verspannungen wahrnehmen kannst. Dein Og Min bittet dich, deinem physischen Körper jetzt die Erlaubnis zu geben, auch diese Zellinformationen loszulassen. Die Schwingungen des Turmalins unterstützen dieses. Atme es tief in dich ein und stelle es dir zur Verfügung. In jede kleinste Zelle nimm es auf, genauso, wie die Energie des Og Min, der mit dir ist. Seine Botschaft an dich ist Freiheit und Leichtigkeit in deinem physischen Sein. Lass sie in dir Raum nehmen. Erlaube dir zu erkennen, wie weich dein Körper dadurch wird, wie transparent. Auch er ist mit Allem-was-ist verbunden.

Verweile, so lange es für dich stimmig ist und dein Og Min und die Turmalinschwingungen in dir noch etwas zu lösen finden. Wenn alle Energien in dir frei fließen, verneigt sich dein Og Min leicht vor dir und legt den Kristall zur Seite.

Nun bittet er dich, dich ganz sanft und behutsam von der Turmalinscheibe zu erheben und aufrecht zu stehen. Spüre bewusst den Boden unter deinen Füßen und strecke die Arme in die Höhe. Deine Fingerspitzen berühren dabei die Turmalinwand. Nimm erneut einige tiefe Atemzüge. Dabei steigt die Energie der Turmaline über deine Füße in dich auf und erfüllt dich. Gleichzeitig strahlt sie über deine Finger ein, fließt durch dich hindurch und über dein Basiszentrum und deine Füße wieder ab in die Erde. Bitte atme bewusst ein und aus und verinnerliche und integriere dadurch die Schwingung der Turmaline. Dadurch nimmst du dein kosmisches Erbe und deine Sternenherkunft an, und darüber findet die Rückbindung an deine Sternenheimat statt.

Lass die Energien nun so lange über und durch dich fließen, wie dieses erforderlich ist. Erkenne, dass du ein Vermittler zwischen Himmel und Erde bist. Wenn es für dich stimmig ist, bittet dein Og Min dich, dich sanft aus der Höhle und von den Turmalinen zu lösen. Bedanke dich bei ihrem Licht und ihrer Unterstützung. Dann führt dich dein Og Min über die goldene Treppe zurück aus dem Inneren der Erde. Du kommst auf der Oberfläche an, und die Öffnung schließt sich wieder. Dein Og Min lädt dich ein, erneut den Boden unter deinen Füßen zu spüren, die Kraft, die von ihm ausgeht. Sei mit deiner Aufmerksamkeit ganz bei und in dir und spüre auf deine eigene Art und Weise deinen Energiefluss. Auch sonst, in deinem alltäglichen Sein, halte immer wieder inne, um die Erde unter deinen Füßen wahrzunehmen. Sie trägt dich, sie tut dir gut, sie nährt dich. Sie ist immer für dich da. Vertraue ihr.

Wenn du nun nach oben blickst, erkennst du immer noch den Kelch, der in der Verbindung zu An über Stonehenge schwebt. Dein Og Min geht auf ihn zu und nimmt ihn in seine Hände. Dementsprechend verändert er seine Größe, sodass er ihn zu dir bringen kann. Dein Og Min reicht dir das Gefäß. Zu Beginn deiner Reise sagte dir die Geistige Welt, dass es ein Ausdruck der Christusenergie, die hier auf und über diesen Ort wirkt, darstellt. Bitte trinke aus diesem Kelch und fühle dabei deine eigene Christuspräsenz, die in dir ist und die du bist. Im Anschluss daran trinkt auch dein Og Min aus diesem Kelch und hält ihn dir dann an dein Herz. Das Gefäß beginnt zu schmelzen. Es wird zu einer goldenen, flüssigen Energie, die in dein Herz strömt und sich mit dir vereint. Erkenne, dass du fleischgewordene ICH BIN Präsenz bist.

Dein Og Min nennt dir erneut seinen Namen, dessen Klang den gesamten Steinkreis erfüllt und dein Herz tief berührt. Dadurch vertiefen sich der Kontakt und der Austausch mit deinen Sternengeschwistern. Dein Og Min nimmt dich in seine Arme. Atemzug für Atemzug vereinen sich eure Schwingungsfelder mehr miteinander, bis ihr eine Einheit seid. Erlaube dir, Og Min in deinem Basiszentrum zu sein. Erlaube dir, Og Min in deinem zweiten Chakra zu sein. Erlaube dir, Og Min in deinem Solarplexus zu sein. Erlaube dir, Og Min in deinem Herzen zu sein. Erlaube dir, Og Min in deinem Kommunikationszentrum zu sein. Erlaube dir, Og Min in deinem Dritten Auge zu sein. Erlaube dir, Og Min in deinem Kronenchakra zu sein. Jetzt.

Wisse, dass die Kommunikation, die Begegnung, die Einheit mit den Og Min Teil deines Seelenplans ist. Deshalb erlaube dir nun weiter, eins mit der Schwingung deines Og Mins zu sein. Erlaube dir, Og Min in deinem spirituellen Körper zu sein. Erlaube dir, Og Min in deinem mentalen Körper zu sein. Erlaube dir, Og Min in deinem emotionalen Körper zu sein. Erlaube dir, Og Min in deinem physischen Körper zu sein. Jetzt.

Goldenes Licht durchströmt dich und hüllt die Gesamtheit, die du bist, ein. Lass die Energien und die Verschmelzung so lange weiterfließen, bis du den Impuls erhältst, dass sie abgeschlossen ist. Von nun an bist du ein Teil des Kollektivs der Og Min in der Materie. Es liegt in deinen Händen, wie du dieses leben möchtest. Das Licht von Vater- Mutter-Gott segnet dich jetzt und allezeit.

In der Verbindung und der Einheit mit deinem Og Min atme bewusst ein und aus. Bedanke dich bei Stonehenge und seinen Hütern, der Gemeinschaft der Og Min und dem goldenen Licht von An. Dann finde deinen Weg erneut aus dem Inneren des Steinkreises hinaus, um ihn nochmals von außen zu betrachten. Es ist ein besonderer Ort. Nun löse dich davon und kehre mit deiner Aufmerksamkeit ganz ins Hier und Jetzt zurück. Zentriere und erde dich. Goldene Energie durchströmt dich weiterhin und hüllt dich ein. Du bist eins mit deinem Og Min. Pflege diese Verbindung achtsam und liebevoll. Sei vollkommen präsent. Jetzt. Sei gesegnet. Amen.

8.8.8
Deine kosmischen Eltern

Bei der nächsten Meditation begegnen wir deinen kosmischen Eltern. Jeder Mensch hat eine kosmische Mutter und einen kosmischen Vater. Der Kontakt zu ihnen fördert die Annahme des Lichtwesens, das du bist. Dadurch fällt es dir leichter zu erkennen, dass du hier auf der Erde zwar verschiedene Erfahrungen machst, dein Ursprung jedoch ganz woanders liegt. Die Begegnung stärkt dein Selbstbewusstsein und Selbstverständnis, Kosmischer Mensch zu sein. Durch das Einlassen auf deine kosmischen Eltern heilst du dein Inneres Kind. Es unterstützt die Lösung von Konflikten innerhalb deiner Herkunftsfamilie, sowohl aus diesem Leben, als auch aus früheren Inkarnationen, denn meistens bestehen hier Zusammenhänge. Deine kosmischen Eltern können dir alles geben, was du jemals von einer Mutter und einem Vater benötigt hättest. Dadurch kann Urvertrauen in dir wachsen und oben genannte Themen heilen.

Selbst wenn dir deine kosmischen Eltern schon vertraut sind, ist es immer wieder empfehlenswert, in die Verbindung mit ihnen einzutreten. Auch dabei entdeckst du möglicherweise eine Wandlung und Entwicklung, die ein Spiegelbild deiner eigenen Entfaltung ist. Manchmal ist es so, dass sich dir deine kosmischen Eltern als Wesen zeigen, die dir einen Namen nennen, eine Sternenebene, woher sie kommen, oder etwas Ähnliches in dieser Art.

Das können zusätzliche Informationen sein, die dir im Hier und Jetzt helfen können, dich zu stärken. Sie sind aber nicht erforderlich. Denn es geht bei der Kommunikation mit deinen kosmischen Eltern um ein Schwingungsfeld, um ein Bewusstsein, auf das wir uns im Folgenden einlassen werden.

Diese Meditation gab uns die Geistige Welt bei einem Seminar in Woldert durch. Sie wird von der Energie der Og Min getragen, die uns ein Stück weit Brücke in den Kosmos sind. Deshalb passt sie für mich wundervoll an dieser Stelle in das Buch. Bitte lies auch diese Meditation öfters durch, beziehungsweise teile sie mit anderen, denn sie unterstützt unsere Geburt zu den kosmischen Kindern, die sich zum Kosmischen Menschen entwickeln dürfen, sehr. Wenn du möchtest, kannst du erkennen, dass deine kosmischen Eltern für Vatergott und Muttergott stehen. Du lässt dich sozusagen auf ein Schwingungsfeld des Ursprungs ein. Letztendlich ist alles ein Teil der Quelle. Deshalb kommunizieren wir immer mit ihr. Selbst wenn wir mit Engeln, Aufgestiegenen Meistern oder Sternenwesen sprechen, unterhalten wir uns mit der Quelle. An sich ist sie so allumfassend, dass uns der Austausch mit ihren Aspekten manchmal leichter erscheint, als direkt mit dem gesamten großen Ganzen. Das können wir nämlich mit unseren menschlichen, linearen und auch mentalen Strukturen gar nicht erfassen, sondern nur erahnen. Letztendlich kommunizieren wir immer mit einem Teil der Quelle und über diesen mit der Gesamtheit, die Vater-Mutter-Gott ist. Beides findet zur gleichen Zeit statt. Wenn jemand sagt, er spricht mit der Quelle, tauscht er sich gleichzeitig mit Erzengel Gabriel, Lady Nada etc. aus. Wenn ein anderer sich mit Erzengel Michael oder Meister Hilarion unterhält, redet er mit der Quelle. Es gibt keine Trennung. Es kann sie gar nicht geben, weil wir uns sonst selbst widersprechen würden. Nämlich mit der Aussage, dass wir und alles eins sind. Deshalb sollten und können wir in der Verbindung und Kommunikation mit der Geistigen Welt aufhören zu werten. Alles ist ein Teil der Quelle und enthält gleichzeitig ihre Gesamtheit. Dein Schutzengel, dein Hohes Selbst, die Erzengel, die Aufgestiegene Meister, die Sternenwesen, die Geistführer, die Quelle – alles ist gleichwertig. Verstehst du? So, jetzt aber genug gequasselt!

☆☆

Nun mache es dir bitte bequem und lass uns auf die nächste Reise gehen. Nimm einige tiefe Atemzüge, lass alles Gehörte und Gesagte abfließen und komme ganz im Hier und Jetzt an. Gehe mit deiner Aufmerksamkeit zu deinem Basiszentrum und lass deine Wurzeln tief hinein in den Schoß der Erde wachsen. Atme die Liebe von Gaia in dich ein. Diese Liebe erfüllt die Gesamtheit, die du bist. Diese Liebe berührt dein Inneres Kind und schenkt ihm alles, was es benötigt, um sich jetzt wohlzufühlen.

Die Geistige Welt bittet dich, nochmals bewusst ein- und auszuatmen und dabei weiße Energie in dich aufzunehmen. Erlaube dir wahrzunehmen, wie das weiße Licht nun deinen physischen Körper durchströmt. Es erfüllt dein emotionales, mentales und spirituelles Sein. Über das weiße Licht fließt der Segen von Erzengel Gabriel zu dir. Gabriel nimmt Raum, um dich auf die nächste Reise zu begleiten. Des Weiteren kommen noch Erzengel Raphael und Erzengel Michael hinzu. So bist du im Engelslicht behütet und geborgen. Jetzt.

Gabriel nimmt dich an die Hand und lädt dich ein, ihm zu folgen. Der Engel bittet dich, dich einfach führen zu lassen. Dein Verstand braucht nicht zu denken, nicht zu verstehen. Entspanne dich und genieße. Gabriel fordert dich auf, einen tiefen Atemzug zu nehmen, um gemeinsam mit ihm leicht zu werden und leicht zu sein. Er trägt dich über deinen Raum empor, über dein Haus, über den Ort, an dem du gerade bist, über dein Land, und bringt dich in ein Gebiet, das du heute als Himalaya bezeichnest. Der Erzengel reist mit dir in den ätherischen Tempel, der über dem Himalaya ist. Er ist eine leuchtende Stätte des Lichts, ein Ort, an dem Aufgestiegene Meister und Lichtwesen wirken und sich begegnen.

Komme nun mit Gabriel dort an. Erkenne die große Freude, die die Wesen empfinden, weil du heute gekommen bist. Viele Engel und Lichtgestalten erwarten dich bereits. Lady Nada, El Morya, Mutter Maria und Meister Jesus, alle sind sie hier. Gemeinsam mit den anderen Lichtwesen, die zu deinem Weg gehören, heißen sie dich willkommen. Sie nehmen dich wie ein gleichwertiges Wesen in ihren Kreis auf. Deine Geschwister bitten dich aufzuhören, an deinem Wert zu zweifeln, dich unterzuordnen und die Geistige Welt als etwas weiter Entwickeltes und

Übergeordnetes wahrzunehmen. Du bist ein Teil dieser Geistigen Welt. Du bist ihnen Bruder und Schwester.

Nachdem sie dich herzlich begrüßt haben, geleiten sie dich gemeinsam mit Gabriel in das Innere der Lichtstätte. Dieser Ort ist dir vertraut, denn deine Seele besucht ihn immer wieder, während du schläfst. Sie kommt hierher, um im Austausch zu sein und zu lernen. Du wirst zu einem großen, klaren Kristall geführt. Er hat ein goldenes, aurisches Schwingungsfeld. Es ist ein Meisterkristall. Das bedeutet, dass er eine besondere Aufgabe erfüllt. Er ist so ausgerichtet und positioniert, dass er mit den Sternen kommunizieren kann.

Die Wesen, die mit dir sind, laden dich ein, den Hüter des Kristalls wahrzunehmen. Begrüße auch ihn und bitte ihn, dich nun in die Geheimnisse dieses Kristalls einzuweihen. Er gestattet dir die Bitte. So berühre nun den Kristall mit deinen Händen. Dabei wird er aktiviert und beginnt zu vibrieren. Atme die Kraft des Kristalls in dich ein und nimm sie auf. Dadurch wirst du durchlässig und bereit, die nächsten Schritte zu setzen. Durch die Energie, die der Kristall aussendet, findet eine Anziehung statt. Sanft und behutsam kommst du ihm näher und gleitest durch ihn hindurch. Du wirst von ihm aufgenommen und bist nun in seinem Inneren. Hier ist eine Kraft wirksam, die dich erneut emporhebt. Deine Reise geht weiter. Dein Bewusstsein schwebt durch den Kristall hindurch. Er ist auf das Sternbild des Orion ausgerichtet. Auf den Tempel von An, der dir bereits schon sehr vertraut ist.

Atme tief ein und aus und lass dich zur goldenen Flamme ins Zentrum des Tempels von An tragen. Komme dort an. Spüre auf deine eigene Art und Weise ihre Kraft und Reinheit. Bitte visualisiere mit deinem nächsten Atemzug, dass du im Inneren des Feuers stehst. So lass dich ganz auf diese goldene Energie ein. Ihr Licht durchströmt deine Chakren und Körper. Lass dabei alles abfallen, was dich klein macht und behindert. Erstrahle in deiner Essenz. Erstrahle in deinem wahren Wesen. Erkenne deine Unvergänglichkeit, deine Weisheit und Größe.

Während du in dieser goldenen Flamme bist und ihre Energie auf und annimmst, betreten liebevolle Sternenwesen, die Og Min, den Raum. Sie positionieren sich in einem Kreis um dich. Sie freuen sich über deine Gegenwart und beginnen damit, dir Energie zu übertragen. Dabei regen sie die Aktivität deines Dritten Auges und deiner Zirbeldrüse an. Sie sprechen zu dir: „Wir sind Og Min. Wir berühren dein Herz, um es zu erweitern. Wir wandeln es, sodass sich dadurch dein kosmisches Bewusstsein entwickelt und du dich als einen Teil des großen Ganzen wahrnimmst. Erneut lösen sich dadurch Unsicherheit und Zweifel in dir. Gehe heraus aus der Isolation und tritt in den kosmischen Fluss des Lebens ein. Dieser wird jetzt durch das goldene Licht, in dem du dich befindest, repräsentiert. Die Goldschwingung berührt deinen Thymus. Dort transformiert sie einschränkende Prägungen, die Schleier der Illusion, die dich daran hindern, dich ganz und als Sternenwesen, das du bist, wahrzunehmen. Durch die Berührung deines Thymus wird nun zusätzlich eine Schwingungsquali-

tät eingespeist. Diese wird als diamantfarbenes Licht, als Thronenergie, bezeichnet. Dadurch beginnt dein Thymus zu pulsieren und dein dir innewohnendes Sternenwissen wird aktiviert. Dieses beginnt, sich gemeinsam mit der Diamantschwingung in der Gesamtheit, die du bist, auszudehnen. Das fördert und beschleunigt die Entfaltung deines Lichtkörpers im Hier und Jetzt.

Wenn du jemanden kennst, der eine Schilddrüsenfehlfunktion hat, bitte ihn, seinen Thymus auf diese Art zu durchwirken. Rege ihn an, Thronenergie einzuspeisen und seinen Lichtkörper zu stärken. Die Schilddrüsenfehlfunktionen stehen mit einem ungleichen Energiefluss innerhalb der Körper in Verbindung, der aufgrund eines Spannungsfelds bei der Vereinigung von Seele mit Persönlichkeit entsteht. So kannst du dieses ausgleichen. Des Weiteren fordern wir dich auf, nicht mehr an dir zu zweifeln und dich in Frage zu stellen. Es ist eine Form der Verschwendung von Energie, die nicht mehr erforderlich ist. Du hast eigentlich eine andere Aufgabe zu erfüllen. Wenn du diese Zeilen liest, bist du eine Lehrerin, ein Lehrer, eine Botschafterin, ein Botschafter der Neuen Zeit.

Nun bitten wir dich, dich an dein wahres Wesen zu erinnern, an den Sternenstaub, der in dir ist und aus dem du geboren bist. Alles, was in diesem Universum ist und darüber hinaus existiert, ist aus dem gleichen Sternenstaub erschaffen. Mit allem bist du verbunden. Erkenne erneut deine Unendlichkeit. Dein wahres Wesen berührt den Kosmos und durchdringt die Erde. Halte dich nicht auf mit – aus unserer Sicht – Kleinigkeiten und Lappalien wie

Selbstzweifel oder Selbstkritik. Lass dich auf dein wahres Wesen ein. Erlaube dir, du selbst zu sein. Ein Sternenwesen! Atme bewusst ein und aus und dabei nimm an, wer du wirklich bist. Alle Möglichkeiten sind dir offen.

Wir laden dich ein, das goldene Feuer, das um dich lodert, jetzt so auszudehnen, dass daraus ein großer Raum entsteht. Wir sind mit dir darinnen und bitten dich, nun bereit zu sein, deinen kosmischen Eltern zu begegnen. Erlaube dir, auf deine eigene Art und Weise wahrzunehmen, dass sowohl deine kosmische Mutter als auch dein kosmischer Vater den goldenen Raum, in dem du bist, betreten. Egal, ob du sie siehst, fühlst, hörst, schmeckst oder riechst oder nichts von alledem, gehe davon aus, dass sie da sind. Jetzt.

Erkenne, dass deine kosmische Mutter die Urweiblichkeit repräsentiert und dein kosmischer Vater die Urmännlichkeit. Beides ist im Gleichgewicht, und eine ganz tiefe Liebe, die jenseits von Worten ist, verbindet sie zu einem Sein. Aus diesem Sein bist du geboren. Das ist dein Ursprung, deine Quelle. Atme bitte die Gegenwart deiner kosmischen Mutter und deines kosmischen Vaters in dich ein. Lass sie in dir strömen, sodass dadurch eine geheilte Form von männlicher und weiblicher Energie in dir entstehen und wachsen kann. Diese unterstützt dich, das Bewusstsein deiner Androgynität, das auch zu deinem wahren Wesen gehört, in dir zu erleben und zu manifestieren. Denn die Heilung deiner Weiblichkeit, die Heilung deiner Männlichkeit, die Heilung deiner Verbindung zu deinen Ahnen findet über und durch dieses androgyne, gleichwertige Sein in dir statt.

Wir bitten dich, dich von deinen kosmischen Eltern, den ursprünglichen Urkräften der Quelle, berühren zu lassen. Dadurch löst du dich aus den Begrenzungen der Dritten Dimension, der nicht geheilten Dualität, heraus. Du beginnst, du selbst zu sein. Durch die Berührung von deinen kosmischen Eltern erweitert sich nun dein Bewusstsein. Lass es geschehen. Es ist ganz leicht. Spüre die bedingungslose Liebe, die von deinen kosmischen Eltern zu dir strahlt. Es gibt keine Bewertung deines Seins. Du bist in deiner Ganzheit angenommen.

Deine kosmischen Eltern umarmen dich, und alles, was du dir seit Jahrhunderten und vielen Inkarnationen von deinen biologischen Eltern immer wieder gewünscht hast, findet jetzt Erfüllung. Diese, deine kosmischen Eltern können dir alles geben, alles schenken, was du brauchst und was dir zusteht. Atme bewusst, um es anzunehmen. Jetzt. Durch die Verbindung zu deinem Ursprung wirst du in deinem Menschsein frei, weil du die Erfüllung deiner Bedürfnisse über deine kosmischen Eltern erfährst. Das verändert deine Begegnungen. Sie werden von Unabhängigkeit und Freiheit getragen und aus der Vollkommenheit deines wahren Wesens heraus manifestiert sein. Durch die Berührung mit deinen kosmischen Eltern kannst du deine Größe leichter annehmen und leben. Von deinen kosmischen Eltern fließt erneut bedingungslose Liebe zu dir. Sie schenkt dir Geborgenheit und die Sicherheit, so angenommen zu werden, wie du bist.

Deine kosmische Mutter und dein kosmischer Vater lösen sich aus der Umarmung mit dir, um sich hinter dir zu positionieren, so, wie es die Aufgabe von Eltern ist. Deine kosmische Mutter steht an deiner linken Seite und dein kosmischer Vater zu deiner Rechten. Sie geben dir Halt und Stabilität, und ihre Präsenz erleichtert deinen Weg. Das goldene Licht, das den Raum erfüllt, schafft eine Integration der Kräfte und eine dauerhafte Verbindung zu deinen kosmischen Eltern. Jetzt. So findet die Wahrnehmung deines wahrhaftigen Seins statt. Jetzt. So aktiviert sich dein Lichtkörper. Jetzt. So nimmst du deine Sternenherkunft und dein Sternendasein an. Jetzt. Bestätige das mit einigen bewussten Atemzügen. Jetzt. Empfange den Segen der Quelle über deine kosmischen Eltern. Erwache, indem du dich selbst erkennst. Der Segen der Og Min, die wir sind, berührt dich genauso wie der Segen des goldenen Tempels von An mit seiner goldenen Flamme.

Gemeinsam mit deinen kosmischen Eltern löse dich nun aus dem goldenen Raum, in dem du bist. Reise mit ihnen von An durch einen Lichtstrahl zurück in den Meisterkristall, woher du gekommen bist. Komme dort bewusst mit deinen kosmischen Eltern an, die hinter dir stehen. Durch einen tiefen Atemzug tritt mit ihnen aus dem Kristall heraus. Siehe die Freude und den Jubel deiner Lichtgeschwister, die hier auf dich gewartet haben. Erzengel Gabriel tritt vor. Er geleitet dich mit deinen kosmischen Eltern durch die Lichtstätte des Himalayas. Erlaube dir, dich nun von deinen restlichen Begleitern zu verabschieden, deren Segen du für deinen weiteren Weg erhältst. Dann führt dich Gabriel mit deinen kosmischen Eltern zurück. Er bringt dein Bewusstsein über das Land, in dem du bist, über deine Stadt, dein Dorf, dein Haus, deinen Raum, ganz in deinen physischen Körper. Komme als Lichtwesen, das du bist, an und erkenne, dass auch dein physischer Körper Licht ist.

Deine kosmischen Eltern stehen weiterhin hinter dir. Sie unterstützen dich, wann immer du etwas in die Umsetzung und in die Manifestation bringen möchtest. Sie helfen dir, Freiheit zu finden und zu leben, hier auf der Erde in deinem menschlichen Sein. Dein kosmischer Vater legt seine Hand auf deine rechte Schulter und lässt Leichtigkeit einströmen. Deine kosmische Mutter legt ihre Hand auf deine linke Schulter und lässt hier Leichtigkeit einströmen. In dieser Verbindung mit deinen kosmischen Eltern erlaube dir, als das Lichtwesen, das du im Hier und Jetzt bist, dein Herz ganz weit zu öffnen. Lass aus ihm nun Liebe, Dankbarkeit und Segen ausströmen. Sende es bewusst zu deinen Eltern, Großeltern, zu deinen Ahnen aus dieser Inkarnation und auch aus anderen Leben. Alles, was dich hier bindet, was dich belastet, findet dadurch Transformation und seinen Weg in die Heilung. Erkenne an, dass alle Seelen ihren Beitrag geleistet haben, damit die Fünfte Dimension erschaffen werden kann und konnte. Alle Erfahrungen, die du mit ihnen gesammelt hast, dienten einem Zweck: der Vollendung, der Geburt des neuen Morgens. Was auch immer dich in diesem Zusammenhang schmerzte und verletzte, findet durch die Rückbindung an deine kosmischen Eltern Erlösung. Du bist frei. Nutze diese Freiheit von jetzt an, um das Lichtwesen, das du bist, zu sein.

Von deinen gesamten biologischen Ahnen aus allen Inkarnationen hindurch fließen nun Segen und Dankbarkeit zu dir zurück. So schließt sich der Kreis, und ein Gleichgewicht der Kräfte nimmt Raum. Atme tief ein und aus und spüre die Weite, die in dir gewachsen ist. Gabriel segnet dich. Jetzt. Raphael segnet dich. Jetzt. Michael segnet dich. Jetzt. Das Sternenwesen, das Gaia ist, segnet dich auch. Jetzt. Deine kosmischen Eltern sind mit dir. Sei im Frieden und in deiner Kraft. Bedanke dich bei den Engeln und allen Wesen, die dich begleitet haben. In dem Wissen und in der Gewissheit, dass deine kosmischen Eltern von jetzt an immer mit dir sind, erde und zentriere dich. Sammle und fokussiere dich, um ganz präsent zu sein. Sei gesegnet. Amen.

☆☆☆☆☆

Der Artusweg

Endlich beginnen wir, mit den einzelnen Puzzleteilen das Gesamtbild zu erstellen. Anbei findest du eine Skizze, damit die Zusammenhänge für dich leichter nachvollziehbar sind.

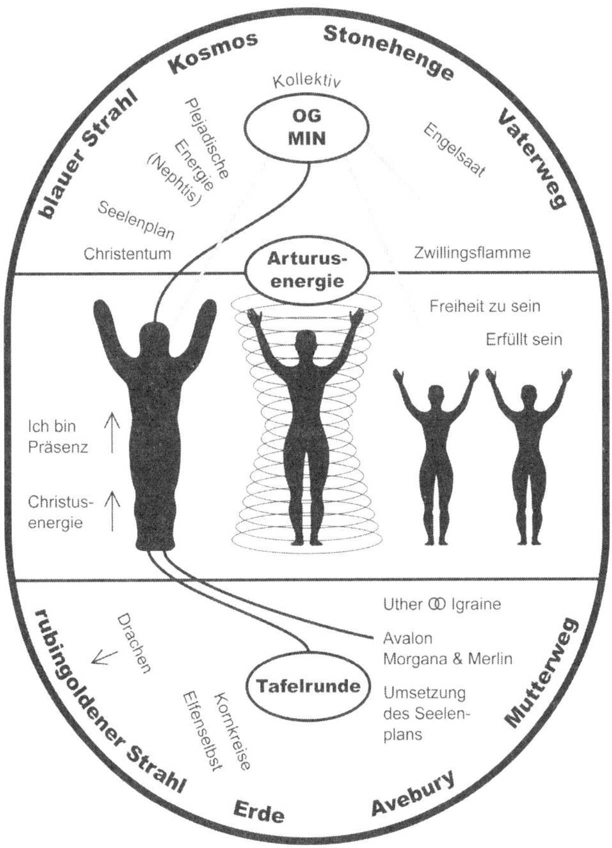

Als Artus seine Tafelrunde einberufen hatte, war es ihm wichtig, alle an einem runden Tisch zu versammeln. So wollte er Streitigkeiten und Konkurrenzverhalten verhindern und die Gleichwertigkeit jedes Einzelnen unterstreichen. Der obere Kreis ist ein Symbol für diesen Tisch, ein Zeichen der Einheit. Alles, was darin enthalten ist, gehört zum Artusweg und formt ihn.

Jetzt betrachten wir die einzelnen Teile.

Der obere und untere Abschnitt innerhalb des Kreises sind gleich groß. (Lass dich von meinen kreativen und künstlerischen Ausdrücken nicht irritieren!) Die Figur in der Mitte steht einerseits für dich, als Mensch, der du bist, als auch stellvertretend für die gesamte Menschheit. In ihr vereinigt sich eine persönliche und eine kollektive Ebene. Das bedeutet, dass der Artusweg auf der einen Seite ein ganz persönlicher Weg ist, auf dem du auch viel über dich selbst erfährst und für dich klären kannst, sowie ein Weg, den die gesamte Menschheit gerade beschreitet. Stonehenge wird dem oberen Bereich zugeordnet, den die Geistige Welt den Vaterweg nennt. Avebury dem unteren, der als Mutterweg bezeichnet wird. Der Mensch in der Mitte ist immer der Mittler und das verbindende Element, in dem sich alles vereint. Im oberen Teil findest du den Kosmos, den blauen Strahl, im unteren die Erde und den rubinrotgoldenen Strahl, der in diesem Zusammenhang durch die Drachen- und Schlangenenergien repräsentiert wird. Zum Vaterweg gehören die Sternengeschwister von Akturus sowie plejadische Energien. Auf den Plejaden gibt es auch ein Schlangendrachenwesen, das den Namen

Nephtis trägt. Die Vereinigung zweier Seelen nennen wir hier Zwillingsflamme. Diese Einheit wird in der Materie von Uther und Igraine verkörpert. Wie du vielleicht bemerkt hast, gibt es im unteren Bereich immer ein Gegenstück zu dem, was im oberen Teil steht. Keine Sorge, wir gehen auf die einzelnen Begriffe noch näher ein. Jetzt fassen wir sie erst einmal zusammen.

Aus der Liebe von Uther und Igraine wurde Artus geboren, somit sind sie ein Teil des physischen Ursprungs des gesamten Kreises, des Artuswegs. Das Kollektiv der Og Min gehört in den oberen Bereich und hat eine direkte Verbindung zu Stonehenge und darüber hinaus in den Kosmos. Stonehenge ist ein Ort, an dem die Begegnung mit den Og Min sehr leicht möglich ist. Durch deinen Besuch bei diesem Steinkreis hat sich deine Freundschaft mit den Og Min vertieft, sodass seitdem einer der Og Min dein ständiger Begleiter ist (siehe Skizze). Das Einlassen auf dein Elfenselbst gehört in den unteren Teil des Kreises. Das Elfenselbst fördert die Rückbindung an die Erde. Sein oben enthaltenes Gegenstück ist zum einen das Kollektiv der Og Min, was das kosmische Bewusstsein in uns stärkt, und zum anderen der Engelsamen beziehungsweise die Engelsaat. Avalon als auch Morgana und Merlin, die beide einen starken Bezug zum Kollektiv der Og Min haben, gehören zum Mutterweg. Das Christentum steht im oberen Teil Avalon gegenüber. Es zeigt den neuen und den alten Weg.

Wenn wir noch weiter ausholen würden, könnten wir Atlantis nach oben stellen und Lemurien nach unten. Artus ist allen drei Bereichen zugeordnet, auch dem mittleren, wo du als Mensch deinen Platz hast. Daher kommt auch der Name Artusweg. Der Kelch, als Symbol des Aufnehmens, des Vereinens, als Zeichen dafür, dass etwas Neues aus ihm erschaffen werden kann, steht im mittleren Teil. Die Arkturus-Energie innerhalb des Vaterwegs hat als Gegenstück in der Materie die Kornkreise, auf die wir in späteren Kapiteln noch näher eingehen werden.

Mit allen diesen Energien kommst du in diesem Buch in Kontakt. Beim Lesen lässt du dich auf die einzelnen Themen, mit denen wir uns hier beschäftigen, ein und stärkst den Mittelteil des Kreises. Was für dich persönlich heißt, dass dadurch die Wahrnehmung deiner ICH BIN Präsenz wächst, die identisch mit der Christusenergie ist. Des Weiteren entsteht dabei die Freiheit zu sein und die Erfülltheit in allen Ebenen deines Seins, was auch als Ende aller Sehnsüchte bezeichnet werden kann. Deshalb steht im oberen Teil auch der Seelenplan, dein Potenzial, und im unteren seine Umsetzung in der Materie. Jetzt werden wir uns die einzelnen Begriffe und ihre Bedeutungen näher betrachten.

☆☆☆☆☆

8.8.1
Die tiefere Bedeutung des Artuswegs

Zu Beginn haben wir den Kontakt zu den Naturwesen vertieft und das Elfenselbst integriert. Vielleicht ist dir die Tragweite dieser Begegnung noch nicht ganz klar geworden. Unsere physischen Körper brauchen in dieser Zeit des Aufstiegs die verbindende Energie des Naturwesenreichs. In unseren irdischen Inkarnationen haben wir oft Getrenntsein erfahren. Sterben ist genauso eine Erfahrung der Trennung wie das Geborenwerden. Im Laufe der Zeit lernten wir, diese Illusion zu lösen, was uns auf der mentalen und teilweise emotionalen Ebene auch gut glückte. Doch unsere physischen Körper tragen die Erinnerung noch in den Zellen gespeichert. Sie befinden sich noch im Kreislauf der Trennung. Sonst gäbe es keine Disharmonien und kein Altern in der üblichen Form mehr. Damit auch der physische Körper die Erfahrungen der Trennung als eine Illusion, aus der er sich erheben kann, verstehen und annehmen kann, benötigt er diese Energie des Zwischenreichs und der Naturwesen. Dadurch beginnt der Körper, uns zu vertrauen, und wir beginnen wieder, dem Körper und seinen Möglichkeiten und Fähigkeiten zu vertrauen.

Vielleicht ist dir aufgefallen, dass viele Menschen intuitiv das Bedürfnis entwickelt haben, öfter in der Natur zu sein. Unbewusst spüren sie, was ihnen gut tut und was sie benötigen. Wie du ja weißt, ist alles, was uns begegnet, auch ein Teil von uns selbst. Das gilt ebenso für die geistigen Ebenen. Daher sprechen wir hier auch vom Elfen-SELBST. Jeder hat seinen eigenen Zugang und seine eigene Wahrnehmung vom Reich der Natur und setzt in der Kommunikation verschiedene Prioritäten. Das heißt, dem einen sind die Feen näher, während ein anderer lieber mit Zwergen spricht. Der nächste ist einfach gerne in der Natur und genießt sie, ohne sie mit Naturwesen in Verbindung zu bringen. Unserem Körper ist es egal, wie wir uns auf das Naturreich einlassen, ihm ist nur wichtig, dass wir es tun. Mit diesem Wissen können wir den Kontakt mit der Natur viel bewusster gestalten. Beispielsweise können wir von jetzt an bei der Körperheilarbeit Feen und Naturwesen einladen, uns und den Menschen, den wir berühren, zu unterstützen und zu begleiten.

Des Weiteren braucht der physische Körper vermehrt die Energie von Farben. Wenn die sieben Regenbogenfarben integriert sind, ist er bereit, sich den insgesamt zwölf Strahlen zu öffnen. Wenn es jemanden schwer fällt, sich zu erden, sollte er auch seine Verbindung zum Zwischenreich stärken. Bei diesen Begegnungen geht es immer darum, die Energie in die Materie, in den physischen Körper, zu bringen, nicht um eine Flucht in eine andere Welt, die mich noch mehr von mir selbst entfernt. Wem es schwer fällt, sich zu erden, sollte auch seine Verbindung zum Zwischenreich stärken, wobei es darum geht, diese Energie in den Körper, in die Materie zu bringen. Durch die vermehrte Kommunikation mit dem Naturreich beginnt der Körper, Informationen anders aufzunehmen, beispielsweise von Blütenessenzen. Das betrifft auch Medikamente, die dadurch wirksamer werden, allerdings kann es auch zu einer Intensivierung der Nebenwirkungen kommen.

Vielleicht ist dir schon aufgefallen, dass viel mehr Menschen unter den Nachwirkungen von Narkosen leiden als früher. Das hängt mit der Schwingungserhöhung und der gesteigerten Sensibilisierung der physischen Körper zusammen. Deshalb wird das Miteinbeziehen der Energiearbeit immer bedeutsamer, um zum Beispiel solche Erfahrungen auszugleichen. Die Feenenergie lässt uns achtsamer im Umgang mit unserem Körper und dem, was ihm wirklich guttut, werden. Diese Verbindung zum Naturreich ist Teil des Artuswegs. Avebury ist auch ein Teil von ihm, und so wenden wir uns nun diesen besonderen Energien nochmals zu.

Es ist ein uralter, sehr weiblicher Ort. Obwohl durch den Steinkreis Straßen führen, tut es seiner Heilkraft keinen Abbruch. Wir können die Energie von Avebury sowohl für uns selbst, als auch für andere nutzen. Wenn wir ein Heilungsritual vollziehen, können wir uns vorstellen, energetisch nach Avebury zu reisen. Wenn wir dort angekommen sind, können wir intuitiv die Steine wählen und berühren, die für die Lösung unseres Themas die entsprechenden Qualitäten, Informationen oder Botschaften beinhalten. Wir verweilen bei einem Stein, so lange die Energieübertragung andauert. Wenn diese abgeschlossen ist, lassen wir uns zum nächsten führen. Falls uns kein Stein mehr rufen sollte, bedanken wir uns bei den Wesen des Kraftplatzes und bei ihm selbst und kehren ins Hier und Jetzt zurück. Als Dankeschön und Ausgleich schenken wir den Naturwesen in unserer Umgebung etwas. Auf diese Art und Weise können wir Heilung erfahren, wann und sooft wir möchten.

Die Schwingung von Avebury verbindet uns mit unseren lemurianischen Wurzeln. Sie heilt unser Herzzentrum und vereint es mit unserem Basiszentrum. Die Heilungen, die hier stattfinden, sind im Einklang mit der Natur. Es ist ein guter Ort, um (inneren) Heilern zu begegnen, aber auch Merlin. Wenn du dir nicht sicher bist, was für eine Heilung benötigt wird, dann reise nach Avebury und erhalte dort deine Antworten und Anregungen. Aufgrund seiner Geschichte fördert Avebury auch die Erweiterung deiner Sicht und das Erkennen von Zusammenhängen. Das ist Aveburys Aufgabe innerhalb des Artuswegs.

Ein weiterer Teil, der zu diesem Weg gehört, sind die Kornkreise, wobei wir uns diesen in späteren Kapiteln noch ausführlicher widmen werden. Die Kornkreise sind Botschaften aus dem Universum. An ihren Plätzen kommunizieren Himmel und Erde miteinander. Die Symbole sind Bilder, die Sternenenergien in die Materie übersetzen. Sowohl die Og Min als auch die Geschwister von Arkturus bedienen sich gerne dieses „Mittels“, um ihre Botschaften zu verbreiten. In den letzten Jahren häuften sich die Kornkreise, und das wird sich weiter fortsetzen. Es gibt nicht nur in England Kornkreise, auch in Deutschland werden immer mehr entdeckt. (In Sistrans, das ist der Ort in Österreich, in dem ich wohne, hat es leider noch keinen gegeben. Doch ich habe schon eine Beschwerde nach oben geschickt... mal sehen, ob es nützt...) Während der erste

Kornkreis noch sehr klein gewesen ist, verändert sich ihre Größe, und ihre Komplexität entwickelt sich ständig weiter. Das hängt mit der Erweiterung des Bewusstseins der Menschen zusammen. Des Weiteren ist es ein Hinweis darauf, dass die Verbindung zu den Sternen immer intensiver wird.

Jeder Kornkreis beinhaltet ein bestimmtes Thema und fördert dementsprechend etwas in uns. Jeder einzelne Kreis unterstützt uns auf unserem Weg in die Fünfte Dimension. Menschen, die eine starke Verbindung zur Raumbruderschaft, zu den Og Min oder den Sternengeschwistern von Arkturus haben, fühlen sich oft sehr stark von Kornkreisen angezogen. Durch die Arbeit mit den Kreisen werden sich noch viele neue Wege entwickeln. Sie beinhalten ein Potenzial für uns Menschen, das noch brach liegt. Man kann beispielsweise mit Kornkreisen Schwingungsfelder aufbauen, um Dinge in Bewegung zu bringen und Heilung zu bewirken. Menschen, die sich mit freier Energie beschäftigen, sollten sich mit Kornkreisen auseinandersetzen und das Wissen, das in ihnen gespeichert ist, nutzen.

Ein weiterer Teil des Artuswegs stellt Glastonbury dar, sowohl die Abbey, als auch der Tor. In der Glastonbury Abbey geht es um die Verbindung mit dem Christentum, stellvertretend für den neuen Weg beziehungsweise die neuen Wege, die wir seit dem Verlassen der Quelle immer wieder gegangen sind. Es ist ein heiliger Ort, der uns einlädt, in die Kontemplation zu gehen. Wir überprüfen unser Leben und erinnern uns an unseren Ursprung. Wenn wir die

Kommunikation mit dem blauen Strahl und seinen Wesen fördern möchten, sind wir hier genau richtig. Wir beginnen, uns wieder auf unsere Seele und ihren Plan auszurichten. Wenn dieses geschehen ist, können wir erkennen, dass diese Stätte einen Durchgang, einen Eingang darstellt, der uns nach Hause zu Avalon bringt.

Der Tor war der höchste Punkt der Insel Avalon. Früher wurde dieser Ort nicht alleine besucht, sondern immer in einer Gruppe. Die Energien waren intensiv und der Weg nicht ungefährlich, denn es war eine sumpfige Landschaft. Die Priesterschaft von Avalon war streng strukturiert. Das war für den Einzelnen manchmal ungerecht und auch schmerzhaft, doch es ging nicht um das individuelle Wohl, sondern immer um das Ganze, das der Großen Göttin geweiht war. Wenn wir nun, indem wir den Artusweg gehen, das neue Avalon entstehen lassen, dann ist es dieses Mal ein Ort der Freude. Es hat zwar jeder seinen Platz und seine Aufgabe zu erfüllen, aber nicht zu dem Preis, dabei auf eigene Bedürfnisse verzichten zu müssen. Spiritualität darf Freude machen und Freude bringen. Die Manifestation des neuen Avalons ist ein kollektives Thema und für alle Menschen wichtig. Avalon wurde in den alten Geschichten oft als Paradies beschrieben, was es aber damals nicht gewesen ist. Es war der Ausdruck für eine Anderswelt. Daraus entstand zum einen die Sehnsucht nach Avalon, nach der Spiritualität, nach dem Göttlichen, und gleichzeitig die Angst davor. Das geheilte Avalon steht heute für die Fünfte Dimension. Für diese Erschaffung ist es wichtig, uns von unseren Ängsten zu lösen, beispielsweise von der Angst, uns so zu zeigen, wie wir sind, unsere Wahrheit zu sprechen, unseren Weg zu gehen oder um unsere Existenz zu fürchten. Wir dürfen lernen, wieder zu sein, was wir sind, und dennoch, oder gerade deshalb, wundervolle, aufbauende, nährende und liebevolle Erfahrungen zu sammeln.

Der Artusweg führt uns weiter. Wir kommen nochmals nach Tintagel, dem Ort des Zaubers und der Magie. Hier begegnen wir Merlin und der Großen Mutter. Sie repräsentieren das alte Wissen. Dieser Kraftplatz erdet auf eine einzigartige Weise und aktiviert unser Basiszentrum. Wann immer wir in diesem Zusammenhang Unterstützung benötigen, Erweiterung oder Stabilität, sollten wir uns vorstellen, auf einer Klippe in Tintagel zu stehen und die Elemente über unsere Wurzeln tief in uns einatmen. Wir treffen hier auf die Vorhersehung und die Vorherbestimmung. Für uns bedeutet dieses, dass wir in den leichten Kontakt mit unserem Seelenplan kommen können, weil auch dieser schon lange vorherbestimmt ist. Unser Seelenplan bezieht sich auf viele Leben, er ist wie ein roter Faden, der uns durch verschiedene Inkarnationen führte. Er wurde immer wieder ergänzt oder leicht verändert, doch das Grundthema blieb immer gleich. Das haben wir uns vor langer, langer Zeit (linear gesprochen) ausgewählt. Die Qualität von Tintagel fördert das (endlich) Ankommen auf der Erde und kann für Heilungsarbeiten in diesem Kontext genutzt werden, beispielsweise für Remothering-Arbeiten.

Für den Moment fehlt uns auf unserem Artusweg noch eine ausführlichere Beschreibung von Stonehenge. Dieser Steinkreis ist im Vergleich zu Avebury zielgerichtet und männlich fokussiert. Stonehenge wurde von Anfang an für die Kommunikation mit den Sternengeschwistern genutzt. Deshalb wurde von hier aus auch immer wieder der Lauf der Gestirne beobachtet. Wenn wir die Kommunikation mit der Geistigen Welt erweitern und schulen möchten, bietet uns der Steinkreis eine gute Möglichkeit dazu. Stelle dir vor, du stehst in seiner Mitte, und dann lass dich auf die Begegnung ein. Er fördert also dein Botschaftersein und deine Medialität. Der Kraftort unterstützt und klärt den Durchfluss, sodass Informationen freier und ungehinderter fließen können. Wenn du den Kontakt mit der Zentralsonne, mit dem goldenen Tempel von An und den Og Min vertiefen möchtest, ist Stonehenge genau der richtige Platz für dich. Bitte achte darauf, dass du dich nach deinen Reisen und Meditationen immer wieder gut und stabil erdest. Und nun machen wir eine Pause. Dann setzen wir mit einer Heilungsmeditation fort. Im Anschluss daran werden wir ein noch tieferes Verständnis für den Artusweg erschaffen.

☆☆☆☆☆

8.8.8
Die Heilung der männlichen Ahnenreihe

Bei dieser Meditation geht es, wie der Name schon sagt, um die Heilung deiner männlichen Ahnenreihe. Du weißt selbst, inwieweit du die Anregungen für dich nutzen, beziehungsweise wie oft du sie lesen und umsetzen möchtest. Auch das ist wieder eine Reise, wo ich dich bitte, sie mit anderen Menschen zu teilen und sie in deinen Lichtkreisen und Meditationsabenden oder bei deinen Familienaufstellungen mit einzubeziehen.

☆☆

Nun mache es dir bitte bequem und entspanne dich auf deine eigene Art und Weise. Nimm einige bewusste Atemzüge und komme ganz im Hier und Jetzt an. Lass deine Wurzeln tief hinein in den Schoß der Erde wachsen und atme über sie Vertrauen, Geborgenheit und Angenommensein in deinen wundervollen Körper ein. Wisse, dass blaues Licht einzustrahlen beginnt, um dich zu berühren und einzuhüllen. Dadurch wächst in dir tiefer Frieden.

Die Geistige Welt bittet dich, mit ihr gemeinsam nochmals zu der Glastonbury Abbey zu reisen. Denke an sie und stelle dir vor, dass du dich dort befindest. Jetzt. Der blaue Strahl begleitet dich weiterhin und durchdringt die gesamte Abbey. Über dieses blaue Licht zeigt sich dir nun Erzengel Michael wie auch König Artus, der dich als Teil der Tafelrunde begrüßt. Die Geistige Welt bittet dich nun, deine männlichen Ahnen einzuladen, sich hinter dir zu positionieren. Dazu zählen auch die Seelen, die biologisch betrachtet nicht zu deinen männlichen Ahnen zählen, aber für dich dennoch prägende Ausdrücke der männlichen Energien in der Materie gewesen sind. Dazu zählen beispielsweise deine Partner, Brüder, Söhne, dazu gehören möglicherweise auch Lehrer. Vertraue darauf, dass durch deine Einladung und deine Offenheit genau jene erscheinen, die jetzt wichtig sind für diesen Heilungszirkel, sowohl für dich selbst als auch für das große Ganze, dessen Teil du bist.

Atme das blaue Licht tief in dich. Erlaube, dass es sich in dir ausdehnt und über dich zurückfließt zu all jenen, die mit dir sind. Das Friedenslicht berührt alle deine Ahnen. In jedem Einzelnen von ihnen findet dadurch eine Wandlung statt, die einer inneren Ordnung gleicht und in ihnen beginnt, Raum zu nehmen. Das bedeutet, dass alle Seelen, die nun mit dir sind, die Möglichkeit erhalten, zu heilen und in ihrer Ganzheit zu sein. In diesem Kontext dürfen sich nun alle Erfahrungen, in denen die männliche Kraft keine Achtung und Wertschätzung erhalten hat, transformieren. Denn das stellt einen Nährboden dar, auf dem weiteres Ungleichgewicht entstehen konnte. Als Folge davon ging die männliche Energie entweder in die Zurückhaltung, Mutlosigkeit und die mangelnde Durchsetzungskraft oder in den Ausdruck von Machtmissbrauch, Manipulation, Zerstörung und Unterdrückung anderer. Deshalb erlaube, dass sich nun das blaue Licht des Friedens noch weiter ausdehnt. Alle Seelen, die im Moment mit dir sind, werden damit durchströmt, unabhängig davon, wie sie das Ungleichgewicht innerhalb der männlichen Kraft lebten. Der Friede heilt. Der Friede durchdringt. Der Friede berührt den Ursprung, wo der Beginn der Verletzung der männlichen Energie stattgefunden hat. Lass den Frieden einfach fließen. Erlaube ihm zu wirken. Jetzt.

Erkenne, dass Engel der Vergebung und Engel der Gnade Raum genommen haben, um die Heilung zu unterstützen. Es ist die Aufgabe des blauen Strahls, das männlich-väterliche Prinzip zu verkörpern. Damit du ihn integrieren kannst, ist es wichtig, im Frieden mit deiner männlichen Ahnenreihe zu sein, die sowohl außerhalb von dir als auch in dir existiert. Durch diese Integration des blauen Strahls nimmst du das Prinzip, wofür Artus steht, das er verkörpert, in dir an. Dadurch beginnt sich der Artusweg in dir zu aktivieren. Du beginnst, ihn zu gehen. In Folge bedeutet dieses, dass du nochmals bereit bist, deine Aufgabe und deine Bestimmung anzunehmen.

Der Friede in deiner männlichen Linie wirkt nun so, dass dabei eine tiefe Wandlung auf der zellulären Ebene deines Körpers stattfindet, wo du die Erfahrungen und Erinnerungen deiner Ahnen gespeichert hattest. Dadurch wird dein Körper durchlässiger, freier, empfänglicher. Er wird erneut zu einem Gefäß. Dein Körper wird zum Heiligen Gral. Diese Transformation findet jetzt in der Verbindung mit dem blauen Strahl statt. Atme bewusst ein und aus und sei bereit dafür. Lass es einfach geschehen und schenke dir auch die nötige Zeit, die dieser alchemistische

Prozess in und mit dir nun benötigt. Diese Wandlung, die gerade geschieht, ist in deiner Sprache nicht mit Worten zu beschreiben. Es ist so viel göttliche Weisheit, Liebe und Gnade in dieser Berührung mit dem blauen Strahl!

Während der Friede sich ausbreitet, bitten wir dich, deine männlichen Ahnen genau zu betrachten. Wende dich ihnen zu. Siehe den Seelen, die zu deiner männlichen Ahnenreihe gehören, in die Augen. Erkenne die Liebe, die alles vereint. Wisse, dass du die Freiheit hast, alles, was diese Seelen für dich und sich lebten, bei ihnen zu lassen. Betrachte es als einen Teil ihrer Geschichte, unabhängig davon, ob sie in physischen Körpern sind oder in anderen Dimensionen leben. Du hast die Freiheit, deinen eigenen Weg zu gehen. Du brauchst nichts mehr zu tragen und zu übernehmen. Wie gesagt, du darfst deinen eigenen Weg gehen. Es ist gleichgültig, ob er Ähnlichkeiten zu jenen Wegen, die deine Ahnen gingen, in sich trägt, oder ob er ganz neu ist. Du hast die Wahl. Du darfst dich entscheiden. Du bist ein freies Wesen.

Erlaube dir bitte nun, allen Seelen, die mit dir sind, Dankbarkeit, Annahme und Wertschätzung entgegenzubringen. Lass diese Qualitäten aus deinem Herzen zu ihnen strömen. Unabhängig davon, wie deine Begegnungen mit diesen Seelen in den irdischen Inkarnationswegen waren und sind, fließt über die Seelenebene von jedem Einzelnen jetzt Dankbarkeit, Anerkennung und Wertschätzung auch zu dir zurück. Durch diesen Kreislauf, der daraus entsteht, können Schmerzen darüber, Chancen nicht gehabt oder genutzt zu haben, heilen. Genauso, wie Formen von

Härte und Grausamkeit, die deine männliche Ahnenreihe erfahren und weitergegeben haben. Die Unterdrückung von Gefühlen wird aufgelöst, und die Schrecken, die deine männliche Linie in Kämpfen und Zerstörungen erlebt hat, finden Erlösung und Frieden. Dabei werden Bindungen an Geheimnisse, die in diesen Zeiten des Krieges entstanden sind, transformiert und aufgelöst. Alle in diesem Zusammenhang gebundenen Seelen und Seelenanteile, die deine Ahnenreihe manchmal über Generationen mit sich getragen hat, werden nun befreit und von den Engeln dorthin geleitet, wo sie im Frieden mit ihrer Ganzheit, die sie sind, sein können.

Erlaube dir wahrzunehmen, dass in deiner männlichen Linie nun Freude, Leichtigkeit und ein Gefühl von „Ich bin in Ordnung so, wie ich bin!" beginnen Raum zu nehmen. Erkenne, wie viele Verletzungen und Ängste in deinem Inneren Kind gespeichert sind, weil du über diese männliche Ahnenreihe Energien wie, du könntest nicht genügen, du könntest deine Aufgaben nicht gut genug machen, vermittelt bekommen hast. Daraus ergab sich die Schlussfolgerung, dass es sicherer ist, Herausforderungen erst gar nicht anzunehmen. Deshalb bitten wir dich jetzt, in der Verbindung mit deinem Inneren Kind, an das du nun denken darfst, alles Unvermögen zu sein und zu leben, das über deine männliche Linie auch in dir gespeichert ist, zu lösen. Schenke deinen Ahnen und dir in der Ganzheit deines Wesens Befreiung und Freiheit. Jetzt.

Die Geistige Welt bittet dich, deine männliche Kraft zu befreien. Erkenne, wie strahlend die ursprüngliche, heile, männliche Energie ist. Sie wird durch einen goldenen Löwen repräsentiert. Dieser ist mit der Zentralsonne verbunden. Er strahlt Würde und Weisheit aus und ist sich seiner selbst sicher. Dennoch, oder gerade deshalb, ist eine tiefe und große Liebe für Alles-was-ist in ihm. Er nutzt seine Kraft, um mit anderen und für andere zu sein. Dieser Löwe ist das Symbol, die Grundenergie deiner geheilten, männlichen Ahnenreihe. In der Verbindung mit dem blauen Strahl, seinen Wesen und den Engeln an deiner Seite erlaube nun, dass diese Grundenergie in allen Seelen, die anwesend sind, wieder zu leuchten und zu strahlen beginnt. Auch in dir selbst. Bitte nimm einige bewusste Atemzüge und lass die Energien fließen. Alle deine Begleiter unterstützen diese Heilung. Jetzt. Sie ist erneut eine Voraussetzung, um ganz Kelch zu sein, um den Heiligen Gral in der Materie zu verkörpern. Lass die Heilung einfach geschehen.

Beauftrage die Lichtwesen, die mit dir sind, damit fortzufahren, auch wenn du selbst beginnst, deine Aufmerksamkeit wieder davon zu lösen. Bedanke dich bei deinen Ahnen und deinen feinstofflichen Freunden, die dich unterstützten, und verabschiede dich bewusst, sanft und liebevoll von ihnen. Wisse, dass die Engel bei den Seelen verweilen, um sie dann zurück in ihre Ebenen und Dimensionen zu begleiten, wenn die Heilung für sie vollendet ist. Erinnere dich an den blauen Strahl, der dich immer noch durchströmt und einhüllt. Lass dich von ihm aus der Glastonbury Abbey zurückbringen in dein Hier und Jetzt. Bewege langsam deinen Körper, und deine Wurzeln wachsen tief und weit hinein in die Erde. Zentriere dich.

Erzengel Michael bleibt an deiner Seite und stellt sich hinter dich, um dich weiterhin zu unterstützen. Lass Frieden in dir sein. Jetzt. Sei Frieden. Erzengel Michael segnet dich. Wenn du möchtest, dann male ein Bild oder suche dir in einer anderen Form einen strahlenden, goldenen Löwen, der deine geheilte männliche Kraft repräsentiert. Umgib dich mit ihm. Wann immer du ihn siehst, erinnerst du dich an die geheilte männliche Energie in dir und deiner Ahnenreihe. So kannst du dir bei der Manifestation der geheilten männlichen Qualität in allen Ebenen deines Seins behilflich sein. Sei in deiner geheilten männlichen Kraft. Sei gesegnet. Jetzt und allezeit. Amen.

☆☆☆☆☆

8.8.1
Was haben Morgana, Artus und andere, die dir in diesem Buch begegnen, mit dir gemeinsam?

An dieser Stelle möchte ich nochmals auf die einzelnen Personen, die Teil dieser Reise sind, eingehen. Es dient erneut, um ein tieferes Verständnis für den Artusweg zu schaffen. Gleichzeitig möchte ich aufzeigen, wie sehr uns gewisse Erfahrungen, die Morgana, Artus etc. machten, im Hier und Jetzt berühren und nach wie vor betreffen. Sowohl innerhalb unserer persönlichen Leben, als auch als kollektive Themen. Durch das Verstehen und Kennenlernen dieser Charaktere wird es uns möglich, was auch unsere Aufgabe ist, einen Erfahrungskreislauf in der nicht geheilten Dualität zu durchbrechen. In gewissem Sinn können wir eine göttliche Ordnung wiederherstellen, die uns aus Verletzungen herausführt. Wir verkörpern unser wahres Sein und erlauben uns, ein glückliches Leben in allen Bereichen, die zu uns gehören, zu manifestieren. Das ist der Grund, warum wir nun die folgenden Schicksale näher betrachten. Wir können uns selbst in ihnen wiedererkennen. Dieses ist der erste Schritt zur Heilung, die in den folgenden Kapiteln durch Meditationsreisen fortgesetzt wird. Zu den kommenden Ausführungen gibt es wieder eine wundervolle Skizze. Der Mensch in der Mitte bist du beziehungsweise wir alle, als Menschheit, die wir sind. Hübsch – nicht wahr?

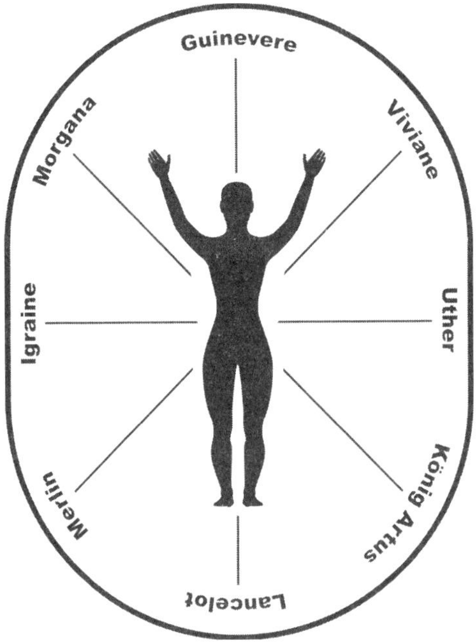

Viviane war eine Hohepriesterin von Avalon. Sie bildete unter anderem Morgana und deren Mutter Igraine aus. Sie ist eine weise Lehrerin und verkörpert die alte Weise in uns, die Kräuterfrau, die Hexe, die innere Heilerin. In der Verbindung mit ihr geht es für uns sowohl um das Lernen, als auch um das Lehren. Beides unterstützt sie in uns. Sie repräsentiert die Fähigkeit, größere Zusammenhänge zu erkennen und dementsprechend stimmige Entscheidungen zu treffen. Hier geht es um die Frage, wie wir mit unserem tiefen Wissen umgehen. Höre ich auf meinen Körper und weiß, was er benötigt, oder laufe ich schnell zum Arzt? Übernehme ich die Verantwortung für meine Heilung, oder gebe ich sie ab, indem ich Hilfestellungen, die von außen kommen, mehr Gewichtung gebe als meiner eigenen Intuition. Verlasse ich mich auf mein Bauchgefühl, oder vertraue ich mir selbst zu wenig? Das sind die Themen, die uns im Kontakt mit Viviane begegnen und die sie uns hilft zu klären. Viviane drückt eine urweibliche, unbändige, freie Kraft aus. Es gilt, die Furcht davor zu verlieren und sie wieder anzunehmen. Sie stärkt unsere Wurzeln und erschafft eine Basis in uns, die so stabil ist, dass uns kein Sturm des Lebens mehr umwehen kann. Sie repräsentiert unsere Großmütter und Urgroßmütter. Wir benötigen den Kontakt zu ihnen in einer geheilten Form.

Morgana spielt ebenfalls eine wichtige Rolle für die Heilung der Weiblichkeit und der weiblichen Ahnenreihe. Was sie erlebte, haben viele von uns erfahren. Immer wieder wurde sie als etwas Dunkles, Nichtlichtes bezeichnet und deshalb ins Abseits gestellt. In der katholischen Kirche passierte das mit der gesamten weiblichen Energie. Sie wurde der männlichen untergeordnet. Sie wurde diskriminiert. Die Angst, vor der weiblichen Kraft zu verlieren, sie anzunehmen und ihr den Platz zu geben, der ihr gleichwertig neben der männlichen zusteht, ist nach wie vor für viele von uns ein aktuelles Thema. Doch noch etwas, das Morgana erlebte, kennen wir nur allzu gut aus unserem heutigen Dasein. Als Priesterin funktionierte sie perfekt, doch ihr Frausein konnte sie nicht erfüllt leben. Deshalb sammelte sich in ihr viel Enttäuschung und Schmerz an, was in den alten unerlösten Avalon-Geschichten sichtbar ist.

Auch in der heutigen Zeit fällt es vielen Frauen schwer, Arbeit (in diesem Zusammenhang ist damit ebenso die spirituelle Berufung gemeint), Familie und das Leben ihrer eigenen Bedürfnisse unter einen Hut zu bringen. In diesem Zusammenhang tragen einige von uns noch den Glaubenssatz in sich, dass man nicht alles leben kann. Sie haben Angst, den spirituellen Weg nicht in Verbindung mit einer glücklichen Partnerschaft oder einem erfüllten Familienleben gehen zu können. Diese Erfahrungen kommen noch aus früheren Inkarnationen, wo dieses meist auch wirklich der Fall gewesen ist. Man musste sich entscheiden, entweder – oder. In dieser Zeit ist es anders. Wir dürfen alle Aspekte unseres Menschseins genießen und miteinander vereinen. Morgana unterstützt uns dabei, Erfüllung in unserem Frausein und in unserer Weiblichkeit zu erfahren, wie auch, den spirituellen Weg zu gehen. Sie hilft uns, die weibliche Energie in uns zu befreien und zu entfalten. Keinen einschränkenden Glaubenssätzen mehr zu folgen, sondern unsere Kraft wirklich zu leben, selbstbestimmt und erfüllt.

Igraine ist die Mutter von Morgana und Artus. Sie trägt eine große Kraft in sich, nutzt sie aber nicht. Igraine versucht immer wieder auszugleichen, zu verbinden, und dabei hat sie die Tendenz, zu viel Verantwortung für andere zu übernehmen. Auch sie hat keinen Raum, in dem sie ihre eigenen Bedürfnisse leben könnte. Immer wieder hat sie das Gefühl, nichts verändern zu können, und deshalb hält sie aus und erduldet. Ein Glaubenssatz zieht sich durch ihr Leben: Ich verliere die Menschen, die ich liebe. Später zieht sich Igraine ins Kloster zurück. Sie steht weder zu ihren Wurzeln aus Avalon, noch findet sie je ihren Platz innerhalb des Christentums, mit dem sie sich zu arrangieren versucht. Sie hat die Tendenz, Fassaden aufrechtzuerhalten, auch wenn es ihr selbst nicht gut dabei geht. Diese Tendenz haben wir auch manchmal. Lieber schweigen wir, als den Mut zu entwickeln, zu unserer Wahrheit zu stehen. Wir versuchen immer wieder auszugleichen. Dadurch können bestehende Konflikte nicht offen gelöst werden und bleiben unter der Oberfläche, und die Spannungsfelder vergrößern sich. In manchen Familien führt das dazu, dass ein Kind plötzlich aus der scheinbaren Familienharmonie ausbricht. Es wird „schwierig", „auffällig", geht in die Rebellion oder bricht den Kontakt zu den Eltern vielleicht sogar ganz ab. Oder ein Partner verlässt von heute auf morgen, für viele unerwartet oder ohne auf den ersten Blick ersichtlichen Grund, die Beziehung und manchmal auch die Familie. Das kann geschehen, wenn die weibliche Energie innerhalb dieser Systeme zu viel auf die äußere Harmonie und zu wenig auf die eigenen Bedürfnisse achtet.

Deshalb fragt dich Igraine, in welchen Bereichen deines Lebens du Fassaden aufrechterhältst und dich mit etwas arrangierst, was nicht zu deinem Ursprung und deinen Wurzeln gehört? Sie unterstützt uns, zu unserer Herkunft zu stehen, unsere Kraft nicht zu verleugnen und sie dafür zu nutzen, um etwas zu verändern und zu bewegen. Sie fördert uns, wahrhaftig mit uns und unseren Bedürfnissen zu sein. In der Verbindung mit ihr lernen wir, den Schmerz unserer unerfüllten Sehnsüchte zu heilen und das Vertrauen und die Gewissheit in uns zu stärken, dass wir nicht länger den oder die verlieren, den oder die wir lieben, sondern mit ihnen leben können. Es steht uns zu, glücklich zu sein. Igraine hilft uns dabei und heilt sich dadurch selbst.

Merlin ist das männliche Gegenstück zu Viviane. Er verkörpert ebenso das alte Wissen und den inneren Heiler. Auch wenn die Druiden andere Rituale als die Priesterinnen feierten, in denen sie die männliche Kraft nutzten, vollzogen sie diese für die Große Göttin. Merlin repräsentiert den Großvater. Wenn wir betrachten, wie unsere Gesellschaft (also wir, denn wir sind Teil der Gesellschaft) mit älteren Menschen umgeht, zeigt sie uns dadurch, wie sie das alte Heilwissen, unsere Wurzeln, behandelt. Wir sondern sie aus. Die alten Menschen gehören aber zu unserer Basis. Durch ihren Stellenwert und den Umgang mit ihnen hat sich unsere Gesellschaft selbst den Boden, auf dem sie gedeihen könnte, entzogen. Diese Auswirkungen berühren uns alle. Deshalb ist die Verbindung zu unseren Wurzeln ein so wichtiges Thema für so viele Menschen in dieser Zeit. Durch die Kommunikation mit Merlin kann diese Rückbindung vollzogen werden. Das ist ein Beitrag zur Erschaffung eines neuen Miteinanders innerhalb unserer gesellschaftlichen Strukturen, der uns allen guttut.

Uther ist Igraines zweiter Mann. Er steht in diesem Kreis für alle Väter und für die männliche Energie, die in den Familien und Partnerschaften fehlen, und kann dieses heilen. Uther ist viel unterwegs. Er kämpft. Er ist weder während der Schwangerschaft noch bei der Geburt und auch später selten für Artus da. Er ist auch als Mann von Igraine zu sehr mit anderen Dingen beschäftigt, als ihr wirklich Partner zu sein, wenngleich er sie liebt. Doch seine „Pflichten" führen ihn immer wieder weg von ihr, bis er letztendlich früh stirbt. Aus unserer heutigen Zeit kennen wir das auch. Viele Väter haben vor lauter Arbeit keine Zeit für ihre Kinder, Partnerschaft und Familie. Manchmal gehen sie auch aus anderen Gründen aus dem Familiensystem heraus und sind nicht mehr greifbar. Doch es gibt noch andere Formen von Nichtpräsenz. Denn es ist nicht ausreichend, wenn nur eine männliche „Hülle" am Tisch sitzt, die mit ihrer Energie und Aufmerksamkeit woanders gebunden ist. Beispielsweise können Väter ihren Platz innerhalb ihrer Familien nicht ganz einnehmen, wenn sie sich selbst von ihrer Herkunftsfamilie noch nicht abgenabelt haben. Wenn sie nach wie vor auf der Suche nach Bestätigung von ihrem eigenen Vater sind, was sie zur Entfaltung ihres Selbstwerts und ihres Mannseins benötigen und dieses bis heute weder von ihm noch auf eine andere Art und Weise erhalten haben. Vielleicht haben sie aber auch ihre Nabelschnur zur Mutter nicht gelöst und sind deshalb immer Kind geblieben. Denn ohne diese heilsame Abnabelung von den Eltern ist es nicht möglich, Partner noch ihren eigenen Kindern Vater zu sein.

Kinder, die ohne väterliche, männliche Energie aufwachsen, müssen sie zu einem späteren Zeitpunkt auf eine andere Art in sich selbst entwickeln und dieses Defizit ausgleichen. (Wobei das gleiche natürlich auch für die fehlende mütterliche, weibliche Qualität innerhalb der Familie gilt.) Sonst haben diese Kinder keine Wurzeln. Sie können sich mit nichts identifizieren, nichts gibt ihnen Halt. Dadurch wächst die Aggressionsbereitschaft. Das beobachten und erleben wir ja bei unseren Kindern und Jugendlichen schon seit einiger Zeit. Eine Lösung dafür ist, die männliche geheilte Präsenz wieder mehr Raum auf der Erde nehmen zu lassen. In einer liebevollen, weisen, kraftvollen, vertrauenswürdigen und gütigen Art und Weise. Das ist ein kollektives Thema in den nächsten Jahren. Denn bereits unseren Vätern fehlte die männliche Kraft im Rücken, da viele unserer Großväter nicht mehr oder nur mehr als ein Teil ihrer selbst aus dem Krieg zurückkamen. Dieses auszugleichen und zu heilen bearbeiten nach wie vor viele von uns. Das sind die Gründe, warum eine Integration von Uther und dem, was er repräsentiert, so bedeutsam für uns alle ist. Sie dient der Heilung der männlichen Energie in und um uns. Sie heilt uns, unsere Väter, unsere Partner, unsere Söhne, ihre Verbindungen zueinander und zur weiblichen Kraft, damit wahre Partnerschaft wieder gelebt werden kann. Und auch unsere Jugendlichen und Kinder benötigen die Energie von Uther, um wieder im Frieden mit sich selbst und dem Leben sein zu können.

Artus war Hoffnungsträger. Von vornherein lag ein großer Erwartungsdruck auf ihm. Auch wir erwarten uns manchmal sehr viel von unseren Kindern, von uns selbst, wie auch viel von uns erwartet wurde und wird, anstatt dass mehr Freiheit sein könnte, sich nach eigenen Vorstellungen und Wünschen zu entwickeln. Artus war sehr bemüht. Er wollte seine Aufgabe gut machen, perfekt. Doch gerade weil er sich so mühte, übersah er dadurch manchmal das, was sein Herz ihm mitteilte, und traf deshalb immer wieder unstimmige Entscheidungen. Artus hatte gute Lehrer und den Drang zur Veränderung. Er hatte jedoch auch die Tendenz, zu wenig auf das zu hören, was seine Intuition und seine Lehrer ihm sagten. Er wollte seine eigenen Erfahrungen machen.

Wir sind auch oft zu sehr damit bemüht, es allen recht zu machen. Die Gründe dafür sind unterschiedlich. Doch je mehr wir uns anstrengen, umso weniger gelingt es uns, und der Druck, den wir dabei empfinden, verstärkt sich. Das ist verständlich, denn wir verlieren uns bei unseren Versuchen selbst, wir verlassen uns selbst. Dadurch können wir auch unser Herz nicht mehr spüren. Unsere Wünsche werden uns fremd. Wir können nicht mehr benennen, was uns eigentlich Freude bereiten würde. So wird es auch schwierig, der Intuition zu folgen und die Stimme der Seele zu hören. Wir befinden uns wie in einem Hamsterrad. Die einzige Möglichkeit, diesen Kreislauf zu durchbrechen, ist auszusteigen. Das bedeutet, es niemandem, außer uns selbst, recht machen zu wollen. Dadurch kehren wir mit unserer Aufmerksamkeit wieder ganz zu uns zurück, und erst so können wir unsere wahre Aufgabe erkennen und leben.

Artus hatte auch den Auftrag, das Alte mit dem Neuen friedvoll zu verbinden, die Seele und ihren Plan mit der Persönlichkeit zu vereinen. Nun ist es an uns, fortzusetzen und zu vollenden, was Artus vor langer Zeit begann und nicht zu Ende führte. Deshalb gehen wir den Artusweg, der uns schlussendlich auch zurück nach Avalon, in die Fünfte Dimension bringt. Einer der ersten Schritte dafür ist es, Ja zu sich selbst zu sagen und bereit zu sein, sein Herz wieder mehr zu spüren und zu hören, und somit die eigene Seele.

Lancelot ist der einzige Ritter der Tafelrunde, der nicht von Artus, sondern von Guinevere zum Ritter geschlagen wurde. Das bedeutet, dass Lancelot unter einem besonderen Segen der Großen Göttin stand. Seine Mutter war Viviane, und somit trug er eine besondere Verbindung zu Avalon in sich. Lancelot steht für den männlichen Teil in uns, der lieber flüchtet, als sich seinen wahren Gefühlen und Wünschen zu stellen. Anstatt die Herausforderung anzunehmen und seinem Herzen zu folgen, zieht er sich zurück. Lieber leidet er, macht sich selbst Vorwürfe und hält sich für unwürdig, den Heiligen Gral (sich selbst) zu finden. Er versucht, das zu leben, was man von ihm erwartet, selbst um den Preis, dass er sich dabei unglücklich fühlt, ebenso wie die Menschen um ihn herum. Er entscheidet sich gegen sich selbst, gegen seine Kraft, gegen sein Potenzial, gegen seine Liebe.

Könnte es sein, dass uns das irgendwie bekannt vorkommt? Gibt es möglicherweise nicht auch in unserem heutigen Leben Parallelen dazu? Wenn ja, dann ist Lancelot da, um uns zu unterstützen, unsere Ängste zu transformieren und ehrlich mit uns selbst zu sein. Er hilft uns, unserem Herzen zu folgen und unsere wahre Liebe zu leben. Die Kraft, die alle diese Aspekte nun in uns vereint, sodass daraus eine Ganzheit in uns entsteht, die uns ermöglicht, der Heilige Gral zu sein, sind unsere Sternengeschwister, die Og Min. Die Og Min sind große, golden leuchtende Lichtwesen, denen du unter anderem im Tempel von An begegnen kannst. Sie helfen uns, unser wahres Wesen zu erkennen und Kosmischer Mensch zu sein. Die Og Min können nicht über eine Geburt hier auf der Erde inkarnieren wie wir Menschen. Allerdings haben sie die Fähigkeit, sich zu materialisieren. Die Og Min kommunizieren mit uns Menschen genauso wie alle anderen feinstofflichen Geschwister, zum Beispiel über eine Form des inneren Dialogs, über unsere Intuition, über unser Fühlen etc. In ganz engen Verbindungen kann auch eine Verschmelzung zwischen einem Menschen und einem Og Min stattfinden. Das kannst du mit einem Standby-Modus eines Computers vergleichen. Manches Mal hat das den Vorteil, dass wir auch in unserem Alltag schneller mit einer bestimmten Energiequalität zusammenwirken können. Eine der Hauptaufgaben der Og Min ist es, zu verbinden und dabei Spannungsfelder aufzulösen, beziehungsweise sie konstruktiv zu nutzen. Je weniger Erwartungen wir an den Austausch beziehungsweise an uns selbst in der Kommunikation mit den feinstofflichen Geschwistern haben, umso leichter fließen die Energien.

In der folgenden Meditation unterstützen uns die Sterngeschwister bei der Integration aller Aspekte, von denen hier gesprochen wurde. Durch das Annehmen und Zusammenführen dieser Qualitäten kann in uns eine Neuordnung stattfinden, die unsere Ganzheit fördert. Viviane und Merlin, Igraine und Uther, Morgana und Artus, Guinevere und Lancelot stellen jeweils eine Zwillingsflamme dar, und alle zusammen bilden eine Seeleneinheit. Was wir im Außen verbinden, erschaffen wir auch in uns. Über uns strahlen wir es in die Morphogenetik aus. Dadurch manifestieren wir den neuen Morgen in unserer Gesellschaft, in unseren Gemeinschaften, in unseren Familien, in unseren Partnerschaften. Ein neues liebevolles Miteinander ist möglich, das uns alle erfüllt und beglückt. Auch das gehört zum Artusweg und lässt den Heiligen Gral in uns erstrahlen.

☆☆☆☆☆

8.8.8
Der Heilige Gral

Mache es dir bitte bequem, nimm einige bewusste Atemzüge und erlaube dir dabei, regenbogenfarbenes Licht zu visualisieren, das durch deinen spirituellen Körper zu fließen beginnt. Es harmonisiert und gleicht aus. Dann dehnt es sich aus und durchströmt deinen mentalen Körper, und im Anschluss daran deinen emotionalen. Zum Schluss durchwirkt die Regenbogenenergie dein physisches Sein. Dadurch vereinigen sich deine Körper. So wachsen in dir Ruhe und Gelassenheit.

Nun aktiviere bitte deine Wurzeln. Sei eins mit der Erde. Sei eins mit deinem Herzen und mit deinem Hohen Selbst. Sei eins mit dem göttlichen Licht und der göttlichen Liebe, das und die du bist. Jetzt.

Die Geistige Welt bittet dich, deine Aufmerksamkeit zu deinem Dritten Auge zu lenken. Von dort aus lass einen Lichtstrahl wachsen. Dieser führt zur Muttersonne und durch sie hindurch direkt in das Zentrum der Zentralsonne. Nimm wahr, wie das Licht der Zentralsonne als weißgoldene Energie über diesen Lichtkanal zu deinem Dritten Auge strömt. Sie fließt in dein Stirnchakra ein, und darüber erfüllt sie die Gesamtheit, die du bist, mit solarem Bewusstsein. Atme die Sonnenenergie ein und aus. Das weißgoldene Licht schafft Weite in deinem Sein. Je mehr dich die solare Energie durchdringt, umso mehr wirst du selbst zu einer Sonne. Du strahlst und leuchtest.

Als Sonne, die du bist, lass nun dein Selbstvertrauen und dein Selbstbewusstsein wachsen. Nimm an, welche Bedeutung und welche Wichtigkeit du in dieser Zeit hast, nicht nur für dich selbst, sondern auch für das große Ganze. Du vereinst und verbindest, vollendest Kreise, erschaffst Neues und bringst Heilung. Das solare Licht, das dich jetzt berührt, unterstützt diese Selbstannahme. Deshalb atme weiterhin Sonnenlicht ein und aus. Sei Sonne. Jetzt.

Als Sonne, die du bist, lade deinen Og Min ein, nun mit dir zu sein. Bitte ihn, dich in einer Form zu berühren, damit du ihn erkennen und wahrnehmen kannst. Dein Og Min stellt dir goldenes Licht zur Verfügung. Das heißt, er lässt es in dich einströmen, sodass es sich in dir ausbreitet und dich ganz einhüllt.

Dein Og Min möchte dich nun führen. Es ist ihm wichtig, dir zu vermitteln, dass du unendlich bist wie er. Dein Og Min möchte mit dir reisen. Er trägt dein Bewusstsein höher und höher. Er ist mit dir erneut auf dem Weg in den goldenen Tempel von An. Er ist mit dir auf dem Weg, um den Ort der geheilten Dualität zu betreten. Das ist ein Schwingungsfeld. Die Geistige Welt lädt dich nun ein, es durch einen bewussten Atemzug zu betreten und dich darauf einzulassen. Nimm den Tempel von An auf deine eigene Art und Weise wahr und komme dort an.

Gemeinsam mit deinem Og Min bist du in den heiligen Hallen. Große, leuchtende Lichtwesen haben dich bereits erwartet und möchten dich tiefer in das Innere des Tempels begleiten. Dein Og Min ist mit dir. Im Zentrum von An lodert die goldene Flamme. Erkenne, dass sie eine unterstützende Kraft der Integration ist. Deine Begleiter bitten dich, dich mit deinem nächsten Atemzug gemeinsam mit deinem Og Min in die Mitte der goldenen Flamme zu stellen. Lass das Feuer um und durch dich tanzen.

Nimm wahr, dass sich nun um dich die Wesen, von denen gesprochen wurde, versammeln: Viviane und Merlin, Igraine und Uther, Morgana und Artus,Guinevere und Lancelot. Sie reichen sich die Hände und bilden einen Kreis. Alles, was getrennt wurde und war, beginnt sich neu zu formen und zu finden. Die Erinnerungen an die Einheit werden wieder lebendig. Dein Og Min bittet dich zu erkennen, dass sich aus der goldenen Flammenschale, in der du stehst, der Heilige Gral zu formen beginnt. Die goldene Flamme lodert in ihm, und du befindest dich in ihr und somit im und über dem Gral. Dein Og Min erinnert dich daran, dass du hierhergekommen bist, um Vereinigung und Ganzheit zu erfahren. Er fragt dich, ob du bereit dazu bist. Er stellt dir seine Energie zur Verfügung, sodass du dich weit öffnen und einlassen kannst. Lass dein Herz groß sein. Lass dein Herz offen sein.

Lade Viviane ein, zu dir in die goldene Flamme zu steigen. Atme sie ein, sodass eine Vereinigung mit ihr und mit all dem alten Wissen, für das sie steht, stattfindet. Mit den Wurzeln, der Priesterwürde und der Meisterschaft. Das alles kehrt zu dir zurück und nimmt in dir Raum. Schenke dir dafür so viel Zeit, wie du benötigst, und achte auf deinen bewussten Atem. Dann bitte Merlin, zu dir in die goldene Flamme zu treten. Atme ihn ein und das Heilwissen, das er verkörpert. Vereinige dich mit ihm und dem, was er repräsentiert. Die goldene Flamme und dein Og Min unterstützen dich dabei. Nun lade Igraine zu dir ein. Sie kommt in die goldene Flamme. Verbinde dich mit ihr und mit all dem, wofür sie steht. Lass dadurch Heilung und Erfüllung in dir Raum nehmen. Lass dir wieder genügend Zeit dafür.

Vollziehe diese Vereinigung auch mit Uther, um der männlichen Kraft erneut den Platz zu geben, der ihr zusteht. Atme tief ein und aus und integriere die Qualitäten von Uther in dir.

Als Nächstes bittest du Morgana zu dir in die goldene Flamme. Werde eins mit ihr. Das Licht von An bringt Erlösung und schafft Neubeginn.

Nun folgt Artus. Er befindet sich mit dir in der goldenen Flamme. Atme tief ein und aus, um dich mit ihm zu verbinden. Integriere den Aspekt, den er verkörpert. Lass es einfach geschehen. Es ist ganz leicht. Dein Og Min unterstützt den Fluss der Energien.

Dann bitte Guinevere zu dir und vereinige dich mit ihren Qualitäten. Das goldene Licht begleitet diese Ganzwerdung, und wir laden dich ein, sie einfach anzunehmen.

Abschließend betritt Lancelot die Flamme. Erlaube dir, auch diesen Aspekt über die Verbindung mit dir nach Hause zurückkehren zu lassen. So finden Heilung und Erfüllung statt.

Das goldene Feuer tanzt durch und um dich und manifestiert Einheit. Dadurch beginnt Frieden in dir Raum zu nehmen, und dieser Friede strahlt aus, um die Geschichte, die Vergangenheit, zu durchdringen. Dein Og Min un-

terstützt dich weiterhin, indem er all seine Liebe, die er für dich empfindet, in dein Herz mit einfließen lässt. Je mehr die Integration der Aspekte, die du in dich aufgenommen hast, in dir vollzogen ist, umso größer wird der Kelch unter deinen Füßen.

Und nun beginnt auch der Gral mit dir zu verschmelzen. Ebene für Ebene. Schicht für Schicht. Dein Basiszentrum ist eins mit dem Kelch. Dein zweites Chakra ist eins mit dem Kelch. Dein Solarplexus ist eins mit dem Kelch. Dein Herzzentrum ist eins mit dem Kelch. Dein Kommunikationschakra ist eins mit dem Kelch. Dein Drittes Auge ist eins mit dem Kelch. Dein Kronenzentrum ist eins mit dem Kelch. Ebenso ist dein spiritueller Körper eins mit dem Kelch. Dein mentaler Körper ist eins mit dem Kelch. Dein emotionaler Körper ist eins mit dem Kelch. Dein physischer Körper ist eins mit dem Kelch. Du bist in deiner Gesamtheit eins mit dem Heiligen Gral. Spüre die Kraft, die von ihm ausgeht. Fühle die unendliche Weite, die von ihm ausgeht. Erkenne die Reinheit, die von ihm ausgeht. Wisse um deine ICH BIN Präsenz, die ist. Atme tief und bewusst und genieße das, was du bist. Das goldene Licht von An segnet dich. Dein Og Min segnet dich. Lass die Integration weiter in dir Raum nehmen. Jetzt.

Nimm einige bewusste Atemzüge und löse dich sanft aus der goldenen Flamme von An. Bedanke dich bei ihr und allen, die dich begleitet haben. Dein Og Min führt dich aus dem Zentrum des Tempels hinaus. Die anderen Lichtgeschwister verabschieden sich von dir. Dein Og Min reist mit dir zurück. Du kommst in deinem Raum und in deinem

Körper an. Lass deine Wurzeln in die Erde wachsen und verankere dich im Hier und Jetzt. Dein Og Min durchströmt dich nach wie vor mit seiner Liebe und hüllt dich darin ein. Das Licht der Zentralsonne segnet dich und unterstützt deine Integration und Ganzwerdung auf ihre eigene Art und Weise. Zentriere dich, dehne und strecke deinen Körper und erlaube dir, ganz da zu sein. Jetzt. Falls du den Impuls verspüren solltest, die Annahme der Aspekte zu wiederholen, dann tue es. Sei gesegnet. Amen.

☆☆☆☆☆

8.8.1
Die Heilung der weiblichen Ahnenreihe

Ein Heilungsritual für unsere männliche Ahnenreihe haben wir in einem früheren Kapitel schon gestaltet. Jetzt ist es Zeit, uns nochmals der weiblichen Linie zu widmen. Auch das ist Teil des Artuswegs.

☆☆

Deshalb möchte ich dich einladen, dich zu entspannen. Nimm einige tiefe Atemzüge und gehe in deine göttliche Präsenz. Sei Stille. Sei Kraft. Sei Weisheit. Sei Liebe. Jetzt. Sei mit deiner Aufmerksamkeit ganz in und bei dir. Aktiviere dein Basiszentrum und lass deine Wurzeln weit hinein in den Schoß der Erde wachsen. Aus dem Zentrum der Erde strömt nun alles zu dir, was du benötigst, um im Frieden und in der Gelassenheit zu sein.

Aus den Weiten des Universums kommen nun Engelemanationen des Gabriel zu dir in deinen Raum. Sie bilden um dich einen Lichtkreis aus Gabrielenergie. Das fördert deine Klarheit und deine Konzentration. Nimm erneut einen tiefen Atemzug und tritt dabei in dein Herz ein. Es ist wie ein Tempel, in dem du ganz sein kannst. Jetzt.

Von hier aus führt eine Pforte, und durch diese schreite hindurch. Sie führt dich an einen Ort der Kraft, der sich dir als ein Steinkreis zeigt. Berühre die Steine und begrüße die Energien des Kraftplatzes. Spüre dabei ihre Erha-

benheit, ihre Geduld und ihre Ausdauer. Die Geistige Welt bittet dich, in das Innere des Kreises einzutreten. Morgana steht dort bereits. Sie trägt den blauen Halbmond auf ihrer Stirn und hat ihre Hände erhoben. Sie begrüßt dich. Erkenne, dass sie dich als ihre Schwester und als ihren Bruder anerkennt. Morgana lässt ihre Arme sinken und nimmt aus einer Falte ihres Priesterkleides einen Kelch heraus. Sie überreicht ihn dir. Sie bittet dich, ihn zu halten. Dann legt Morgana ihre Hände auf deine. Die Priesterin fordert dich nun auf, an diesem Ort die Türen zu öffnen, sodass du alle Seelen, die zu deiner weiblichen Ahnenreihe gehören, einladen kannst, zu dir zu kommen. Dabei ist es nicht von Bedeutung, ob sie noch in einer physischen Form sind, oder bereits in einer anderen Ebene weilen. Lass deine Mutter, deine Großmütter, deine Urgroßmütter etc. Raum nehmen. Genauso wie Wesenheiten, die die weibliche Energie für dich repräsentierten und prägend für dich gewesen sind. Dazu zählen beispielsweise Partnerinnen, Töchter, Lehrerinnen, Schwestern oder andere Weggefährtinnen. Wisse, dass sich dein mentales Sein an dieser Stelle zurücknehmen darf. Vertraue darauf, dass alle Seelen, die damit in Resonanz stehen, erscheinen, unabhängig davon, ob du sie persönlich kennst beziehungsweise kanntest oder nicht, ob sie dir in diesem Zusammenhang einfallen würden oder nicht.

Morgana bittet dich, dich daran zu erinnern, dass du in Tintagel den Gral in deinem Herzen verankert hast, der mit Drachenblut benetzt war. Aktiviere ihn und strahle seine Energie jetzt zu dem Kelch in deinen Händen. Dadurch überträgt sich die Schwingung aus deinem Herzen auf das Gefäß in deinen Händen. Somit kann das Ritual der Heilung beginnen. Die Tropfen Drachenblut haben magische Kräfte. Sie verleihen Unsterblichkeit. Durch die Benetzung mit dieser Essenz können alte, tiefe Wunden restlos und endgültig heilen.

Morgana macht mit einer Hand eine sanfte Bewegung, und wie aus dem Nichts heraus kommen hinter den Steinen Wesenheiten aus dem Reich der Natur hervor. Es erscheinen Feen, Elfen, Einhörner, Pegasus und Drachengeschwister. Alle sind sie gekommen, um dich zu unterstützen, deine weibliche Kraft zu heilen, sowohl in dir als auch in deiner Ahnenreihe.

Morgana nimmt aus einer anderen Falte ihres Gewandes eine silbrige, funkelnde Flüssigkeit heraus. Sie öffnet das kleine Fläschchen und lässt den Inhalt in den Kelch fließen. Es löst das Drachenblut auf, sodass ein köstliches Getränk daraus entsteht. Morgana bittet dich nun, einen Schluck des heilenden Tranks zu dir zu nehmen. Die Essenz dehnt sich in deinem Körper aus und beginnt aus allen Ebenen deines Seins, Erfahrungen von Verletzungen deiner weiblichen Energie herauszulösen und zu transformieren. Diese alten Erinnerungen gleichen Schlacken, die nun aus dir abfließen. Sie werden von der Erde aufgenommen. Diese wandelt sie und erschafft daraus neues Leben. Je mehr du dir erlaubst loszulassen, umso mehr Blumen sprießen aus dem Boden. Das ist ein Ausdruck deiner transformierten Energie. So fließen jegliche Formen der Missachtung von weiblicher Kraft von dir ab.

In der Zwischenzeit haben die Feen und Naturwesen begonnen, deine Ahninnen zu berühren. Sie unterstützen sie, damit auch aus ihnen Traurigkeit und Schmerz ausströmen können und sie mit neuer Lebendigkeit und Leichtigkeit gefüllt werden. Die Wesen aus der Natur helfen deinen Ahninnen, ihre Ängste zu verlieren und alle Erfahrungen zu heilen, über die sie niemals sprechen konnten, die sie dennoch bis ins tiefste Innere verletzten. Die Elfenenergie heilt in ihnen das Gefühl des Alleinseins und von der Erde, den Müttern oder mütterlichen Qualitäten nicht angenommen worden zu sein. Die Naturwesen lösen aus deiner weiblichen Ahnenreihe die Erfahrungen, immer zu viel Verantwortung getragen zu haben und die große Enttäuschung, eigene Wünsche nicht leben zu können. Erinnerungen, sich immer unterordnen zu müssen, zu tun, was andere sagen, mangelnde Eigenwertschätzung und Selbstliebe, die tiefe Angst, nicht zu genügen, und alles andere, was deine weibliche Ahnenreihe belastet, findet jetzt Erlösung. Die Wesen der Natur berühren über deine weibliche Linie den Ursprung, wo diese Ungleichgewichte und Leiderfahrungen begonnen haben.

Während die Naturwesen deine Ahninnen unterstützen, bittet Morgana dich nun, ihr den Kelch wieder zu übergeben. Sie geht mit ihm von Seele zu Seele, und bittet jede Ahnin, daraus zu trinken. Erkenne, dass in der Zwischenzeit der Mond groß und rund aufgegangen ist. Sein Licht scheint liebevoll auf dich und nährt die empfangende Energie in dir. Er nährt deine weibliche Seite und deine gesamte Ahnenreihe. Jede der hier Anwesenden, einschließ-

lich dir selbst, wird von Morgana aufgefordert, nochmals bewusst ihr Basiszentrum zu öffnen, um die Wurzeln tief hinein in den Schoß der Erde wachsen zu lassen. Erlaube dir, dass dadurch in dir eine liebevolle Rückbindung an Gaia Raum nehmen kann. Sie ist dein zu Hause. Auch die Erde ist ein Teil deiner Sternenheimaten. Durch deine Annahme, dass Gaia ein Teil von dir ist, dass Gaia deine Mutter ist, dass Gaia deine Schwester und deine Tochter ist, kannst du in eine vertiefte Selbstannahme, die auch den physischen Körper mit einbezieht, gehen. Gaias Licht breitet sich in dir aus und fördert Harmonie und Heilung. Wenn du in dieser Form mit Gaia verbunden bist, kann dir nichts geschehen. Denn dann bist du kraftvoll. Du wirst von ihr genährt, versorgt, und Vertrauen erfüllt die Gesamtheit, die du bist. Alle Seelen, die hier mit dir sind, erfahren diese Rückbindung an Gaia.

Morgana bittet dich, die Energie der Erde weiter in dir aufsteigen zu lassen und zu spüren, wie sie durch deinen Körper strömt. Über deine Füße, deine Beine, deinen Unterbauch und deinen Oberkörper, deine Arme, Hände und deinen Kopf. Über diese Berührung von Gaia wird deine ganze weibliche Seite so genährt, dass sich jede Form von Mangel in ihr auflöst. Dadurch erweitert sich die Regenerationsfähigkeit deines Körpers. Erkenne, dass verschiedenste Arten seiner Abnutzungserscheinungen durch die wiedergefundene Einheit mit Gaia auszugleichen sind und heilen können.

Wenn du mit der liebenden Erdenergie erfüllt bist, fließt sie über und durchdringt alle Seelen, die mit dir sind. Nimm wahr, wie sie sich gewandelt haben. Wie kraftvoll, strahlend und würdevoll sie wieder geworden sind. Der liebevolle Umgang mit sich selbst und den eigenen Ressourcen ist in dir und in ihnen gewachsen. Genauso wie Selbstachtung und Selbstbestimmtheit. Bitte erkenne, dass sich dir für die geheilte weibliche Kraft ein Symbol zeigt. Es ist eine goldene Rose. Diese strahlt aus sich selbst heraus. Sie schenkt Wärme und Freude. Diese Rose blüht in dir und beginnt in jeder anwesenden Seele zu wachsen. Dadurch breitet sich ein einzigartiger Duft aus. Deine weibliche Kraft leuchtet.

Morgana bittet dich, dir im Namen deiner ICH BIN Präsenz zu erlauben, neue Wege zu gehen. Danke allen Seelen, die hier mit dir sind. Erkenne, dass auch ihr Dank zu dir zurückströmt. Sie empfinden eine unendliche Liebe für dich, und es ist ihnen wichtig, dir zu vermitteln, dass sie an dich und deine Fähigkeiten glauben. Sie sagen dir, dass du Erfüllung finden wirst. Sie möchten dir ihre Wertschätzung ausdrücken und dir mitteilen, wie stolz sie auf dich sind. Du kannst dich darauf verlassen, dass sie hinter dir stehen, wenn du deinen eigenen Weg nun fortsetzt. Deine Ahninnen bitten dich um Vergebung. Für alle Situationen, in denen du dich von ihnen nicht angenommen fühltest. Das möchten sie ändern. Es ist ihnen wichtig, dir das Gefühl zu schenken, dass du sein darfst, wie du bist, und dass sie dich so annehmen, akzeptieren und unterstützen. Sie bitten dich zu vertrauen, dass für dich gesorgt wird. Sie laden dich nochmals ein, dich selbst zu leben!

Nachdem Morgana allen Seelen aus dem Kelch zu trinken gegeben hat, reicht sie ihn dir erneut. Trinke bitte noch einmal daraus. Morgana sagt, dass du der Anfang und das Ende bist, weil sich in dir und über dich der Kreis schließt. Fühle die lebensspendende Kraft, die durch ihn in dir zu wirken beginnt. Atme bewusst ein und aus.

Die Priesterin fordert dich auf, einen Schritt nach vorne zu setzen. Dadurch betrittst du das Neue. Du erlaubst dir von jetzt an, deine weibliche Energie in der geheilten Form zu leben. Die Wesen aus dem Reich der Natur werden sowohl die Seelen, die zu deiner weiblichen Ahnenreihe gehören, wie auch dich noch ein Weilchen begleiten, um die Integration der geheilten weiblichen Energie zu fördern. Die Heilung deiner weiblichen Ahnenreihe ist auch ein wichtiger Schritt, um der Heilige Gral zu sein.

Feen, Elfen und andere Geschwister aus der Anderswelt führen nun die Seelen deiner Ahninnen dorthin zurück, wo sie zu Hause sind. Bedanke dich bei ihnen und verabschiede sie. Morgana umarmt dich und sagt dir, wie schön es ist, dass du endlich nach Avalon zurückgekehrt bist. Sie bittet dich, aus dem Kelch, den sie dir reichte, die Energie des Grals, die du hineinprojiziert hast, wieder herauszulösen und in dein Herz zurückkehren zu lassen. Dort verankert sich der Heilige Gral erneut.

Morgana trägt ihren Kelch und bringt dich aus dem Innern des Steinkreises heraus. Hier kannst du dich bei Morgana und den Wesen, die dir dienten, bedanken und dich von ihnen lösen. Atme tief ein und aus. Kehre von dem Kreis zurück in dein Herz. Komme in deinem Sein im Hier und Jetzt an. Wisse, dass der Segen von Avalon über dir liegt. Sei ganz bei und in dir. Fühle den Neubeginn auf deine eigene Art und Weise. Spüre die geheilte weibliche Kraft, die dich durchströmt, und die Gesamtheit, die du bist, erfüllt. Erde und zentriere dich. Wenn du möchtest, zünde zu einem späteren Zeitpunkt eine Kerze für deine weibliche Ahnenreihe an und bestätige somit nochmals die Heilung der weiblichen Energie, die du mit manifestiert hast. Sei stolz auf dich. Sei gesegnet. Jetzt und allezeit. Amen.

☆☆☆☆☆

8.8.8
Kornkreise – Kommunikation mit den Sternengeschwistern

Über die Kornkreise kommunizieren unsere Sternengeschwister mit uns. Das tun vor allen Dingen die Og Min, Wesen von der spirituellen Venus und in den letzten Jahren vermehrt die Sternenwesen von Arkturus. Die Grundenergie von Arkturus ist sehr klar und wirkt sehr stark auf unser Gehirn. Sie unterstützt unter anderem die Ausbalancierung der Gehirnhälften genauso wie die Aktivierung des noch brachliegenden Potenzials unserer gesamten Gehirnkapazität.

Es gibt ein Kartenset, das ich dir an dieser Stelle ans Herz legen möchte. Es ist eine wundervolle Ergänzung zu den folgenden Kapiteln. Es heißt „Die Weisheit der Arkturianer“ und ist im Aquamarin Verlag erschienen. Der Künstler, Janosch, hat sich ganz auf die „Kornkreiskunst“, wie er es nennt, eingelassen.

Die Kornkreise haben sich in den letzten Jahren sehr verändert. Es werden immer mehr, und die Zeichen sind komplexer als früher. Auf der einen Seite erkennt man darin die Entwicklung der Menschheit. Die Kornkreise dokumentieren unsere Schritte, und gleichzeitig fördern sie sie. Jeder Kreis ist einmalig und hat seine ganz spezielle Bedeutung. In den nächsten Jahren werden noch viele Lichtarbeiter den Impuls und die Aufgabe erhalten, mit der Lichtsprache, die die Kornkreise sind, zu wirken. Die Symbole unterstützen die Aktivierung unserer Zwölf-Strang-DNS und die Geburt des Kosmischen Menschen. Die Kornkreise sind eine kosmische Sprache, sie enthalten eine Kodierung, die unsere Evolution fördert. Durch das Betrachten eines Kornkreises werden Impulse ausgesandt, die bis in unseren Zellkern wirken. Viele der Kreise vermitteln eine ähnliche Botschaft. Jeder berührt die Menschen in einer ganz besonderen Frequenz und beschleunigt dadurch eine Entwicklung (in uns), weil wir quasi auf mehreren Ebenen gleichzeitig an einem Thema wirken können.

Bei allen Kornkreisen, die dir begegnen, ist es empfehlenswert, dass du dir zuerst vorstellst, in ihnen zu stehen, zu sitzen oder zu liegen. Nimm einige bewusste Atemzüge und lass sie auf dich wirken. Beobachte deine Körperempfindungen, deine Gefühle, deine Gedanken, deine Impulse, die du nun erhältst. Wenn es für dich stimmig ist, kannst du dich dabei auch bewusst auf die genannten Sternengeschwister ausrichten. Gibt es jemanden von ihnen, der sich dir nähert und dir etwas vermitteln möchte? Abschließend bedankst du dich bei ihnen beziehungsweise der Energie des Kornkreises, löst dich aus ihm heraus und erdest und zentrierst dich wieder ganz im Hier und Jetzt. Dann kannst du gerne noch mehr über ihn lesen und in Erfahrung bringen und es mit deinen Wahrnehmungen ergänzen. Du kannst dich mit Kornkreisbildern umgeben und sie mehr und mehr in deine spirituelle Arbeit mit einbeziehen. Lass dich dabei von deiner Intuition führen.

Unser Wissen über die heilenden und unterstützenden Kräfte der Kornkreise steckt noch in den Kinderschuhen.

Es ist unsere gemeinsame Aufgabe, sie zu entschlüsseln, weil wir dadurch den Kontakt und die Zusammenarbeit mit unseren Sternengeschwistern viel bewusster entfalten können.

Die nachfolgende Skizze stellt einen Kornkreis dar, der im Mai 2008, kurz vor unserer Englandreise, als wir begannen den Artusweg zu gehen, in der Nähe von Avebury erschienen ist. Er ist nur ein Beispiel von vielen anderen. Für die nächste Meditation und um ein tieferes Verständnis für die Wirkung der Kornkreise zu schaffen, stelle dir vor, du würdest im Zentrum dieses Kreises stehen. Wenn du möchtest, visualisiere ein leuchtend goldenes Raps- oder Kornfeld, wo sich dieses Zeichen auf der Erde zeigt.

Atme tief ein uns aus und lass die Natur und die kosmischen Kräfte auf dich wirken. Deine Sternengeschwister warten darauf, mit dir in den Kontakt zu treten. Sie möchten, dass sich die Zusammenarbeit mit den Menschen wieder intensiviert und begleiten auf ihre Weise den Aufstieg in die Fünfte Dimension. Jetzt lass dich bitte auf die Botschaften des Kosmos ein und erinnere dich dabei an deine eigene Verbindung zu den Sternengeschwistern und den Raumbruderschaften.

☆☆☆

Kornkreis vom 19.04.2008

Einstimmungsmeditation

Visualisiere den Kornkreis vor deinem geistigen Auge. Gehe mit deiner Aufmerksamkeit in sein Zentrum und komme darin an. Atme einige Male bewusst ein und aus und lass seine Energie auf dich wirken. Du bist sicher und geborgen. Jetzt und allezeit. Nun aktiviere bitte dein Basiszentrum und lass deine Wurzeln tief in den Schoß der Erde wachsen. Empfange die Liebe, die Gaia für dich empfindet, und für alles, was lebt. Dadurch wächst in dir ein Gefühl des Angenommenseins. Gaia liebt dich so, wie du bist. Das Licht von Gaia berührt dein Herz und öffnet es. Es wird ganz weit, frei und leicht. Nun bittet die Geistige Welt, dich nochmals bewusst auf die Schwingung des Kornkreises einzulassen. Nimm ihn auf deine eigene Art und Weise wahr. Was bedeutet er für dich? Was berührt er in dir? Was assoziierst du mit ihm? Wenn du nichts fühlen oder wahrnehmen solltest, ist dieses auch in Ordnung. Schenke ihm einfach die Möglichkeit, jetzt auf dich wirken zu dürfen.

Dann lädt dich die Geistige Welt zu einer kleinen Meditation ein. Sie bittet dich, zum Himmel zu blicken und ihn als nächtlich, samtblau, leuchtend wahrzunehmen. Unzählige Sterne funkeln. Erkenne die Unendlichkeit des Universums und deine eigene. Einige dieser Lichtpunkte, die du am Firmament strahlen siehst, gehören zu deinen Sternenheimaten. Sie leuchten nun besonders intensiv auf, um dich zu grüßen, egal, ob du sie kennst und benennen kannst oder nicht. Sie geben dir ein Signal, dass du jederzeit willkommen bist. Du bist immer mit ihnen in Verbindung, auch wenn du im Moment in einem physischen Körper auf der Erde weilst. Nimm dich als Sternenkind an und fühle dich sicher und geborgen.

Nun blinkt dir noch ein weiteres Sternbild entgegen. Es ist das Boot, und darin befindet sich Arkturus. Auch wenn dein mentales Sein es im Moment nicht zuordnen kann, vertraue bitte darauf, dass du jetzt Arkturus wahrnimmst. Erkenne, dass sich von dort ein Lichtstrahl löst, der direkt zu dir in den Kornkreis führt. Über diesen Lichtstrahl beginnen sich Wesenheiten von Arkturus in Bewegung zu setzen. Dabei vereinen sie ihre Energien so, dass sich daraus ein Lichtschiff bildet. Es nähert sich. Dabei dreht es sich und sendet Impulse und Signale in Form von Klang und Farben aus. Deine Sternengeschwister von Arkturus zeigen dir, dass so die Kornkreise entstehen. Sie vermitteln dir, dass es Grüße aus dem Himmel und Botschaften deiner Sternengeschwister sind. Sie sagen dir, dass sich das Rad der Zeit schneller dreht und sich die Evolution der Menschheit ihrer Bestimmung nähert.

Der Kornkreis, in dem du dich gerade befindest, fördert deine persönliche Entwicklung. Er beschleunigt sie. Er ist wie eine Drehscheibe, und sie vergleichen ihn mit den atlantischen Flugscheiben, die benutzt wurden, um in unterschiedliche Dimensionen reisen zu können. Deine arkturianischen Lichtgeschwister teilen dir mit, dass du dir immer wieder vorstellen kannst, im Zentrum dieser Scheibe zu stehen, um dich aus der nicht geheilten Dualität in die Schwingungsebene der Fünften Dimension zu bewe-

gen. Du kannst mit ihm auch zu den Sternen reisen, um den Kontakt mit den Sternengeschwistern zu vertiefen. Dabei stelle dir vor, dass sich der Kornkreis unter deinen Füßen zu drehen beginnt. Seine Rotation dehnt sich durch die Gesamtheit, die du bist, aus. Dadurch erhöhst du deine Schwingung, deine Entwicklung wird beschleunigt und dein Bewusstsein wird weit, sodass es leicht, in einer spiralförmigen Art und Weise, emporgetragen werden kann. Erlaube dir dadurch im Hier und Jetzt, eine neue Ebene innerhalb deiner Entwicklung zu erreichen.

Betritt einen neuen Schwingungsraum und verankere, verwurzle dich dort bewusst. Durch die Energie des Kornkreises ist dieses jetzt möglich. Er öffnet dir Türen. Deine Sternengeschwister von Arkturus sind mit dir, um dich dabei zu unterstützen, Altes abzulösen und Neues willkommen zu heißen. Deine Lichtgeschwister bitten dich, dir selbst die Erlaubnis zu geben, die neue Schwingungsqualität in allen Ebenen deines Seins zu integrieren und in den nächsten Tagen Schicht für Schicht in dich einsinken zu lassen und zu manifestieren. Jetzt nimm sie auf und an, genauso wie ihre Möglichkeiten, mit dir zu kommunizieren, die du als Kornkreise bezeichnest. Atme tief ein und aus und spüre den Fluss der Energien in deinem System.

Deine Lichtgeschwister von Arkturus segnen dich und beginnen sich wieder zurückzuziehen. Verweile im Zentrum des Kornkreises, so lange du möchtest. Dann bedanke dich bei deinen Sternengeschwistern und bei Mutter Erde und löse dich bewusst aus dem Kreis. Gehe mit deiner Aufmerksamkeit zu deinem Herzen und komme ganz im Hier und Jetzt an. Lass dir erneut einige Augenblicke Zeit, um in dich hineinzuhören und zu fühlen. Dann zentriere und erde dich vollkommen. Sei da, wo du bist. Jetzt.

In den folgenden Tagen kannst du immer wieder einmal innehalten, um zu spüren, was der Kornkreis in dir bewegte und welchen Bezug du generell zu Kornkreisen hast. Wenn du keine anziehende Resonanz dazu verspüren solltest, ist das auch in Ordnung. Es gibt immer mehrere Wege, um ein Ziel zu erreichen, also in diesem Fall, um mit Sternengeschwistern zu kommunizieren. Alle sind gleich-gültig und gleich-wertig. Sei gesegnet. Jetzt und allezeit. Amen.

☆☆☆

Beschreibung einzelner Kornkreise

Anhand der folgenden Beispiele möchte ich ein noch tieferes Verständnis für die Energie der Kornkreise schaffen und aufzeigen, wie bedeutend sie in dieser Zeit für uns sind. Bei jeder einzelnen Skizze kannst du dich zuerst selbst mit dem Bild verbinden, es auf dich wirken lassen und deine Impulse dazu sammeln. Je mehr wir uns mit den Symbolen der Kornkreise beschäftigen und sie nutzen, umso schneller können sich ihre Informationen verbreiten und uns unterstützen. Christina, eine liebe Freundin, hat von der Geistigen Welt den Auftrag erhalten, die Kornkreissymbole durch das Bedrucken von T-Shirts hinaus in die Welt zu tragen. Wenn dir das gefallen würde, findest du im Anhang dieses Buches ihre Adresse, damit du sie kontaktieren kannst. Den ersten Kornkreis, den Nada näher beschrieben hat und den ich hier erwähnen möchte, ist der, der am 8.8.08 erschienen ist. Er sieht selbst wie eine Acht aus – was für ein Zufall, nicht wahr?

☆☆☆

Kornkreis 1 – Der Tempel von An

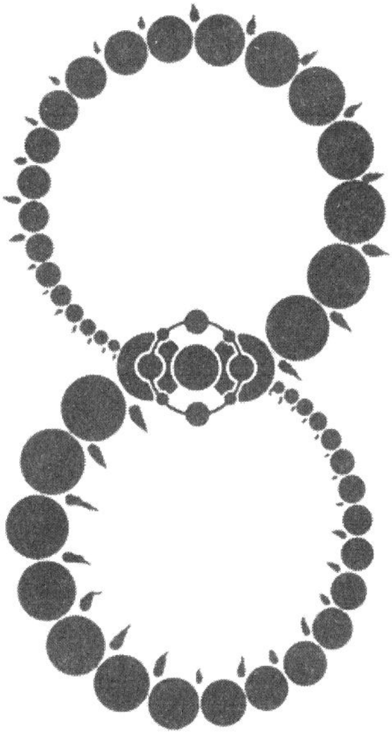

Nada sagt dazu:

Erkenne, dass die Entwicklung, die begonnen hat, die Dimensionen zu durchdringen, nicht mehr aufzuhalten ist. Der Dimensionswechsel findet statt. Dieser Kornkreis zeigt diesen Wechsel. Du kannst in ihm die verschiedenen Dimensionen erkennen, die Dritte und die Fünfte, die ineinanderfließen, woraus sich eine neue Ebene (des Bewusstseins), ausgedrückt durch den mittleren Kreis, bildet. Dieser mittlere Kreis ist auf den goldenen Tempel von An ausgerichtet. Er repräsentiert die Neue Zeit.

Die größeren Kreise des Kornkreises sagen Folgendes aus: Aus den Weiten des Universums, aus der Fünften Dimension, kommt die Inspiration der Quelle, um sich mit der Materie der Dritten Dimension zu vereinen. Der Kreis, der für die Materie steht, ist empfangend, aufnehmend. Deshalb lodern die kleinen Flammen des Lebens und der Evolution nach innen. Erkenne, dass es für die Entwicklung der Menschheit darum geht, dass sich beide Kreise mehr und mehr in An begegnen. Die unterschiedlichen Größen der kleinen Kreise, aus denen das gesamte Bild geformt ist, bedeuten, dass sich jede noch so kleinste Zelle, jede Erfahrung, jeder Bereich, jeder Aspekt, der hier auf der Erde existiert, mit jeder Zelle, jeder Erfahrung, jedem Bereich und jedem Aspekt, der zum kosmischen Prinzip gehört, vereint. Das geschieht über und durch den Tempel von An.

Dieser Kornkreis symbolisiert ein Sternentor in die Neue Zeit. Es gibt kein Zurück mehr. Die Evolution läuft, und du bist ein Teil davon. Es ist empfehlenswert, dich immer wieder im Kreis von An zu visualisieren. So gleichst du Spannungsfelder aus. Dadurch bringst du deine eigenen unterschiedlichen Frequenzen, in denen du schwingst, in den Ausgleich und erschaffst neue Energien, die die Manifestation der Fünften Dimension in dir und um dich fördern. Das Leben ist unendlich. Sei gesegnet. Amen.

☆☆☆

Kornkreis 2 – Die Große Göttin – 27.07.2008

Nada sagt dazu:

Dieser Kornkreis steht in Verbindung mit der Großen Göttin, weshalb du ihn auch so bezeichnen kannst. Er korrespondiert mit der venusischen Energie beziehungsweise mit der besonderen Venuseinstrahlung, die im Juni 2008 gewesen ist und eine Wiedergeburt der Liebe auf die Erde gebracht hat.

Der Kornkreis fördert die Manifestation der Großen Göttin in der Materie und auf der Erde. Das bedeutet, dass er die Aktivierung der Göttin in jedem Menschen unterstützt. Er bringt Fruchtbarkeit und Fülle, auch auf den finanziellen und materiellen Reichtum bezogen. Da er die weibliche Seite stärkt, vertieft er den Kontakt zu Lemurien. Er lässt die Kommunikation mit der Erde und der Natur wachsen, was zu einem liebevolleren Umgang mit den Schätzen der Natur führt. Wenn du diesen Kornkreis nutzt und weitergibst, unterstützt du die Annahme der weiblich göttlichen Energie und lässt sie Raum nehmen.

Doch noch ein weiteres Symbol kannst du in ihm erkennen. Die Arme der Göttin stellen auch eine Mondsichel dar, wodurch die Verbindung zu den lunaren Kräften betont wird. Mit dieser berührt sie eine weitere Scheibe. Diese repräsentiert die Kraft der Urmutter, Shekaina, die ein solares Prinzip ist. Eine Vereinigung von weiblich lunaren und weiblich solaren Energien findet statt und wird auf die Erde gebracht.

Unabhängig davon zeigt sich in diesem Kornkreis auch das Bild eines Stierkopfes. Die Arme der Göttin sind seine Hörner. Auch dieser Stier ist ein Symbol der Fülle und der Fruchtbarkeit in der Materie. Der Stierkopf repräsentiert auch ein männliches Potenzial, das der Großen Göttin zur Verfügung steht. Es bedeutet, dass die Göttin in ihrer Weiblichkeit auf der Erde Raum nimmt und dabei liebevoll mit der männlichen Präsenz und der männlich erschaffenden Kraft zusammenwirkt. Dieser Kornkreis hilft, Balance in und zwischen patriarchalen und matriarchalen Systemen und Strömungen zu schaffen. Denn wenn die Göttin jetzt wiederkommt, tut sie dieses im Gleichgewicht der Kräfte, und der Stierkopf ist ein Zeichen dafür. Der Kornkreis bringt und manifestiert Fruchtbarkeit und Wohlstand in die Materie. Sei gesegnet. Amen.

Kornkreis 3 – Merkabah-Manifestation – 16.08.2008

Nada sagt dazu:

Dieser wundervolle Kornkreis steht mit Arkturus in Verbindung. Er bringt Klarheit und Neuordnung. Er unterstützt die Aktivierung des Lichtkörpers und die Bildung der Merkabah. Er fördert dabei die Schwingungserhöhung innerhalb deiner Körper, wodurch auch dein physischer Körper Unterstützung erhält, sich mehr und mehr auf die fünfdimensionale Energie einzulassen. Der Kornkreis hilft dir, das Potenzial, das in dir ist, wirklich im physischen Sein zu verkörpern. Dazu begib dich in deiner Vorstellung immer wieder in das Zentrum dieses Kornkreises. Nimm wahr, wie dadurch in dir eine Ausrichtung stattfindet. Durch das Zeichen des Sterns beginnt sich deine Merkabah auszubilden. Der Stern bringt deinen Lichtkörper in eine dynami-

sche Bewegung. Sein Licht intensiviert und potenziert sich und strahlt bis in die Zellen deines physischen Körpers.

Dieser Kornkreis unterstützt deinen physischen Körper, mit den feinstofflichen Körpern in Harmonie zu sein. Er fördert die Manifestation des Lichts in der Materie. Er verjüngt die Zellen. Es wäre gut, dich so oft wie möglich in seinem Inneren aufzuhalten, denn er regeneriert und baut auf. Er errichtet um dich ein Schwingungsfeld der Fünften Dimension und stabilisiert es mehr und mehr, sodass du darin verankert bleiben kannst. Bitte bezeichne diesen Kornkreis als Merkabah-Manifestation. Seine Botschaft ist: Manifestiere deinen Lichtkörper und sei in der Fünften Dimension verankert im Hier und Jetzt. Wenn du möchtest, nutze diese Affirmation in der Verbindung mit dem Kornkreis, der die Erweiterung deines Bewusstseins wie auch die Kommunikation mit deinen Sternengeschwistern von Arkturus fördert. Sei gesegnet. Amen.

☆☆☆☆☆

Der Artusweg geht weiter – Chalice Well

Da der Kontakt zu den Sternengeschwistern Teil des Artuswegs ist, gehören auch ihre Zeichen, Symbole und Kornkreise dazu. Nun führt uns die Reise weiter.

☆☆

Wir betreten gemeinsam den Garten, der als Chalice Well bekannt ist. Er ist ein Ort des Friedens. Ein wundervoller Platz, um anzukommen. Auch er ist wie eine Durchgangstür in die Anderswelt beziehungsweise nach Avalon. Wenn du ihn noch nie gesehen hast, dann stelle dir einfach einen blühenden Ort vor, durch den eine Quelle fließt. Wir sind schon bald an unserem Ziel angelangt. Deshalb lade ich dich jetzt ein, es dir bequem zu machen. Visualisiere den Kelchgarten vor deinem geistigen Auge und betritt ihn. Dort finde deinen Platz, an dem du dich ganz auf seine Schwingung einlassen kannst. Jetzt. Nimm einige bewusste Atemzüge und komme ganz in ihm an. Lass deine Wurzeln tief hinein in den Schoß der Erde wachsen. Sei eins mit Gaia. Dann bittet dich die Geistige Welt, dich auf dein Herz zu fokussieren. Sei eins mit seiner Liebe und seinem Licht, eins mit deiner Seele.

Blaues Licht beginnt einzufließen, dich zu berühren und einzuhüllen. El Morya zeigt sich dir in einer Form, wie du ihn wahrnehmen und annehmen kannst. Er grüßt dich als seine Schwester und seinen Bruder. Er lässt sein Licht des Friedens in dich einstrahlen. Er sagt dir, dass der Ort der heiligen Quelle, an dem du dich befindest, ein Platz des tiefen Einverstandenseins mit Allem-was-ist ist. Du bist hierhergeführt worden, um alles, was Geschichte ist, loszulassen, um alles, was gewesen ist, loszulassen. Denn all das benötigst du nicht, wenn du den Pfad zurück nach Avalon beschreitest. Durch das Festhalten an Erinnerungen, egal wie sie gewesen sind, unterscheidest du, teilst du ein und bewertest du ein Stück weit.

El Morya bittet dich deshalb, nun aus der Quelle zu trinken. Dabei stelle dir vor, wie du von allen Erinnerungen reingewaschen wirst. Er lädt dich ein, auch jene Erfahrungen der alten Zeit, durch die dein Urvertrauen erschüttert wurde und verlorenging, jetzt mit diesem Heilwasser abfließen zu lassen. Stattdessen lass dich von dem Zauber des Ortes erfüllen. Frieden breitet sich dadurch in dir aus. Dieser Garten ist ein Eingang in eine andere Welt. Über ihn wirst du nach Avalon zurückkehren und es wiederfinden. Dort wirst du von der Großen Göttin über ihre Priesterin Morgana erwartet.

Als Vorbereitung darauf erlaube dir nun wahrzunehmen, dass Folgendes geschieht: Durch die Berührung mit dem blauen Strahl, der deine Körper durchwirkt, beginnt sich deine Identität aufzulösen. Bitte habe keine Furcht davor. Doch es hat keine Bedeutung, welchen Namen du trägst oder getragen hast. Es hat keine Bedeutung, ob du einen männlichen oder weiblichen Körper bewohnst. Es hat keine Bedeutung, in welcher Form dein Körper gestaltet ist. Denn alles löst sich jetzt in deinem und über dein Sein auf. Das, was bleibt, ist deine Essenz. Das Unend-

liche, das Unvergängliche, das immer ist, immer war und immer sein wird. Dieses zeigt sich dir als ein Licht, das nun aus deinem Herzen strahlt und die Gesamtheit, die du bist, erfüllt. So bist du einfach Licht. So bist du einfach ein Lichtwesen. Und als Lichtwesen erkennst und erfährst du die Einheit, die du mit Allem-was-ist bist. Jetzt. Du bist eins mit der Erde, auf der du stehst. Du bist eins mit jedem Grashalm und mit jeder Blüte. Du bist eins mit jedem Baum und mit jedem einzelnen Blatt, das auf jedem einzelnen Baum wächst. Du bist eins mit all den Tieren, die in und auf der Erde leben. Du bist eins mit jedem Regentropfen, der vom Himmel fällt. Du bist eins mit der Sonne, deren Strahlen dich berühren. Du bist eins mit dem Wind. Du bist eins mit jedem Geräusch und jedem Klang. Durch dieses Einssein löst sich die Vergangenheit, das, was Geschichte ist, auf. Du bist frei. Du bist, was du bist. Du existierst außerhalb von Zeit und Raum in der Unendlichkeit. Der Garten, in dem du bist, unterstützt diese Wahrnehmung deines wahren Wesens.

El Morya lädt dich ein, jetzt als Essenz, die du bist, als reines Lichtwesen, den alten Pfad nach Avalon auf den Tor emporzusteigen. Verweile dabei in der Stille, um dir mit jedem Schritt dessen bewusst zu sein, dass es dich in der alten Form nicht mehr gibt. Du hast deine Rollen, deine Namen, deine Erinnerungen losgelassen. Jeder Atemzug bestätigt es aufs Neue. Sei frei. Das blaue Licht des Friedens dieses Gartens wie auch El Morya segnen dich. Genieße das Licht, das du bist, so lange du möchtest.

Wenn du bereit dazu bist, nach Hause zurückzukehren, nach Avalon, dann bedanke dich bitte bei den Energien und Wesen, die dich begleiteten und berührten. Verabschiede dich von El Morya und dem Kelchgarten und verlasse ihn wieder. Als Lichtwesen, das du bist, das ohne Anfang und ohne Ende ist, gehe nun den Weg hinauf bis an die Spitze des Tores. Kehre heim nach Avalon. Gehe zurück zu deinem Ursprung. Komme zurück zur Quelle, die ein Teil von dir niemals verlassen hat. Sei gesegnet. Jetzt und allezeit. Amen.

☆☆☆☆☆

8.8.1
In Avalon zu Hause sein – Aktivierung deiner Engelgegenwart

Erinnere dich an Avalon. Stelle dir vor, wie du auf dem Pfad den Hügel hinaufgehst. Stille umgibt dich. Atme tief ein und aus und werde dir des Lichtwesens gewahr, das du bist, das keine Vergangenheit und keine Zukunft hat, weil es im ewigen Jetzt lebt.

Morgana erwartet dich mit weiteren Priesterinnen vom See oben auf der Spitze des Hügels. Sie fragt dich, ob du bereit bist zurückzukehren, in den Schoß der Erde zurückzukommen, der ein Symbol für ursprüngliche Lebenskraft ist. Wenn du diese Frage mit einem „Ja" beantwortet hast, hebt Morgana ihre Hände. Dadurch verändern sich deine Wahrnehmung und die Sicht auf diesen heiligen Platz. Er zeigt sich dir in seiner vollen Blüte. Damals, als Avalon voller Lebendigkeit pulsierte, als es im Gleichgewicht der Kräfte von Himmel und Erde war, die sich hier immer wieder vereinten und Hochzeit feierten. Tritt ein in diese Ursprünglichkeit von Avalon und kehre so nach Hause zurück.

Atme bitte bewusst und erlaube, dass die goldene Energie von Avalons Blütezeit über deine Fußsohlen in dich einströmt. Sie dehnt sich in der Gesamtheit, die du bist, aus. Morgana sagt, dass die ursprüngliche Kraft von Avalon tiefer Friede und unendliche Liebe ist. Diese Ursprünglichkeit ist letztendlich auch die Essenz, aus der alle Religionen geboren sind. Sie benötigt keine Dogmen, keine

Strukturen, die Bindungen, Einschränkungen und Formen von Absolutismus und Fanatismus sind. Diese ursprüngliche Essenz ist die Liebe der Erde, die Liebe von Mutter-Gott, die sich immer wieder mit den kosmischen Kräften und somit mit Vater-Gott vereint. Sie umsorgt und nährt alle ihre Kinder. Atme dieses Bewusstsein in dich ein und verankere es in jeder Zelle, in jeder Faser, die du bist. Das ist der Ursprung, die ursprüngliche Kraft von Avalon. Von hier aus kannst du nun alle Wege gehen. Wann immer du nach Avalon reist, so wie jetzt, werden dadurch deine Wurzeln und dein Basiszentrum gestärkt und geheilt. Denn hier auf diesem Hügel sind der Austausch und der Kontakt mit den Schlangen- und Drachenenergien der Großen Göttin ganz leicht. Sie bewohnen das Innere des Tors.

So nimm wahr, dass auch nun aus den Tiefen der Erde über deine Fußsohlen, deine Wurzeln und dein Basiszentrum dir diese Qualitäten zur Verfügung stehen und in dich einströmen, wie es für dich im Hier und Jetzt hilfreich und stimmig ist. Das fördert dein Vertrauen, deine Lebensfreude, deinen Lebensmut und deine Lebenskraft. Dieser Moment ist wie ein Neubeginn. Es ist ein guter Zeitpunkt, um deine Visionen und Wünsche fliegen zu lassen. Um sie über dein Herz oder über dein Drittes Auge auszuatmen und ihnen so die Möglichkeit der Manifestation und Umsetzung zu geben. Erkenne, dass sie der Segen von Avalon fortträgt.

Morgana sagt, dass du von diesem Zeitpunkt an nicht mehr an frühere Versprechen, die du dir selbst auferlegt, gegeben oder erhalten hast, gebunden bist. Sie lösen sich im Namen deiner ICH BIN Präsenz im Hier und Jetzt auf. Sie neutralisieren sich. Du bist frei. Dein wahres Wesen kann zur Entfaltung kommen, und der Plan deiner Seele erfüllt sich darüber. Die Geistige Welt bittet dich, den kosmischen Frieden von Vater-Gott und die unendliche Liebe von Mutter-Gott sowie die Ursprünglichkeit von Avalon als einen Ort der Vermählung von Himmel und Erde in dich einfließen zu lassen und aufzunehmen. In dieser Qualität repräsentiert Avalon das Neue Jerusalem, wie es auch bezeichnet wird, was wiederum ein Ausdruck für die Fünfte Dimension, für die geheilte Dualität ist.

Lass nun in deinem Herzen ein Abbild dieses ursprünglichen Avalons entstehen. Erlaube, dass es strahlt und leuchtet. Erkenne, dass du selbst dadurch zum neuen Morgen wirst. Von nun an wird alles, was du berührst, und jeder Raum, den du betrittst, in seiner Ausrichtung verändert. Es beziehungsweise er beginnt sich in das Schwingungsfeld der Fünften Dimension hineinzubewegen. Bitte unterschätze dich und deine Möglichkeiten sowie deine Bedeutung, Aufgaben und Größe nicht.

Morgana berührt dein Drittes Auge und segnet es im Namen von Avalon. Dadurch aktiviert sich erneut der blaue Halbmond auf deiner Stirn. Dann legt sie eine Hand kurz auf deinen Thymus, der zu pulsieren beginnt. Über dir öffnet sich der Himmel. Erzengel Gabriel steigt herab und trägt einen besonderen Schatz bei sich. Gabriel kommt zu dir, und sein zarter Wind streicht dir über das Gesicht, um dich zu begrüßen. Der Erzengel steht vor dir und sagt dir, dass dieser Schatz, der die Form einer weißgoldenen

Energiekugel hat, zu dir gehört. Du hast ihn vergessen, als du auf deine irdische Inkarnationsreise gegangen bist, und die Engel haben ihn bis heute für dich gehütet. Er ist deine Engelgegenwart. Gabriel berührt mit deinem Schatz deinen Thymus. Atme bitte tief ein, um die Lichtkugel in dich aufzunehmen, in dich einströmen zu lassen. Lass deine Engelgegenwart zu dir zurückkehren ins Hier und Jetzt. Sie fördert deine Verbindung zu den Engeln genauso, wie sie die Verankerung der Fünften Dimension in der Materie unterstützt. So, wie dein Elfenselbst die Aufnahme von Erdenergien erweitert, tut dieses deine Engelgegenwart mit den kosmischen Kräften und Sternenschwingungen. Deine Engelgegenwart erinnert dich daran, dass du ein Teil der Engelreiche bist, dass du, unabhängig davon, in welcher Art du dieses wahrnimmst und lebst, auch ein Engel auf Erden bist, der die Aufgabe hat, Frieden zu bringen und zu sein.

Erlaube dir wahrzunehmen, dass deine Engelgegenwart über deinen Thymus, der dadurch eine weitere Aktivierung erfährt, in die Gesamtheit, die du bist, einstrahlt. Nimm es einfach an, denn so kann sich die Engelgegenwart in dir ausdehnen und sich in deinem Körper verankern. Dazu fließt sie über deine Wurzeln auch in den Schoß der Erde. Erkenne, wie deine Lichtflügel wachsen, wie dein Lichtkleid, dein Lichtkörper zu leuchten beginnt. Du wirst größer und machtvoller. Atme tief ein und aus und bestätige dadurch die Annahme und Integration deiner Engelgegenwart im Hier und Jetzt. Gabriel lässt seine Energie durch dich strömen. Er segnet dich und unterstützt und begleitet diesen Prozess der Integration. Wisse, dass du dadurch in deiner Kraft angekommen bist, dass du in die Verbindung mit der Großen Göttin zurückgekehrt bist, die durch Avalon in seiner Ursprünglichkeit repräsentiert wird.

Morgana bittet dich, noch einige Zeit in der Stille zu verweilen, um dem Energiefluss nachzuspüren. Sie verabschiedet sich für den Moment von dir und sagt, dass sie später noch einmal zu dir sprechen wird. Wann immer der Impuls kommt, diese Reise zu beenden, bedanke dich bei den Kräften, die dich berührten, löse dich vom Tor, aus dem Zentrum von Avalon und kehre mit Gabriel an deiner Seite zurück in deinen Raum. Erde und zentriere dich auf deine eigene Art und Weise. Fühle, was sich für dich durch die Annahme deiner Engelgegenwart verändert hat. Gabriel hüllt dich ein. Sei präsent. Sei gesegnet. Jetzt und allezeit. Amen.

☆☆☆☆☆

Der Artusweg vollendet sich

Das Ziel des Artusweges ist es, in deiner ICH BIN Präsenz zu sein. Dabei bist du sowohl geerdet, als auch eins mit deiner Seele. In diesem bewussten Sein gibt es keinen Zweifel, ob etwas richtig oder falsch sein könnte. Du bist klar und sicher, und automatisch lebst du deine Selbstermächtigung. Frieden erfüllt und manifestiert sich um dich. Du kannst dich selbst annehmen, wie du bist, und auch andere Menschen einfach (anders) sein lassen. Wenn du in deiner ICH BIN Kraft bist, verkörperst du den Heiligen Gral. Das ist eine Frage des Bewusstseins und hängt nicht von einer bestimmten Technik oder Übung ab. Zum Kelch wirst du über deine innere Entwicklung. So weißt du nicht nur, dass du der Gral bist, sondern du beginnst es zu fühlen und mehr und mehr zu sein. Auf der Reise durch dieses Buch hast du viele Impulse dazu erhalten. Um der Kelch sein zu können, ist es wichtig, frei zu sein. Frei von dem, was gestern war, was vor einer Stunde war – es geht immer wieder um das Jetzt.

Chalice Well ist ein Kraftort, der uns hilft, Altes abzulegen. Wenn du beispielsweise das Gefühl hast, du bist verzettelt und hast den Bezug zu dir selbst verloren, dann besuche in deiner Vorstellung den Platz der heiligen Quelle. Das Wasser löst alles von dir ab, was nicht zu dir gehört, sodass du dich wieder klar erkennen und klar fühlen kannst. Daraus wachsen in uns Freiheit und Frieden. Wir können zu unserem wahren Wesen und zu unserem Ursprung zurückkehren.

Da Chalice Well ein Ort des Übergangs ist, eine Durchgangspforte sozusagen, kannst du über diesen Garten auch jederzeit nach Avalon reisen. Bei dem letzten Besuch hast du ein Abbild von Avalon in deinem Herzen erschaffen. So bist du nicht länger an einen äußeren Platz gebunden, um in das Schwingungsfeld von Avalon eintreten zu können. Wann immer du dich auf die Energie in deinem Herzen ausrichtest, kannst du Avalon in dir erstrahlen lassen. Avalon ist dann dort, wo auch immer du gerade bist. Es gehört zu deiner Aufgabe, das Licht und die Weisheit von Avalon in die Welt hinauszutragen und dort zu manifestieren. Um dein Selbstvertrauen in deinem Botschaftersein zu stärken, möchte ich dich nun zu einer Meditation einladen.

☆☆☆☆☆

8.8.8
Botschafter des Lichts

Mache es dir bitte bequem und entspanne dich auf deine eigene Art und Weise. Nimm einige bewusste Atemzüge, erinnere dich an das Lichtwesen, das du bist, und sei ganz präsent im Jetzt. Blaues Licht berührt dein Sein, und Erzengel Michael nimmt darüber Kontakt mit dir auf. Die blaue Energie strömt in dein Herz und darüber hinaus durch alle deine Chakren und Körper. Es vereint, harmonisiert und gleicht sie aus. So beginnen sich Frieden und Gelassenheit in dir auszubreiten. Michael steht hinter dir. Er legt seine Hände auf deine Schultern. Er flüstert dir zu, dass du einfach loslassen darfst, was du nicht mehr benötigst. Dass du frei und durchlässig für die Berührungen von deinen feinstofflichen Geschwistern sein darfst.

Über den blauen Strahl, der durch dich wirkt und um dich ist, betreten nun auch El Morya und König Artus den Raum. Ihre Seelen sind ein Sein. Erkenne, dass, indem das blaue Licht die Erde berührte, Leben erschaffen wurde. Die Kraft der Manifestation kam in die Materie.

Sowohl El Morya als auch König Artus stehen nun vor dir und berühren beide dein Herz, um dadurch mit deinem göttlichen Kern in Kontakt zu treten. Über diese Berührung verbinden sie sich mit dem Plan deiner Seele. Wisse, dass es Teil deines Seelenplans ist, Botschaften aus der Geistigen Welt zu vermitteln. Dass es zu deiner Aufgabe gehört, deine Kommunikation zu schulen und zu erweitern, um diese Botschaften der Geistigen Welt auf die Erde zu bringen, sodass sie viele Menschen empfangen können.

Um deine diesbezüglich noch vorhandenen Unsicherheiten und Ängste zu wandeln, legen El Morya und Artus nun ihre Hände auf dein Kommunikationszentrum. Sie lassen blaues Licht einstrahlen, aktivieren und weiten es und dehnen es aus. Das blaue Licht durchströmt dich weiter und beginnt, deine Kommunikationslinien in die Geistige Welt und deinen Kanal zu durchfließen. Es reinigt, klärt und stabilisiert diese Ebenen in deinem Sein. Jetzt.

Es ist deine Aufgabe, die Energien der Geistigen Welt zu sprechen, zu tanzen, zu malen oder über deine Berührungen auf die Erde zu bringen. Erinnere dich, es wurde dir gesagt, dass du ein Teil der Tafelrunde bist. Die Wesen des blauen Strahls möchten dir sagen, was dieses bedeutet. Es heißt, dass du zu einem Kreis von Menschen gehörst, die die gleiche Aufgabe wie du zu erfüllen haben. Sie haben das gleiche Ziel, die gleiche Vision. Erkenne, dass du ein Teil einer Gruppe bist, die sich wie ein Lichtnetz über diese Erde verteilt. Du arbeitest mit ihnen zusammen, selbst wenn du sie auf der physischen Ebene noch nie gesehen hast und dieses vielleicht auch nicht stattfinden wird. Diese Zusammenarbeit entsteht über die Erkenntnis. Sie entsteht dadurch, dass du weißt, wer du bist, und weißt, wer dein Gegenüber ist. Du siehst dich als göttlichen Lichtfunken und die anderen Menschen des Netzwerks ebenso. Es bedarf keiner Strukturen, keiner festgesetzten Zeiten, an denen du dich mit jemandem versammeln musst. Es ist ein Lichtnetz in Freiheit, und den-

noch besteht eine Verbundenheit. Dadurch, dass du dich und auch die anderen Lichtfunken erkannt hast, erwächst eine Achtsamkeit und eine Behutsamkeit dir selbst und dem Leben gegenüber.

Die Geistige Welt bittet dich, den blauen Strahl immer wieder einzuladen, dich zu begleiten. Lass dich von ihm berühren und führen. Er fördert die Hingabe in deinem Sein und unterstützt dich in deinem Botschaftersein. Zögere nicht länger, sondern erlaube dir endlich zu sein, wer und was du bist. Gehe deinen Weg! Viele Menschen spüren in dieser Zeit die Dringlichkeit, ihren bestehenden Arbeitsplatz zu wechseln, um frei zu sein, ihre wahre Bestimmung zu leben. Folge den Impulsen, wenn diese entsprechend sind. Auf dem Artusweg bist du deinen Sternengeschwistern, den Og Min, begegnet. Auch dieser Kontakt ist Teil deiner Aufgabe, als Botschafter zu wirken. Erlaube, dass sich das blaue Licht weiter in dir ausdehnt und dich und deine Verbindungskanäle zur Geistigen Welt reinigt und erweitert. Die Geistige Welt fordert dich auf, den Mut zu haben, dich hinzugeben und deiner inneren Führung zu vertrauen.

Die Wesen des blauen Strahls bitten dich, jetzt zu deinem Botschaftersein und zu diesem Teil deines Seelenplanes Ja zu sagen. Sie teilen dir mit, dass es keiner Worte mehr bedarf, denn alles wurde bereits erklärt. Es geht um die Umsetzung. Lebe das, was du weißt und was du bist. Atme einige Male tief ein und aus, sodass das verinnerlichte Wissen lebendig werden kann. Jetzt. Denn der Gral, der du bist, ist nichts Festes, nichts Starres, nichts Verhärtetes.

Er ist etwas Lebendiges. Er lebt. So sei auch du lebendig und lebe. Der blaue Strahl unterstützt dich dabei.

Erkenne, wie dein Kommunikationszentrum zu leuchten begonnen hat. El Morya und König Artus haben es gesegnet. Nun berühren sie dein Drittes Auge. Der blaue Strahl fördert deine Selbsterkenntnis. Die Geistige Welt lädt dich ein, dich nicht länger kleiner zu machen, als du bist. Gehe hinaus in die Welt, um dich zu zeigen. Sei sichtbar. Denn du bist das, was anderen guttut. Du verkörperst das, was andere benötigen. Du bist der Neue Morgen. Du trägst das Bewusstsein der Fünften Dimension in dir, und durch die Begegnungen mit dir kann sie sich ausbreiten. Du bist der Frieden und kannst ihn weitergeben.

Der Segen von El Morya und König Artus erfüllt dein Drittes Auge. Dann berühren sie dein Kronenzentrum, deine Verbindung zum Kosmos. Deine Antennen sind weit in die unterschiedlichsten Reiche und Dimensionen ausgefahren. Sei in Kontakt mit deinen Sternenheimaten und Sternengeschwistern. Sei in Verbindung mit den Engelreichen. Sei in der Kommunikation mit den Aufgestiegenen Meistern, mit den Naturwesen und all jenen, bei denen du dich einst zu Hause fühltest und mit denen du vereinbartest, dich in dieser Zeit als ihr Botschafter zur Verfügung zu stellen.

El Morya lächelt dir zu und bittet dich, endlich anzunehmen, dass du ein Botschafter des Lichts bist. Du bist ein Kanal des Lichts. Gemeinsam mit König Artus lässt er tiefes Urvertrauen in dein Kronenzentrum einstrahlen, das dich unterstützt, diese Information in allen Körpern auf-

und anzunehmen. Jetzt. Wenn dein Verstand zweifelt und fragt: „Wie soll ich die Aufgabe des Botschafterseins bloß erfüllen?“, lass blaues Licht strömen. Dann erlaube, dass der blaue Strahl Himmel und Erde in dir verbindet und dir Frieden schenkt. Daraus kommen das Wissen und der Mut zur Umsetzung. Und deine Botschaften sollen hinausgetragen werden. Es geht nicht darum, sie in alten, feuchten Kemenaten zu empfangen und für dich zu behalten. Bei Bedarf erschaffe dir die entsprechenden Räume, die du benötigst, um die Menschen damit berühren zu können.

Dann segnen El Morya und König Artus dein Kronenzentrum und legen ihre Hände auf deinen Solarplexus. Sie sagen, dass es die Aufgabe eines tapferen Ritters ist, selbst wenn er Angst empfindet, sie nicht zu zeigen. Das bedeutet nichts anderes, als dass sie dich einladen, deinen Ängsten nicht so viel Macht und Aufmerksamkeit zu geben. Bleibe dennoch in der Sicherheit und in der Erkenntnis zu sein, wer du wirklich bist, und schreite voran. Der blaue Strahl stärkt deinen Solarplexus. Lass ihn kraftvoller sein. Befähige dich selbst, deine Entscheidungen zu treffen und deine Wege zu gehen. In diesem Kontext erlaube, dass die Annahme deines Botschafterseins erneut in dir gefördert wird. Erkenne, dass es nicht von Bedeutung ist, was andere von dir denken und über dich sagen. Es ist wichtig, was du selbst von dir hältst. Wisse um die Wahrheit deines Herzens und lebe sie entsprechend. Es sind nach wie vor zu viele „aber“ in dir. Die Wesen des blauen Strahls möchten sie jetzt einsammeln und der Kraft der Transformation und den Engeln der Gnade übergeben. Denn jedes „Aber“

schwächt deinen Solarplexus. Und so sei achtsam, wenn du es benutzt. Sage es weniger, bis du es gar nicht mehr verwendest.

El Morya und König Artus benetzen jetzt deinen Solarplexus mit dem Wasser der Blutquelle aus Chalice Well. Dabei stelle dir vor, du hättest eine leuchtende Sonne in deinem Energiezentrum. Diese erwärmt es. Die Geistige Welt lädt dich ein, vermehrt auf deine Bedürfnisse zu achten und sie dir zu erfüllen. Lass dich nicht irritieren, wenn andere Menschen dir deshalb sagen, dass du egoistisch seist. Es ist wichtig, dich liebevoll zu nähren und bei Bedarf auch klare Grenzen zu setzen, ohne Angst, dass sich dadurch jemand von dir zurückziehen könnte. Stehe für dich ein. Das blaue Licht unterstützt dich dabei.

Nimm wahr, dass dein Solarplexus selbstbewusster zu strahlen begonnen hat. Die Wesen des blauen Strahls lassen erneut Urvertrauen in deinen Solarplexus einfließen. Du darfst dir deiner selbst sicher sein. Sie bitten dich nochmals anzunehmen, dass du ein klarer Botschafter der Geistigen Welt bist. Dann segnen El Morya und König Artus deinen Solarplexus und legen ihre Hände auf dein zweites Chakra. Der Friede des blauen Strahls durchströmt dein Sakralzentrum. Es gibt keinen Grund mehr, dich oder dein Potenzial zu verstecken. Dein Botschaftersein ist ein Anlass zur Freude. Denn du darfst und sollst auch viel auf diesem Weg lachen. Deshalb verbinden die Wesen des blauen Strahls dein zweites Chakra jetzt mit dem Feenreich. Es sind noch zu viele Verletzungen in diesem Bereich gespeichert, sodass du nach wie vor an dei-

nem Wert zweifelst. El Morya und König Artus beauftragen die Naturwesen, dein Sakralchakra zu stabilisieren, damit dein Selbstwert wachsen kann. Sie fordern dich auf, dir zu erlauben, Botschafter zu sein. Die Betonung liegt darauf, dass du es dir erlaubst. Denn sie haben dieses schon lange getan. Sie warten bereits seit längerem darauf, dass du deine Aufgabe annimmst. Sie haben dir immer wieder Impulse gegeben und dir versucht zu vermitteln, wer und was du bist. Und du hast immer wieder daran gezweifelt. Das darf sich nun verändern.

Ja, der blaue Strahl berührt dein zweites Chakra, um dir mitzuteilen, dass du es wert bist, Botschafter zu sein. Die Feen unterstützen diese Annahme. Jetzt. El Morya und König Artus segnen dein zweites Chakra und legen ihre Hände auf dein Basiszentrum. Wieder lassen sie Urvertrauen einströmen. Es soll dich fördern, dein Botschaftersein in der Materie zu leben. Das blaue Licht aktiviert den Energiefluss in deinem Basiszentrum. Es weitet und dehnt es. Es durchwirkt deine Wurzeln und festigt deine Verbindung zur Erde. Die Geistige Welt erinnert dich nochmals an deine Aufgabe, Botschafter des Lichts zu sein. Erkenne, dass du in die Tafelrunde gerufen wurdest, um in einer Gemeinschaft zu sein, in der jeder als Vermittler zwischen Himmel und Erde dienen soll. Der Segen des blauen Strahls unterstützt dieses. Jetzt und allezeit.

El Morya und König Artus segnen dein Basiszentrum, damit du deine Aufgabe, deinen Seelenplan, Botschafter zu sein, leicht leben kannst. Dann lösen sie sanft die Verbindung zu dir, verabschieden sich und ziehen sich zurück.

Erzengel Michael bleibt weiterhin an deiner Seite, um dich zu unterstützen, deinen Weg weiterzugehen. Bedanke dich bei den Wesen des blauen Strahls. Spüre dem Energiefluss in deinem Sein nach. Sage nochmals bewusst Ja zu dir und deiner Aufgabe. Wann immer es für dich stimmig ist, fokussiere dich auf deinen Herzschlag, zentriere und erde dich vollkommen im Hier und Jetzt. Nun ist es an der Zeit, deine eigene Wahrheit zu leben und weiterzugeben. Du bist am Ende des Artuswegs angekommen. Erzengel Michael hüllt dich in seine Gegenwart ein. Sei gesegnet. Amen.

☆☆☆☆☆

8.8.1
Heilung der Blutslinie – Auflösung der Erbsünde

Die Geistige Welt bittet dich, dir Chalice Well noch einmal vorzustellen. Sie lädt dich ein, einen wundervollen Garten zu visualisieren, durch den eine heilige Quelle fließt. Tiefer Frieden strahlt von dem Platz aus. Betritt diesen Kraftort. Jetzt. Atme bewusst ein und aus und nimm die Energie in dich auf. Komme in dem Garten an und erfahre ihn mit allen deinen Sinnen. Entspanne dich auf deine eigene Art und Weise und lass deine Wurzeln tief in den Ort der Kraft und der Heilung wachsen. Erinnere dich an das Lichtwesen, das du bist, und verkörpere es. Blaues Licht durchströmt dich und hüllt dich ein. Der Segen des blauen Strahls berührt dein Herz und macht es weit.

Deine feinstofflichen Geschwister bitten dich, ganz nahe zum Wasser zu gehen. Stelle dir eine Schale vor, die du in deinen Händen hältst und die du nun mit dem Heilwasser füllen kannst. Die Quelle spendet Leben. Erhebe nun die Wasserschale mit beiden Händen zum Himmel. Das ist eine uralte Geste, die Priesterinnen und Druiden vollzogen, um das, was sie in ihren Händen hielten, Vater-Mutter-Gott zu zeigen, es von ihnen weihen zu lassen und ihren Segen zu empfangen.

In der Zwischenzeit haben Merlin und Morgana den Garten betreten und sind zu dir gekommen. Sie strecken ihre Hände ebenfalls nach oben, berühren deine Schale und laden die Kräfte des Himmels und der Erde ein, sie mit ihrer Energie zu bereichern. Dann fordern sie dich auf, nochmals bewusst das Wasser zu trinken und in dich aufzunehmen. Das Heilwasser fließt durch deinen Körper, löst dabei jegliche Form von Disharmonie auf und erinnert deine Zellen an ihre ursprüngliche, göttliche Ordnung und an ihre Gesundheit. Spüre, wie sich dein physischer Körper neu ordnet und kraftvoll zu leuchten beginnt.

Morgana bittet dich, die Schale auf die Höhe deines Herzens zu bringen und sie dort zu halten. Sie sagt, dass du nun nochmals alle deine weiblichen Ahninnen zu dir einladen sollst. Dazu zählen für Morgana erneut alle für dich wichtigen, weiblichen Kräfte, die dich in diesem und in früheren Leben begleiteten und/oder nach wie vor mit dir sind.

Merlin möchte, dass du das gleiche mit deiner männlichen Ahnenreihe tust. Dann sprechen Morgana und Merlin magische Worte. Erkenne, wie sich dadurch das Wasser in deiner Schale bewegt. Merlin teilt dir mit, dass der Zeitpunkt der Befreiung gekommen ist. Diese kann über die Heilung der Blutslinie Raum nehmen. Damit ist die Lösung von Schuldenergien und Schuldinformationen gemeint. Das heilige Wasser der Quelle ermöglicht es. Wisse, dass diese Prägungen tief in den Zellen deines physischen Körpers sind, weil du sie nicht nur aufgrund von Erfahrungen aus früheren Leben immer wieder mitgenommen hast, sondern weil sie seit Generationen innerhalb der Familien über das Blut weiter gegeben worden sind. Und genau diese Informationsweitergabe über die Blutslinie entspricht dem, was als Erbsünde innerhalb des christlichen Glaubens bezeichnet wird. Es sind Themen deiner Ahnen, die du weiter in dir trägst, die dich formen, prägen, beeinflussen. Aufgrund der bisherigen Schwingungsfrequenz der Erde wurde dieses so gelebt, dass es meist eine Bürde, ein Last darstellte, die sich in den einzelnen Leben meist noch mehr verdichtete und in dieser Form erneut weitergegeben wurde. Bis zum heutigen Tag.

Da deine Seele bereit ist, aus dem Rad der Wiederholungen, aus der nicht geheilten Dualität herauszutreten, ist es nun Zeit, die Informationen zu reinigen, zu klären und zu verändern. Das wandelt die Konsistenz deines Blutes. Das Sternenlicht beginnt in ihm zu strahlen. Das ist die Geburt des Kosmischen Menschen. Du erwachst dadurch in deine Christuspräsenz. Ein neuer Zugang zu deiner Manifestationskraft eröffnet sich, was eng mit deiner Kundalinikraft verbunden ist, der du in den nächsten Jahren mehr Beachtung schenken solltest, genauso, wie der heiligen Essenz, die dein Blut ist. Die Kelchquelle von Chalice Well trägt nicht von ungefähr die Bezeichnung Blutquelle. Deshalb laden wir dich ein, sie so oft wie möglich für die Transformationen der alten Prägungen in deinem Blut zu nutzen. Dein Blut versorgt die Gesamtheit deines Körpers, der sich durch deine befreite Blutenergie auch mehr und mehr seinem Potenzial hingeben und dieses leben kann. Das ist die Auflösung der Erbsünde.

Die Geistige Welt bittet dich, diese Worte in dir zu bewegen, sie sind sehr bedeutend, und es ist ihr ein großes Anliegen, dass du die Wichtigkeit der Reinigung deines

Blutes und deiner Blutslinie erkennst. Merlin sagt, dass du das Bewusstsein in dir Raum nehmen lassen sollst, dass Schuld, egal, in welcher Form, eine Illusion ist. Das ist es immer gewesen und wird es immer sein.

Trinke erneut aus deiner Schale und lass das Gehörte in dir lebendig werden. Nimm wahr, wie die heilende Energie des Wassers dein Blut berührt. Stelle dir vor, wie es dadurch von alten Informationen geklärt wird und neu zu strahlen beginnt. Atme bewusst ein und aus und schenke dir genügend Zeit, um diese Wandlung deines Blutes zu vollziehen. Dein Blut erhält seine ursprüngliche Reinheit zurück. Durch die Zirkulation deines Lebenssaftes werden nun auch alle Organe von dem Heilwasser durchwirkt. Dein gesamter physischer Körper kann sich so von belastenden Informationen verabschieden und sein wahres Potenzial zum Leuchten bringen. Er wird gestärkt und geheilt. Nimm erneut einen tiefen Atemzug und lass die Transformation geschehen, so lange dieses erforderlich ist. Jetzt.

Nachdem dein physischer Körper die neue Energie angenommen hat, strahlt sie über ihn in deine Feinstofflichkeit aus. Merlin und Morgana bitten dich nun, die Befreiungsenergie deinen weiblichen wie auch männlichen Ahnen zur Verfügung zu stellen. Erlaube, dass alle aus deiner Schale trinken dürfen, um das Heilwasser für sich auf die gleiche Art und Weise zu nutzen. Dadurch unterstützt ihr euch gegenseitig. Für dich bedeutet dieser Augenblick, dass du dein bisher getragenes Familienkarma zurücklegen und auflösen kannst. Es existiert nicht mehr. Durch diesen Schritt gibst du allen Ahninnen und Ahnen sowie deinen Nachkommen die Möglichkeit, ihren freien Willen bezüglich der Familienthemen zu nutzen. Auch sie könnten von nun an ihr Familienkarma ablegen. Es ist erfüllt. In welcher Form sie dieses nun tun, ist ihre Entscheidung. Du hast den Weg bereitet und eine Tür geöffnet. Denn als Gral, der du bist, lebst du im Jetzt. Im Jetzt gibt es keine Erfahrungen, die du trägst und die zu lösen wären. Im Jetzt kann kein Karma sein. Im Jetzt bist du frei.

So erlaube dir nun, über diese Heilung der Blutslinie, die in dir stattfindet und über dich in deine Ahnenreihen wirkt, in das Bewusstsein, in die Präsenz des Jetzt, in den Ausdruck deiner ICH BIN Kraft einzutreten. Nimm wahr, dass du dadurch neue Gesetze und Gesetzmäßigkeiten für dich kreieren und erschaffen kannst. Die alten sind an die nicht geheilte Dualität gebunden und haben für dich keine Bedeutung mehr. Merlin und Morgana bitten dich, dir zu erlauben, frei zu sein. Dir zu erlauben, rein zu sein. Dir zu erlauben, zu sein, was du bist.

Erneut fließt als Bestätigung für dein Wirken der Segen deiner Ahnen zu dir. Merlin und Morgana übernehmen die Schale mit dem Heilwasser. Sie bitten dich, deine Hände nun auf dein Herz zu legen. Erinnere dich an das Abbild des Heiligen Grals, das darin ist. Lass dich auf ihn und seine Bedeutung ein. Der Kelch in deinem Herzen beginnt zu vibrieren. Er aktiviert sich. Er ist ein Symbol deiner Entwicklung, deines Wegs, deines Ziels und deiner Bestimmung. Er dehnt seine Schwingung über dein Herz aus, um die Gesamtheit, die du bist, mit seiner Gegenwart zu erfüllen. Werde zu diesem Gral. Jetzt. Du bist der Heilige

Gral, mit jeder Faser und jeder Ebene deines Seins. Als Kelch, der du bist, bist du frei. Es sind keine Anhaftungen mehr möglich. Wisse, dass diese Gralswerdung das Ziel des Artuswegs ist, und dass sie zu deinem Seelenplan gehört, denn sonst hättest du dieses Buch nicht ausgewählt. Der Artusweg führt dich zurück nach Avalon, das leuchtend und strahlend den neuen Morgen verkörpert. Als heiliger Gral bist du erneut ein Vermittler, ein Botschafter des Lichts. Du empfängst Energien aus dem Kosmos und lenkst sie in die Erde weiter. Gleichzeitig nimmst du Impulse der Erde auf und strahlst sie in den Kosmos aus.

Merlin und Morgana segnen dich im Namen der Großen Göttin. Sie segnen den Kelch, der du bist. Sie verabschieden sich von dir und ziehen sich sanft zurück. Auch deine Ahnen bedanken sich bei dir und laden dich ein, wenn du möchtest, mehr mit ihnen zu kommunizieren, dich mehr auf sie einzulassen. Ihre Weisheit wahrzunehmen und als einen Teil deiner eigenen zu erkennen. Sie verneigen sich leicht vor dir, segnen und bitten dich, deinen eigenen Weg zu gehen. Dann kehren sie dorthin zurück, wo auch immer sie zu Hause sind.

Atme tief ein und aus, um alles Erfahrene in dir nachwirken zu lassen. Blaues Licht durchströmt dich weiterhin und hüllt dich ein. Bedanke dich bei Merlin und Morgana und all deinen Ahnen sowie bei der Transformationskraft der Quelle und dem Gartens, der als Chalice Well bezeichnet wird. Verabschiede dich auf deine eigene Art und Weise. Dann kehre als Gral, der du bist, ins Hier und Jetzt zurück. Erde dich als Gral, der du bist. Zentriere dich als Gral, der du bist. Setze deinen Weg als Gral, der du bist, fort.

Bitte teile die Heilung der Blutslinie mit so vielen Menschen wie möglich. Lass die Informationen und Energien erneut in den Bereich von Familienaufstellungen, Familienheilarbeiten mit einfließen. Es tut uns allen gut. Danke. Sei gesegnet. Amen.

☆☆☆☆☆

8.8.8

Botschaft von deinen Sternengeschwistern

Deine Sternengeschwister möchten dir noch eine Botschaft übermitteln und laden dich ein, es dir dazu bequem zu machen. Nimm einen bewussten Atemzug und entspanne dich auf deine eigene Art und Weise. Reise in deiner Vorstellung an einen Ort der Kraft, an dem du dich wohl und geborgen fühlst. Dort komme an. Lass seine Energien auf dich wirken und erde dich an dem Kraftort. Jetzt.

Während du tief verwurzelt bist, aktivieren sich deine Antennen und dehnen sich weit in den Kosmos aus. Deine Sternengeschwister haben geduldig gewartet, bis sie endlich die Möglichkeit erhielten, mit dir zu kommunizieren. Sie berühren dich und lassen Sternenenergie in dich einfließen. Diese Sternengeschwister kommen von verschiedenen Ebenen. So ist beispielsweise Ashtar als führendes Wesen der Raumbruderschaft da. Er begrüßt dich. Er bittet dich als Raumbruder in der Materie öfter zum Himmel zu blicken und die Zeichen der Raumbruderschaft zu erkennen, die sie dir senden. Es sind Lichtphänomene. Es ist erneut der blaue Strahl, der die Kommunikation mit Ashtar und seinen Geschwistern fördert. Deshalb lädt er dich ein, regelmäßig mit dem blauen Licht dein Drittes Auge zu polieren. Dabei sollst du mit deiner zielgerichteten Absicht blaue Energie in dein Drittes Auge einströmen lassen, damit es ganz weit wird.

Dann bittet er dich, über dein Stirnchakra Lichtverbindungen in den Kosmos entstehen zu lassen. Eine davon zu den Raumgeschwistern. Du kannst dieses in der Einheit mit deinem Herzen und deiner Seele tun oder unter der Führung von Erzengel Michael. So bist du wohl behütet und sicher. Es fördert den Austausch mit den Sterngeschwistern. Ashtar sagt, dass es Zeit ist, dich daran zu erinnern, dass du ganz bewusst in einen menschlichen Körper gewechselt hast. Es war erforderlich. Ein Teil der Seelen verblieben in den kosmischen Welten, die anderen brachten sich in eine menschliche Form, um die Magnetfelder und die Erdgitternetze aufzubauen und zu betreuen. Dadurch wurde der Energiefluss zwischen Himmel und Erde aufrechterhalten und nicht unterbrochen.

Ashtar bittet dich wahrzunehmen, dass ein zarter Hauch dein Drittes Augen berührt, was einer Aufforderung gleicht, diese Aufgabe von jetzt an wieder bewusst zu leben. Beschäftige dich mit den unterschiedlichen Gitternetzen der Erde, mit ihren Erdlinien und Erdkräften und erkenne, wo es deiner Ausrichtung bedarf, um sie immer wieder zu stabilisieren, in den Fluss zu bringen und auch zu wandeln, wenn dieses der Evolution der Erde dient. Höre auf deine Intuition und erkenne, inwieweit dieser Auftrag zu deinem Seelenplan gehört, und dementsprechend schenke ihm Raum zur Umsetzung.

Ashtar grüßt und segnet dich im Namen der Raumbruderschaft. Er zieht sich zurück. Über eine andere Antenne, die du ausgefahren hast, verbindet sich nun eine Sternenwesenheit von den Plejaden mit dir, und sie möchte dir

Folgendes mitteilen: „Wir sind Nephtis. Wir sind Weite. Wir sind Ausdehnung. Wir sind eine liebevolle Präsenz aus der Ebene der Plejaden. Wir grüßen dich als unsere Tochter, selbst wenn du derzeit in einem männlichen Körper inkarniert bist. Denn es gibt alte Verbindungen zwischen uns. Du warst in Ägypten inkarniert und hast gemeinsam mit dem plejadischen Licht die heilende Kraft von Schlangenwesen und Drachenenergien auf die Erde gebracht. Es gab in diesem Zusammenhang viele Initiationen, wo du mit Schlangenkraft gewirkt hast und auch durch sie geweiht wurdest. Damals hast du dir vorgenommen, in dieser Zeit des Übergangs das alte Wissen um diese Schlangenkraft neu zu entdecken und für Heilungen zu nutzen. Beschäftige dich bitte mehr mit deiner Kundalini-Energie. Du kannst durch sie Blockierungen innerhalb deines Systems in den Fluss bringen und auflösen. Genauso gut kannst du sie aber auch für andere Menschen in diesem Kontext einsetzen. Wenn du den Weg des Heilens beschreitest, verbinde dich mehr mit dieser Kraft. Die alten Fähigkeiten sind in dir. Wir kommen lediglich, um dich daran zu erinnern, dass die Zeit reif ist, sie wiederzufinden und zu leben. Deshalb bitten wir dich nun, mit deiner Aufmerksamkeit zu deinen Händen zu gehen. Während du dort verweilst, berühren wir die Energie deiner Kundalini, die in deinem Kreuzbein ruht. Wir sagen zu ihr: „Erwache. Sei lebendig und steige auf. Ganz sanft und behutsam, und dennoch konsequent. Schlängele dich durch den Kanal der Wirbelsäule empor. Richte sie dabei auf. Entspanne sie, wo auch immer dieses nötig ist.“

Deine Schlangenkraft kommt zu deinem Herzen. Sie berührt es und erfüllt es mit ihrer Energie. Sie dehnt sich über dein Herz durch deine Arme aus, bis in deine Handchakren. Nimm bitte wahr, dass du nun sowohl in deiner linken wie auch in der rechten Handfläche eine Spirale aus strahlendem, rubinrotgoldenem Licht hast. Diese Spiralen beginnen sich zu drehen. Dabei aktivieren sie deine Handzentren. Je mehr sie dieses tun, umso wärmer werden deine Hände, und umso kraftvoller lodert ein rubinrotgoldenes Feuer in ihrer Mitte. Das ist deine Mitschöpferkraft, die Wandlung und Heilung bringt. Bitte lege dir deine Hände jetzt intuitiv auf deinen Körper, wo du im Moment Heilenergie benötigst. Fühle, wie Wärme und ein Impuls der Lebendigkeit und des Lebens über deine Handflächen in deinen Körper fließen. Entspannung, Erlösung, Aktivierung und Neubelebung finden in dir statt. Je mehr Energie in deinen Körper strömt, umso mehr aktivieren sich deine Handchakren dadurch.

Wenn es für dich stimmig ist, bitten wir dich, mit deinen lebendigen Händen deine Fußsohlen zu berühren. Aus deinen Händen lodern die heilsamen Flammen deiner Kundalinikraft. Sie durchwirken deine Fußsohlen mit ihren Energiezentren. Diese werden geweitet und befreit, sodass der Durchfluss in ihnen gefördert wird, und somit die Kommunikation mit Mutter Erde. Erneut ist es so, dass, je mehr Energie über deine Hände ausfließt, sie sich selbst stärken und noch weiter aktivieren.

Wenn es für dich stimmig ist, bitten wir dich, deine Hände nun so zu positionieren, dass ihre Flammenkraft in dein Basiszentrum einstrahlen kann. Deine Kundalinienergie stärkt über deine Hände dein Wurzelchakra. Dadurch beginnt es kräftig zu pulsieren. Gleichzeitig wächst so der Mut in dir, die Durchsetzungskraft und die Entschlossenheit, deinen Weg (als Botschafter des Lichts) zu gehen. Erlaube uns, dass wir dein Basiszentrum jetzt mit den Drachenkräften, die in der Materie wirken, mit Drachenwesen, die dir bereits vertraut sind, und auch mit jenen, die in oder auf der Erde leben und zu denen du in den nächsten Jahren geführt werden wirst, verbinden. Die Drachenkraft, mit der wir dein Wurzelchakra vereinen, unterstützt dich in der Kommunikation mit der Erde und mit Drachengeschwistern zu sein sowie den Pfad der Schlangenkraft zu gehen. Das ist der Weg, auf dem du dir deines Erbes, mit und durch die Kundalinikraft zu heilen, gewahr wirst, es in dir erweckst und wieder nutzt, um damit Leben zu spenden.

Nimm bitte wahr, dass jetzt auch von deinem Basiszentrum aus verschiedene Lichtkanäle aufgebaut werden. Sie führen in unterschiedliche Reiche und Ebenen. Sie eröffnen dir Zugänge, die dich mit den Drachenqualitäten verbinden. Erkenne, dass viel mehr Möglichkeiten in dir sind als du annimmst und dir zugestehst. Schöpfe aus der Fülle. Nimm das Potenzial der Selbstheilungskräfte, das in dir ist, an und nutze es. Das geschieht unter anderem durch das Miteinbeziehen deiner eigenen Schlangenkraft, die in dir ist und die du als Kundalinienergie bezeichnest.

Wir sind Nephtys und segnen dich im Licht der Plejaden, Schwester, die du uns bist, auch wenn du einen männlichen Körper bewohnst. Sei gesegnet und mit der unendlichen Liebe von Allem-was-ist umfangen und durchdrungen. Jetzt.“

Atme bewusst ein und aus und lass die Berührungen der Sternengeschwister in dir nachwirken. Dann richte deine Aufmerksamkeit auf dein Sein. Zentriere dich und erde dich auf deine eigene Art und Weise. Sei vollkommen präsent im Hier und Jetzt. Sei gesegnet. Amen.

☆☆☆☆☆

8.8.1
Vivianes abschließende Worte

Noch einmal möchten dir die Wesen von Avalon begegnen. Deshalb bitten sie dich, einen bewussten Atemzug zu nehmen, um ganz im Hier und Jetzt zu sein. Gehe mit deiner Aufmerksamkeit zu deinem Herzen. Sei eins mit deinem Herzen. Sei eins mit deiner Seele. Nimm dein Herz als einen heiligen Raum wahr, in dem du mit der Gesamtheit, die du bist, sein kannst.

Von deinem Herzensraum aus führt eine Tür. Die Geistige Welt bittet dich, sie zu öffnen und durch sie hindurchzugehen. Sie bringt dich in eine Landschaft, die dir vertraut ist. Es ist der Ort, an dem du Viviane nach all der Zeit das erste Mal wieder begegnet bist. Hier hat sie auf dich gewartet, um dich zu empfangen und dir zu sagen, dass der Weg nach Avalon für dich wieder offen und frei ist. Dass du nach Hause zurückkehren kannst.

Erneut erwartet dich Viviane hier. Mit ihr sind noch viele andere: Morgana und Merlin, Wesenheiten, die dich auf dem Artusweg begleiteten, und auch jene, die dich und deine Seele durch dein Leben führen und dir nahe sind. Erzengel Michael ist dabei. Er fragt dich, ob du dich noch an das Schwert erinnerst, das er dir in gereinigter Form als Ausdruck deiner Selbstermächtigung zurückgegeben hat? Wenn ja, nimm es nun erneut in deine Hände. Es ist ein magisches Schwert. Es hat die Aufgabe, Klarheit zu schaffen, ohne zu verletzen. Viviane bittet dich, es noch einmal ganz genau zu betrachten. Hast du gesehen, dass sein Griff, den funkelnde Steine zieren, ein uraltes Symbol trägt, aus der Zeit, in der die Große Mutter verehrt wurde? Hast du bereits gesehen, dass auf seiner Klinge Worte in einer fremden Sprache geschrieben stehen? Sie wurden vom Feenreich eingraviert und sollen seine Bestimmung unterstützen.

Viviane fordert dich auf, dein Schwert bewusst zu tragen und für deinen weiteren Weg zu nutzen. Es dient dir bei deiner Tätigkeit, als Botschafter zu wirken. Dein Schwert ist nicht schwer. Es ist leicht und einfach zu tragen. Es ist keine Last. Von nun an ist es ein Teil von dir, der dich stärkt. Viviane ermächtigt dich, die Wege der Großen Göttin wieder zu gehen. Du kannst ihre Kraftplätze für dich nutzen und ihr Heilwissen auch anderen zur Verfügung stellen.

Viviane hält einen blauen Stein in ihren Händen. Sie fordert Morgana und König Artus auf, sich an ihre Seite zu stellen. Beide halten ihre Hände über Vivianes Stein. Von allen dreien wird er nun gespeist. Sie sagen, dass es ein Friedensstein ist, ein Stein, der Gegensätze vereint. Er fördert die Erkenntnis, dass alles aus einer Quelle kommt. Morgana lässt die Energie des alten Weges mit hineinströmen und Artus die des neuen Weges. Viviane gibt die Kraft des Ursprungs, der Einheit und der Quelle mit dazu.

Wenn die Energieübertragung vollendet ist, segnen Morgana und Artus den Stein und gehen wieder einen Schritt zurück. Viviane überreicht ihn dir. Sie legt ihn dabei auf dein Herz. Sie bittet dich, einen tiefen Atemzug zu nehmen und den Stein in dich aufzunehmen. Er nimmt in deinem Herzen Raum. Möge er sich in dir entfalten. Möge sich der Friede in dir ausdehnen, sodass du selbst zum Frieden wirst und ihn ausstrahlst und verbreitest, wo auch immer du dich bewegst und bist. So bringe den Menschen Frieden. So bringe unterschiedlichen Plätzen und der Natur Frieden. Möge dein Heim durch dich mit dem Licht des Friedens gesegnet sein. Möge er in deinem eigenen Hause beginnen.

Artus ist in Frieden mit Morgana, Morgana ist in Frieden mit Artus. Beide haben ihren Platz wiedergefunden und eingenommen. Sie stehen nebeneinander, Hand in Hand. Das hast du durch dein Wirken und dein Sein ermöglicht und vollbracht. Du hast das zusammengeführt, was immer zusammengehörte und immer zusammengehören wird. Dafür dankt Viviane dir und segnet dich. Trage den Frieden weiter über dein Herz hinaus in die Welt. Verweile einige Momente in der Stille. Erkenne, ob sich dir von deinen feinstofflichen Begleitern noch jemand nähern möchte, um dir noch etwas mitzuteilen, was für den Moment Bedeutung für dich hat.

Wenn es für dich stimmig ist und du empfangen hast, was für dich wichtig ist, ist die Zeit der Verabschiedung gekommen. Viviane berührt dabei voller Liebe dein Drittes Auge. Sie sagt, dass du ein Teil ihrer Welt bist. Sie schätzt sich glücklich, dass du zurückgekommen bist, und sie dankt dir. Du hast durch das Beschreiten des Artuswegs und durch dein Nach-Hause-Kommen mehr bewegt, als du im Moment erfassen kannst. Es hat mehr verändert, auch in dir, als du im Augenblick begreifen kannst. Viviane bittet dich, es einfach wirken zu lassen. Erinnere dich immer wieder daran, dass du der Heilige Gral bist, und in diesem Bewusstsein setze deine Schritte und deinen Weg fort. Der Dank von Avalon strömt zu dir. Avalon wird für dich hinter keinem Nebel mehr verschwinden. Avalon ist sichtbar. Avalon ist präsent für dich. Wo auch immer du bist, ist Avalon durch dich. Viviane fordert dich auf, dieses niemals mehr zu vergessen.

Nun ist es an dir zu danken und dich von deinen Begleitern zu verabschieden. Dann nimm erneut einige bewusste Atemzüge. Lass deine Wurzeln wachsen. Löse dich von allen Berührungen und Begegnungen, sodass du ganz zurückkommen kannst ins Hier und Jetzt. Erde und zentriere dich auf deine eigene Art und Weise.

Erzengel Michael legt eine blaue Lichtkugel um dich, die dich unterstützt und begleitet, um ganz in und bei dir zu sein. Erlaube dir, dir einige Zeit für dich selbst zu schenken, um in dir nachzuspüren, was der Artusweg und die Rückkehr nach Avalon in dir berührt und in Bewegung gebracht haben. Was hat sich dadurch für dich verändert? Welche Bedeutung hat es für deinen weiteren Weg? Wie möchtest du weiter damit umgehen und das Wissen und die Anregungen für dich nutzen?

Dann beauftrage deine Chakren, sich jetzt auf das Maß einzuschwingen, wie es für dich und den weiteren Verlauf deines Tages stimmig ist. Der Segen des blauen Strahls erfüllt dein Sein. Dadurch wächst der Friede in dir. So sei Friede. Jetzt und allezeit. Sei gesegnet. Amen.

8.8.8
Ergänzungen zum Artusweg und zu deiner Rückkehr nach Avalon – Gralskodierung

In den folgenden Kapiteln möchte ich gerne noch auf einzelne Themen eingehen, die zum Teil schon besprochen wurden, aber neue Aspekte darstellen, die mit zum Artusweg und zur Rückkehr nach Avalon gehören. Beginnen möchte ich dabei mit der sogenannten Gralskodierung. Manchmal ist es gar nicht so einfach, die richtigen Worte zu finden, um die tiefgehende Bedeutung einer Aussage oder einer Vision, die die Geistige Welt schenkt, entsprechend zu beschreiben. Deshalb möchte ich dich erneut bitten, dich über das Geschriebene hinaus auf die Essenz, die ich versuche zu vermitteln, einzulassen. Fühle die Wichtigkeit und manches Mal auch die Not-wendigkeit der Botschaften in deinem Herzen. Nimm sie über dein Herzzentrum auf und an.

Der Aufstieg und die Schritte auf diesem Weg sind keine Beschäftigungstherapie für einige „durchgeknallte" Lichtarbeiter, die sonst nicht wissen würden, worüber sie schreiben oder reden sollen und so versuchen, ihre Brötchen zu verdienen, sondern wirklich eine Entwicklung, die vor langer Zeit bereits vorausgesagt und mitmanifestiert wurde und alle Menschen betrifft. Das Wissen dazu liegt in unseren Zellen, und wir brauchen es nur zu aktivieren. Der Artusweg und die Rückkehr nach Avalon fördern dieses.

Die Gralskodierung bedeutet, dass wir das Wissen und die Fähigkeit, Gral zu sein, in uns tragen und die Zeit reif ist, uns zu erinnern und es zu aktivieren. Wenn wir selbst zum Gral werden, leben wir unsere ICH BIN Präsenz. Dadurch öffnet beziehungsweise entwickelt sich unsere Zwölf-Strang-DNS. Wir werden wieder zu den Sternenwesen, die wir eigentlich sind. Ein Teil der Gralskodierung ist die Erschaffung eines Gleichgewichts der männlichen und weiblichen Kräfte in uns. Dabei verbinden sie sich in einer neuen Art, sodass in der Folge unsere Partnerschaften davon geprägt sein werden. Wir nehmen uns selbst als ganz, als vollständiges Kind der Quelle wahr und können dieses auch in unseren Partnerschaften leben. Wir brauchen unser Gegenüber nicht länger, um uns erfüllt zu fühlen. Wir lösen uns aus Abhängigkeiten. Unsere Partnerschaften erreichen neue Ebenen, und wir beginnen, Seelenpartnerschaften zu leben. Bei dieser Form der Verbindung von zwei Menschen geht es nicht mehr um die Aufarbeitung von alten, gemeinsamen Erfahrungen, von sogenanntem Karma, sondern um die Potenzierung des eigenen Lichts, um so als Schwingungsfeld der Einheit auf der Erde für den Aufstieg zu wirken. Das bedeutet allerdings nicht, dass Seelenpartnerschaften immer harmonisch, friedlich und ohne Streit sind! Seelenpartnerschaften sind Verbindungen, die auf einer tiefen Ebene stattfinden und deren Berührungen alle Körper mit einbeziehen.

In diesem Zusammenhang möchte ich im nächsten Kapitel noch mehr auf das Thema Zwillingsflammen eingehen. Wie bereits zu Beginn des Buches erwähnt, gibt es auch die Aussage, dass Maria Magdalena als Partnerin von Jesus, die sein Kind unter dem Herzen trug, als Gral bezeichnet wird. Durch meine essenitischen Wege und Ausbildungen ist mir die Annahme, dass Maria Magdalena und Jesus ein Liebespaar gewesen sind, sehr vertraut. Ihre Verbindung entspricht der von Zwillingsflammen.

Maria Magdalena und Jesus begleiten uns in dieser Zeit und lehren uns, dass aufgrund des Gleichgewichts von weiblichen und männlichen Energien wahre Liebe möglich ist. Wenn wir diese heilige Vereinigung in uns vollziehen, beginnt unsere Christuspräsenz und somit unsere ICH BIN Kraft in uns zu leuchten. Dieses wiederum steht in Verbindung mit der Aktivierung unserer Kundalinikraft, als schöpfende Lebenskraft. Der rubinrotgoldene Strahl der zwölf kosmischen Strahlen unterstützt dieses. Des Weiteren wirkt er besonders gut auf unser Blut, was wiederum bedeutet, uns von den Prägungen zu lösen, die wir seit Generationen in uns tragen, damit wir unser wahres Licht erkennen können. Darüber habe ich im früheren Kapitel „Heilung der Blutslinie" schon einiges geschrieben. Maria Magdalena als Gral zu bezeichnen, heißt für uns im Hier und Jetzt, das weibliche Prinzip zu würdigen, ihm den Platz wiederzugeben, der ihm zusteht. Es geht darum, die Große Göttin in uns und auch im Außen wieder anzunehmen. Das betrifft Frauen und Männer gleichermaßen.

Das Ziel des Artuswegs ist es, selbst zum Heiligen Gral zu werden. Das beinhaltet eine Rückbindung an die Große Mutter, wie auch an die Erde und ihre Kräfte, die eine Tochter von ihr ist. Deshalb möchte ich dich an dieser Stelle einladen, deine Kommunikation mit der Erde zu hegen und zu pflegen und bei Bedarf auch zu vertiefen. Es ist ein wichtiger Schlüssel für das Erwachen zum Kosmischen Menschen. Begegne Gaia als Sternenwesen, das sie ist. Auf diesem Weg ist es vielleicht erforderlich, dich in der Zusammenarbeit mit der Erde immer wieder neu zu gebären. Jedes Mal löst sich dabei eine Schicht der Illusion des Getrenntseins, und du unterstützt deinen eigenen Aufstieg. Gleichzeitig findet dabei, falls dieses für dich wichtig sein sollte, eine Aussöhnung mit der weiblichen, mütterlichen, nährenden Energie statt sowie mit deinen Erdenwegen. Wenn du möchtest, kannst du für deine Gralswerdung mit deiner Aufmerksamkeit immer wieder zu deinem Basiszentrum gehen und es bei Bedarf stärken, erweitern und stabilisieren. Erzengel Uriel unterstützt dich sicher gerne dabei.

Viele Lichtarbeiter wird es in den nächsten Jahren zu Kraftplätzen dieser Erde führen, die eine starke Feuerqualität und Verbindung zum rubinrotgoldenen Strahl aufweisen, wie beispielsweise Lanzarote. Die Grundenergien dieser Länder fördern die Erweckung der Kundalinienergie sowie der Christuspräsenz, und sie helfen mit, die Gralsenergie in der Materie zu manifestieren. In den feinstofflichen Ebenen haben wir in den letzten Jahren alle gemeinsam wundervolle Vorarbeit für die Erschaffung des neuen Morgens geleistet. Jetzt gehört es zu unseren Aufgaben, ihn auf die Erde zu bringen.

Der rubinrotgoldene Strahl verbindet uns mit Maria Magdalena und über sie mit der Christusenergie, die in der Materie wirkt und sich über die Materie ausdrückt. Die

Gralskodierung ist ein Begriff, der all dieses beinhaltet. Durch die Vereinigung der weiblichen und männlichen Aspekte über den rubinrotgoldenen Strahl vereinen wir Maria Magdalena und Jesus in uns. Das, was sich in uns dadurch gebiert, ist die Christuspräsenz. Diese ist identisch mit der Gralswerdung. Dadurch werden alle Altlasten gelöscht, und Schuld hört auf zu existieren. Du bist frei, du bist das göttliche Wesen, das du bist. Du bist Kosmischer Mensch. Verstehst du die Zusammenhänge?

Den Begriff der Gralskodierung brachte ein wundervolles Medium, das mit Erzengel Michael zusammen wirkt, auf die Erde. Sie heißt Celia Fenn. Sie sagte, dass das Jahr 2008 als Jahr der Kodierung des Grals bezeichnet wird. Das passt wundervoll zu dem, was ich versuche, dir ans Herz zu legen. Genauso, wie ich dir an dieser Stelle auch die Homepage von Celia ans Herz legen möchte, die du unter „starchildglobal" im Internet findest. Sie unterstützt, um verschiedene Entwicklungen in dieser Zeit besser einordnen zu können, und enthält immer wieder wundervolle Channelings aus der Geistigen Welt. Alle Aspekten, alle Wesen, denen du auf dieser Reise begegnet bist, hatten die Aufgabe, dich zu unterstützen, den Gral zu finden. Integriere und vereine sie auf deine eigene Art und Weise in dir. So erfüllst du einen Seelenauftrag, der dich aufgerufen hat, in dieser Zeit selbst zum Gral zu werden.

Der Heilige Gral steht in starker Resonanz zu den Energien der Zentralsonne. Wann immer du möchtest, kannst du deshalb über dein Herz einen Lichtstrahl zur Zentralsonne aussenden und dich so auf sie ausrichten. Dann erlaube dir, das Licht der Zentralsonne aufzunehmen und zu empfangen. Über dein Herz kann es sich in der Gesamtheit, die du bist, ausdehnen. Du beginnst, selbst wie eine Sonne zu leuchten, bis du ganz zu einer strahlenden wirst. Das solare Bewusstsein kann nun deine Schwingung anheben, deine Körper vereinen, deine Chakren klären und verbinden. Durch die Solarenergie beginnt der Heilige Gral in dir zu leuchten und du verwandelst dich in ihn. Dadurch verkörperst du die Einheit von Vater-Mutter-Gott in deinem Sein. Löse dich und lebe so oft wie möglich aus und außerhalb des Morphogenetischen Felds der nicht geheilten Dualität. Das geschieht durch deine mentale und emotionale Absicht. Erschaffe dir deine eigene Realität. Stelle die Gralsenergie vor allen Dingen auch immer wieder deinem physischen Körper zur Verfügung. Er benötigt sie, um sein volles Potenzial entfalten zu können. Die solare Kraft des Universums, die Zentralsonnenenergie, unterstützt dich dabei.

Die 8, die 2008 eine besondere Bedeutung hatte, repräsentiert auch das Gleichgewicht von Vater-Mutter-Gott. Sie ist ein Symbol für den gefundenen Gral, für deine Gralswerdung. Deshalb begegneten in diesem Jahr so viele Lichtarbeiter auf ganz unterschiedlichen Wegen der Gralsenergie, die ihr weiteres Sein stark beeinflusst hat und beeinflussen wird. Dadurch werden in den kommenden Jahren noch viele andere Menschen ihrem Beispiel folgen. Aus diesem Grund lade ich dich ein, so oft wie möglich der Heilige Gral zu sein und die tiefe Bedeutung, nicht nur für dich selbst, sondern für das gesamte Kollektiv der Menschheit zu erkennen.

8.8.1
Zwillingsflammen

Das ist ein Begriff, den ich persönlich nicht gerne verwende. Es gibt unterschiedliche Meinungen dazu, ob er identisch ist mit dem Dual, ob er gleichzusetzen ist mit „Zwillingsseelen" etc. Immer wieder gibt es darüber Diskussionen, in denen versucht wird, die Unterscheidungsmerkmale herauszufiltern, die dann für einige stimmen, für andere nicht. Für mich sind dabei einige Beschreibungen viel zu irdisch, linear und mental. Das hängt aber auch damit zusammen, dass ich ein eher emotionaler Mensch bin, der immer alles erfühlen muss, um etwas verstehen zu können. Ich möchte mich deshalb in diesem Zusammenhang auch nicht auf eine weitere Begriffsdefinition einlassen, sondern dir die Anregung geben, die einzelnen Worte in deinem Herzen zu bewegen und dadurch selbst für dich wahrzunehmen, was sie für dich bedeuten, was sie in dir auslösen, womit du sie assoziierst usw. Letztendlich haben wahrscheinlich wieder einmal alle Begriffsbeschreibungen recht und betrachten unterschiedliche Aspekte des großen Ganzen.

Es gehört zu unseren Seelenaufgaben, in dieser Zeit unsere Ganzheit zu erfahren. Auf der einen Seite bedeutet das zu erkennen, dass wir immer ganz gewesen sind. In dieser Ausrichtung fehlt mir auch nichts und niemand, und ich bin Teil einer großen Seelenfamilie, die die gesamte Menschheit und alle Wesen in diesem Universum mit einbezieht. Dadurch erübrigt es sich beispielsweise, einen bestimmten Seelengefährten zu finden, weil in diesem Fall jeder ein gleichwertiger Seelengefährte wäre und ist. Andererseits gibt es auch jenen Teil in mir, der eben ein Gegenüber und in der Folge mehrere sucht, mit dem und denen er diese Ganzheit erleben kann. Wenn wir diesen menschlichen Aspekt betrachten, kommen wir unweigerlich zu den oben genannten Begriffen und der sogenannten Seelenfamilie, im engeren Sinn. Es führt uns zu der Annahme, dass es Seelen gibt, mit denen wir mehr in Resonanz sind als mit anderen. Auch diese Variante stimmt. Es betrifft nur unterschiedliche Ebenen unseres Wesens. Wir sind multidimensional.

Damit möchte ich dich anregen, Dinge oder Situationen immer von mehreren Seiten aus zu betrachten. Es gibt nichts Fixes, nichts Starres, nichts Absolutes. Das bezieht sich auch auf Aussagen, die beispielsweise folgende Fragen betreffen: Ist es wichtig, dem Dual zu begegnen? Sind das dann besonders schöne oder eher schmerzhafte Erfahrungen? Gibt es nur einen Seelenpartner für mich? Kann nur unsere Zwillingsflamme unser Seelenpartner sein? Können wir in der Materie eine erfüllte Partnerschaft leben, auch wenn unser Dual scheinbar nicht in einem irdischen Körper inkarniert ist? Was bedeutet überhaupt Dualseele, Zwillingsflamme, Seelenpartnerschaft etc.? Selbst wenn es dazu verschiedene Antworten geben sollte, gilt erneut, dass alles seine Berechtigung hat. Genauso wie die kosmische Gesetzmäßigkeit, dass wir durch das, was wir glauben und wovon wir überzeugt sind, unsere dementsprechende Realität mitgestalten. Deshalb meine Bitte und Einladung an dieser Stelle erneut, deine eigenen Antworten zu finden und dabei immer wieder genau darauf zu achten, was du eigentlich möchtest, beziehungsweise auf das, was du aufgrund deiner Einstellungen und Überzeugungen aussendest. Denn was immer auch ist und uns begegnet, haben wir mit manifestiert. Auch die Antworten auf unsere Fragen, die uns von außen gegeben werden. Wir gestalten selbst mit. Schon wieder vergessen?

Unabhängig davon, bin ich überzeugt, dass alle Seelen, die jetzt hier auf der Erde inkarniert sind, eine gleiche Aufgabe zu erfüllen haben: In und mit sich selbst glücklich, liebevoll, friedvoll und zufrieden zu sein. Genauso, wie ich glaube, dass es gewisse Gesetzmäßigkeiten im zwischenmenschlichen Zusammensein gibt, die auf alle Formen von Partnerschaften, egal, ob du mit deinem Dual, einem Seelenpartner oder einer „normalen" Seele*) zusammen bist, zutreffen. Partnerschaften dienen uns immer, um selbst zu reifen, zu wachsen und zu heilen. Wir werden dabei mit uns selbst konfrontiert, was manches Mal Freude bereitet und manchmal weniger, bis gar keine. Mittlerweile gibt es viel empfehlenswerte Literatur, Hörbücher und auch geführte Meditationen auf CD zu diesem Thema. Deshalb kann ich dir nur wärmstens ans Herz legen, dich in diesem Zusammenhang von deiner Intuition führen zu lassen, um das für

---

*) Das ist zynisch gemeint, auch wenn das keine liebevolle, fünfdimensionale Eigenschaft ist, sondern noch aus der nicht geheilten Dualität kommt. Manchmal kann ich das einfach sein... ☺.

dich Stimmige zu entdecken, wenn du dieses möchtest.

An dieser Stelle möchte dir die Geistige Welt Folgendes dazu sagen. Sie beschreiben das Energiefeld von Zwillingsflammen mit folgendem Bild. Stelle dir zwei Flammen, die nebeneinander lodern, vor. Sie haben die gleiche Farbe, die gleiche Leuchtkraft, die gleiche Größe etc. Sie tanzen so nahe beieinander, dass sie einen gemeinsamen Flammenboden bilden, auf dem sie sich bewegen, wobei sie dennoch als einzelne Feuerzungen immer wieder deutlich zu erkennen sind. Sie sind von einem Kreis umgeben. Dieser stellt das gemeinsame aurische Feld dar, was sich durch die Verbindung der zwei einzelnen Feuerflammen ergibt. Die Geistige Welt sagt, dass dieses Symbol für die Vereinigung von Zwillingsflammen steht. Sie bitten dich, es zu nutzen, wie auch immer du möchtest, um diese Energie in deinem Leben zu stärken, beziehungsweise um sie anzuziehen. Bezogen auf ein früheres Kapitel zeigt sie dazu folgendes Bild: Stelle dir Viviane und Merlin als ein solches Zwillingsflammenpärchen vor, genauso Igraine und Uther, Morgana und Artus, Guinevere und Lancelot. Die einzelnen Zwillingsflammenpärchen lodern in unterschiedlichen Farben, weil sie verschiedene Energiequalitäten verkörpern und auf unterschiedlichen Strahlen inkarniert sind. Alle vier Paare werden nochmals durch einen Kreis zu einem gemeinsamen Sein verbunden. Das ist das Zeichen dafür, dass sie eine Seelenfamilie sind.

Wenn du die Aspekte, die sie repräsentieren, noch mehr in dir integrieren möchtest, schlägt die Geistige Welt dir vor, dieses Bild der vier lodernden, verschiedenfarbigen Feuerflammen auf beziehungsweise in dem Lichtkreis zu visualisieren. Atme dieses Zeichen in dein Herz und erlaube, dass sich dadurch eine Energie der Einheit und der Vereinigung in der Gesamtheit, die du bist, ausdehnt. Tue dieses so oft und so lange es dir ein Bedürfnis ist und guttut. In weiterer Folge förderst du deine eigene Ganzheit damit und erschaffst in dir ein tieferes Verständnis von Seelenpartnerschaft. Seelenpartnerschaft ist in diesem Kontext unter anderem ein Schwingungsfeld von erfüllter Partnerschaft und liebevollen Begegnungen. In der Fünften Dimension wird es nur noch solche Formen von Verbindungen geben. Das Wirken mit diesem Symbol vertieft des Weiteren dein Ankommen in Avalon, wie auch die Aktivierung des Grals. Die Geistige Welt bittet dich, dich darauf einzulassen.

Das Thema Zwillingsflammen begegnet dir aber auch noch über den Fokus der Gralskodierung. Hier stellen Maria Magdalena und Jesus die tanzenden Zwillingsflammen in einem Kreis dar. Diese leuchten rubinrotgold. Diese Einheit kannst du nutzen, um deine Kundalinienergie in dir zu aktiveren, um eine Balance zwischen deinen weiblichen und männlichen Kräften zu schaffen, was eine Basis für das bewusste Leben deines Schöpfertums ist. Die Geistige Welt bittet dich, das Bild der Vereinigung beispielsweise auf der Ebene deines Kreuzbeins lodern zu lassen. Das fördert das Erwachen deiner Schlangenkraft, weil dadurch der gesamte Bereich genährt, gewärmt und energetisiert wird. Diese Vorstellung ist auch zur Lösung von Unterleibsbeschwerden, Rückendisharmonien und

Erdungsschwierigkeiten sehr hilfreich. Wenn du die Zwillingsflammenenergie von Maria Magdalena und Jesus in dein Herz atmest und sie hier wirken lässt, fördert sie die Öffnung deines Herzens und erweitert deine Liebesfähigkeit. Du kannst diese besondere Schwingung aber auch deinem Körper und vor allem deinem Blut zur Verfügung stellen, indem du sie dir in einer deiner Körper- oder Blutzellen vorstellst und sie hier ausstrahlen und wirken lässt. Dadurch bringst du deine göttliche Liebe und Kraft in die Materie. Das unterstützt die Wahrnehmung und das Nutzen deiner Manifestationskraft.

Gleichzeitig kräftigt und stärkt es natürlich auch die Gesamtheit deines physischen Seins und darüber hinaus alles, was du bist. Die Geistige Welt lädt dich ein, durch das Wirken mit der Energie der Zwillingsflammen über die Bilder, die sie dir gaben, ihre Bedeutung, die über die Erklärung eines Begriffs hinausgeht, wahrzunehmen. Dadurch schwingst du dich auf deine eigene Zwillingsflamme beziehungsweise den Kreis deiner Zwillingsflammen ein. Es unterstützt die Erweiterung deines Bewusstseins. Die Geistige Welt bittet dich darum. Sie weist dich nochmals darauf hin, dass sich alles, was in dir ist, im Außen manifestiert. Wenn die Zwillingsflammenenergie in dir lodert, kann sie dir im Außen begegnen. Wenn die Liebe in dir ist, kann sie sich dir im Außen zeigen. Wenn Erfülltheit in dir ist, kann sie sich in deinen Partnerschaften widerspiegeln.

Die einzelnen Begriffe in unserer Sprache sind wie Türen, die uns in Schwingungsräume führen. Es geht nicht so sehr um die Worte, sondern um die Räume, die dahinter liegen und die wir dabei betreten können beziehungsweise auch sollen. Über und durch diese Schwingungsräume erschaffen wir unsere Welt(en). Das Bild der Zwillingsflammen, die in einem Kreis lodern, ist ein Symbol für die geheilte Dualität. Die Geistige Welt bittet dich, es in allen Bereichen deines Lebens so oft wie möglich und wie auch immer es für dich stimmig ist, zu nutzen. Die Geistige Welt dankt dir dafür und segnet dich. Sei gesegnet. Amen.

☆☆☆☆☆

8.8.8
Aufruf an die Drachenreiter

Drachenwesen sind sehr liebevolle, weise und kraftvolle Sternengeschwister. Sie begleiten uns auf dieser Erde, seit es diese gibt. Dabei gab es immer wieder Menschen, die eine besondere Verbindung zu ihnen besaßen und mit ihnen gemeinsam auch eine dementsprechende Aufgabe zu erfüllen hatten beziehungsweise haben. Die Geschichten rund um Eragon von Christopher Paolin sind keine reinen Erfindungen, sondern beinhalten einen wahren Kern. Über sie wurde ein Versuch gestartet, in manchen Menschen altes Wissen und Erinnerungen zu aktivieren. Es konnten aber noch nicht alle, die es betrifft, berührt werden, beziehungsweise haben sich noch nicht alle darin wiedererkannt. Deshalb war es der Geistigen Welt ein Anliegen, die folgende Einladung beziehungsweise Meditation in dieses Buch mit einfließen zu lassen.

Natürlich war Avalon über die Verbindung mit Gaia und der Mutterschlange die Kommunikation mit den Drachengeschwistern vertraut. Merlin und die Druiden luden ihre Kräfte ein, bei verschiedenen Ritualen unterstützend zur Seite zu stehen. Uther Pendragon trug den Drachen in seinem Banner. Er erinnerte ihn an seine Wurzeln. Wenn du für die Vertiefung des Kontaktes mit den Drachengeschwistern direkt nach England reisen möchtest, empfehle ich dir, mehr in Richtung Süden zu fahren. Cornwall ist nicht nur ein Spezialgebiet für erfüllte Liebe, zumindest laut Rosamunde Pilcher, sondern auch, um die Kommunikation mit Drachenenergien zu pflegen.

☆☆

Die Geistige Welt bittet dich, jetzt deinem Herzen zu folgen. Folge deiner Bestimmung. Dazu nimm nun bitte einige bewusste Atemzüge und erlaube dir, mit deiner Aufmerksamkeit ganz in und bei dir zu sein. Werde dir deiner Wurzeln gewahr und lass sie tief hinein in den Schoß der Erde wachsen. Sei eins mit Gaia. Jetzt. Erinnere dich an das göttliche Licht, das du bist. Aktiviere es und lass es strahlen, sodass es sich in der Gesamtheit, die du bist, ausdehnt und dich erfüllt. Sei eins mit deinem göttlichen Licht. Sei eins mit deiner Seele und ihrem Plan. Jetzt.

Grünes Licht beginnt in den Raum, in dem du bist, einzufließen. Es durchströmt und hüllt dich ein. Erzengel Raphael nimmt mit dir Kontakt auf. Er begrüßt dich. Er segnet dein Herz, damit darin der Mut wächst, deiner Intuition und deiner inneren Stimme zu folgen. Raphael lädt dich ein, mit ihm auf eine Reise zu gehen. Dazu nimmt er dich an die Hand, breitet seine Schwingen aus und trägt dein Bewusstsein höher und höher. Er führt dich von dem Ort, an dem du dich befindest, weg, durch Zeit und Raum hindurch, bis an einen heiligen Kraftplatz. Dieser ist in eine liebliche Landschaft, wo viele Bäume wachsen, eingebettet. Hier wirst du von Merlin erwartet. Raphael bringt dich direkt zu ihm. Merlin begrüßt dich und sagt, dass er lange auf diesen Tag gewartet hat. Es ist Zeit, dir etwas zurück-

zugeben, was dir gehört und er all die Jahre gehütet hat. Merlin öffnet seine Hand. Darin befindet sich so etwas wie ein Horn, das so gebogen und bearbeitet ist, dass es wie ein Instrument aussieht. Merlin erklärt dir, dass es dir vor langer Zeit die Möglichkeit gab, mit Drachengeschwistern Kontakt aufzunehmen. Sie konnten die Klänge, die du aus diesem Horn ausgestoßen hast, vernehmen. Sie antworteten dir oder erschienen daraufhin. Merlin erzählt dir weiter, dass du vor langer Zeit dazu auserwählt worden bist, Drachen zu reiten. Das war eine besondere Ehre und Aufgabe für dich. Merlin sagt, dass dieses bereits in Atlantis wie auch in Lemurien gelebt wurde. Es bedeutet, dass es ursprünglich deine Aufgabe war, Drachengeschwister zu hüten und auch in besonderer Weise mit ihnen zusammenzuarbeiten. Dieses Zusammenwirken glich einer Vereinigung von Himmel und Erde, die eine Potenzierung der Kräfte förderte und letztendlich genutzt wurde, um Gleichgewicht in den verschiedenen Entwicklungen der Erde zu halten. In der Zusammenarbeit mit den Drachenwesen wurden dabei Energien aus dem Kosmos gebündelt, und daraus wurden Energielinien und Erdgitternetze erstellt, die dann die Gesamtentwicklung von Gaia förderten. Sie unterstützten die Entstehung von Leben und die Kommunikation und den Austausch zwischen den einzelnen Rassen und Völkern, die es auf der Erde gab. Die Drachen, die viel Weisheit und lebensspendende Kraft in sich tragen, erfüllten diese Aufgabe sehr, sehr gerne. Durch die Evolution von Gaia, durch das Eintreten in die Dichte, kam es vermehrt zu Situationen, wo Drachenwesen keine freie

Wahl mehr hatten. Sie wurden benutzt und missbraucht. Dadurch begann eine Phase in der Geschichte des gemeinsamen Wirkens, in der Drachen getötet wurden, und als Folge davon wandten sich einige von ihnen gegen die Menschen und zogen sich in die Dunkelheit zurück. Der Schmerz über diese Entwicklung ist sowohl in den Drachen als auch in den betreffenden Menschen gespeichert. Einige der Auserwählten versuchten immer noch, in liebevoller Art und Weise mit den Drachenenergien zu sein und ihre Aufgabe weiter zu erfüllen. Ihnen wurde zu diesem Zweck aus dem Reich der Natur dieses Horn geschenkt. Sie sollten es nutzen, um den Kontakt zu den Drachengeschwistern aufrechtzuerhalten.

Merlin bittet dich zu erkennen, dass die Weisheit, die in den Drachengeschwistern wohnt, eine Weisheit der Shekaina, der Urweiblichkeit, ist. Wisse, dass durch die Trennung, die zwischen den Menschen und den Drachenwesen geschah, sichtbar wird, wie sich die Menschen auch von der mütterlichen, göttlichen Energie abgespalten und sich somit auch von der Erde und ihren Wurzeln gelöst haben. Das war erforderlich, um tiefer in die nicht geheilte Dualität eindringen zu können. Durch die erneute Kontaktaufnahme mit den Drachengeschwistern findet gleichzeitig wieder eine Heilung statt, eine Rückbindung an Erdkräfte, und dadurch an die Urweiblichkeit des Universums. Deshalb erlaube dir nun, von Merlin dieses Horn anzunehmen. Spüre die Vibration, die von ihm ausgeht und die dein Herz berührt. Sie öffnet es. Erkenne, wie du einst von großen Lichtwesen der Zentralsonne aufgefor-

dert wurdest, Drachenreiter zu sein, um dadurch Himmel und Erde zu verbinden und für das Gleichgewicht der Kräfte zu sorgen.

Wenn du bereit dazu bist, dann führe das Instrument zu deinen Lippen und benutze es. Der Ton, der daraus hervorkommt, ist wie eine Welle, die die Unendlichkeit berührt. Fühle die sanfte Erschütterung des Bodens, auf dem du stehst. Raphael und Merlin ermutigen dich in deinem Tun. Nimm wahr, wie du Antwort auf deinen Ruf erhältst. Du kannst sie nicht genau zuordnen, doch sie erreicht dein Herz. Dort aktiviert sie deinen Seelenklang, der zum Klingen gebracht wird und sich in der Gesamtheit, die du bist, ausdehnt. Jetzt.

Merlin führt dich einige Schritte weiter. Dein Blick fällt nun auf eine große Wiese, die vor dir liegt. Erneut fühle die Erschütterung der Erde unter deinen Füßen. Vor dir beginnt sich der Boden ganz langsam zu öffnen. Zuerst ist es ein kleiner Spalt. Dann wird er größer und größer. Nun nimm wahr, wie sich aus dem Inneren der Erde, groß und mächtig, ein Drachenwesen erhebt. Es hat feurige, lebendige Augen, die ein Ausdruck seiner Kraft sind. Erkenne in diesem Wesen einen alten Freund und Vertrauten aus vergangenen Zeiten wieder. Merlin bittet dich, dir die Zeit zu geben, ihn zu begrüßen, ihn neu kennenzulernen und in den Austausch mit ihm zu gehen. Merlin sagt, dass die menschlichen Worte nicht ausreichen, um dir die tiefe Bedeutung dieses Moments beschreiben zu können. Deshalb bittet er dich, dich zu erinnern. Erinnere dich! Erlaube deinen Körpern, ihre entsprechenden Speicherungskammern dazu so zu öffnen, dass sie frei zugänglich sind. Jetzt.

Merlin lädt dich ein, dich zu sehen, wie du einst in Atlantis mit diesem Wesen zusammengewirkt hast. Gemeinsam wart ihr an der Errichtung von kristallinen Städten beteiligt. Merlin fordert dich auf, dich daran zu erinnern, wie du in Lemurien, in der Verbindung mit diesem Wesen, Leylines aufgebaut hast, die um die Erde gezogen wurden, um einen freien Fluss von lebensspendenden Energien zu ermöglichen. Merlin bittet dich, dich an die Zeit des Umbruchs und der Verdichtung zu erinnern. Lichtwesen aus der Zentralsonne kamen und baten dich mit anderen in einen Kreis, wo du den Auftrag erhieltest, weiter mit den Drachengeschwistern zu wirken, immer und immer wieder, auch teilweise im Verborgenen, und auch in der jetzigen Zeitenwende den Kontakt wieder aufzunehmen, um das fortzusetzen, was du einst begonnen hast. Damals überreichten sie dir das Horn aus der Feenwelt. Seither diente es, um das Drachenwesen, das du jetzt wiedergefunden hast, zu rufen und mit ihm im Austausch zu sein.

Du bist viele Wege gegangen, auf denen du versuchtest, deine Aufgabe zu erfüllen. Schritt für Schritt legte sich dabei auch über dich der Schleier des Vergessens. Dein Begleiter zog sich mehr und mehr in die Erde zurück, um sich dort in kristalline Formen zu verfestigen und mit einem tiefen Schlaf zu beginnen, der erst heute durch den Ton, den dein Horn erzeugte, unterbrochen werden konnte. Die Starre fiel ab, und dem Drachenwesen war es wieder möglich, dir zu erscheinen. Bitte vernimm jetzt den Namen deines Drachenwesens klar und deutlich. Das Horn bleibt weiterhin bei dir, da es ja zu dir gehört, und darüber kannst du es rufen. Doch es gibt auch die Möglichkeit, seinen Namen dreimal zu nennen, um so mit ihm in Kontakt zu gehen und mit ihm zu sein.

Jetzt bittet Merlin dich, den Drachen zu besteigen. Setze dich auf ihn. Nimm wahr, wie vertraut dir dieses ist. Atme bewusst ein und aus. Erlaube Raphael, deine Tränen zu trocknen und deine Wunden zu heilen, die dabei in dir berührt werden und in Verbindung stehen mit Erfahrungen des Getrenntseins von dir und deinem Seelenplan, von dir und der Erfüllung von Aufgaben, die du einst übernommen hattest und dann mehr und mehr vergessen hast.

Während du auf deinem Drachenwesen sitzt, steigt rote Lebenskraft, die aus der Erde über den Drachen zu dir strömt, in dich und dehnt sich in dir aus. Jetzt. Erwache zu deinem wahren Sein. Lebe deine Größe. Diese rote Energie erweitert dein Basiszentrum. Sie lässt dein Wurzelzentrum pulsieren, leuchten und strahlen. Daraus entsteht eine neue Verbindung zur Erde und ihren Kräften. Dabei findet eine tiefe Aussöhnung mit der urweiblichen Energie statt. Alle Inkarnationen, die du hattest, in denen du dich von der weiblichen, mütterlichen Präsenz verlassen oder zu wenig genährt fühltest, können so in die Balance und in die Heilung gebracht werden.

Ein tiefer Frieder erfüllt dich. Du bist frei. Diese Freiheit hat zur Folge, dass dadurch erneut eine Stärkung deiner männlichen Kraft stattfindet, weil du in Verbindung mit diesem Drachenwesen die zielgerichtete Energie verkörperst. Der Drache unter dir repräsentiert das kraftvolle Po-

tenzial, das du zur Verfügung hast, aus dem du schöpfen und erschaffen kannst. Du, indem du auf ihm sitzt, bist wie der Gedanke, der die Richtung angibt, wohin diese Kraft gelenkt und was daraus manifestiert wird. Bitte verstehe, dass dieses tiefe Einlassen auf das Drachenwesen erneut einer Hochzeit, einer Verschmelzung gleicht, die Ganzheit fördert in dir und in allen Bereichen des Menschseins.

Nimm wahr, wie die rote Lebenskraft, die dein Basiszentrum durchströmt, nun weiter in dir aufsteigt. Sie erfüllt dein zweites Chakra, deinen Solarplexus, dein Herz, dein Kommunikationszentrum, dein Drittes Auge, dein Kronenzentrum. Sie sprudelt aus diesem heraus. Die rote Energie durchdringt die Gesamtheit deines aurischen Felds, fließt um dich und um den Drachen, auf dem du sitzt, bis hinein in die Erde zurück. Dieser Energiefluss fördert eine weitere Vereinigung zwischen dir und diesem Drachenwesen auf einer ganz tiefen Bewusstseinsebene. Das Wesen verkörpert einen Teil deiner Erdkräfte, deiner Ausdruckskraft in der Materie, die du jetzt zurückerhältst, um deinen Weg zu gehen. Inkarnationserfahrungen, in denen du dich gegen diese Erde, ihre Qualitäten und Prinzipen und gegen jene, die sie bewahrten und vertraten, gestellt und bekämpft hast, lösen sich nun auf. Erneut kann dadurch eine Heilung in dir sein, die einen tiefen Frieden in dir aufsteigen lässt. Bindungen aus deiner Vergangenheit transformieren sich leicht, sanft und liebevoll. Du bist frei zu sein, was du bist im Hier und Jetzt.

Erkenne, dass über diese Begegnung mit deinem Drachenfreund eine Ausrichtung auf deine Seele und ihren

Plan gefördert wird, wie auch dessen Manifestation in der Materie.

Wenn du bereit bist, deine damalige Aufgabe mit den Drachengeschwistern zusammenzuwirken, anzunehmen und zu vollenden, dann gib deinem Drachen ein Zeichen. In der Folge stößt er sich kräftig vom Erdboden ab, um sich in den Himmel zu erheben. So reite auf dem Drachen. Fliege mit deinem Drachen. Genieße es. Auch das dient dazu, alte Erinnerungen in dir zu aktivieren, deinen Zugang zu deinem kosmischen Erbe zu erweitern und es im Hier und Jetzt wieder zu leben. Einst warst du in einem regen Austausch mit den Sternengeschwistern. Seitdem ist es dir eigentlich sehr vertraut. Die Kommunikation mit den Drachen war ein Teil davon. Bitte erneuere sie und pflege sie wieder.

Dein Drachenwesen kehrt mit dir auf die Erde zurück. Merlin fragt dich, ob dir dein Ritt gefallen hat. Er sagt, dass es für dich wichtig ist, dich selbst wieder als einen Drachenreiter anzunehmen und dessen Bedeutung zu erkennen. Merlin bittet dich, sooft wie möglich in die Begegnung mit deinem Drachen zu gehen und dabei häufig mit ihm zu fliegen und auf ihm zu reiten. Vertiefe erneut die Freundschaft. Das ist der erste Schritt dazu.

Während deiner Nachtarbeit wirst du in den nächsten Wochen vermehrt zur Zentralsonne reisen. Dort erhältst du von den solaren Geschwistern klare Informationen, in welcher Form es deiner Zusammenarbeit mit deinem Drachen auf der Erde in dieser Zeit bedarf. Diese Schulungen finden unabhängig davon statt, ob du dich am Morgen an etwas erinnern kannst oder nicht! Fühle in deinem Herzen die Resonanz und die Stimmigkeit der Worte. Das ist eine Bestätigung für dich für diese Aussage. Wisse, dass es so ist. Des Weiteren lädt Merlin dich ein, dich auf deine eigene Art und Weise mit Geomantie als auch mit der heiligen Geometrie zu beschäftigen, genauso wie mit Kraftorten, Leylines der Erde und Erdchakren. Das ist das Basiswissen, das es dir ermöglicht, gemeinsam mit deinem Drachen zu erkennen, was dein Erdheilungsauftrag in dieser Zeit ist. Er entspricht der Aufgabe, die du einst bei der Übergabe des Horns von den Geschwistern der Zentralsonne mitbekommen hast. Im Moment fordert Merlin dich auf, tief ein und auszuatmen, um den Austausch mit deinem Drachen zu spüren. Fühle die Kraft, die sich dadurch in dir erweitert. Erlaube dir, Impulse, Visionen und Anregungen zu dem, was Merlin dir sagte, zu empfangen, die sich dir klar zeigen und für dich sichtbar und greifbar sind.

Dann dankt dir Merlin für deine Bereitschaft, wieder einen Schritt weitergegangen zu sein, wieder einen Teil mehr von dir selbst zu leben. Merlin segnet dich, dreht sich um und löst sich auf, so, wie du es von ihm schon kennst. Raphael lässt grünes Licht durch dich strömen. Erlaube dir, dass dadurch Harmonie und Gleichgewicht zwischen männlicher und weiblicher Energie in allen Formen und Ebenen deines Seins Raum nehmen. Durch die Berührung von Raphael wird deine Präsenz im Hier und Jetzt gefördert und gestärkt.

Raphael lädt dich in der Einheit mit deinem Drachenwesen ein, gemeinsam mit ihm nun zurückzukehren. Ra-

phael führt dich den Weg, den du gekommen bist, zurück in den Raum, in dem du dich befindest und gerade verweilst. Spüre deinen Herzschlag. Nimm deinen Körper wahr. Erkenne, dass die Verbindung mit deinem Drachenwesen immer noch besteht. Raphael sagt, dass diese Vereinigung auch deine Beziehungen und Partnerschaften mit beeinflussen und mitgestalten wird, in einer für dich stimmigen und wohltuenden Form. Raphael bittet dich, dir so viel Zeit zu geben, wie du möchtest, um dem Energiefluss nachzuspüren. Fühle der Bedeutung der Worte, die Merlin gesprochen hat, wie auch der Vereinigung mit deinem Drachenwesen, nach. Erkenne, wie dein Leben dadurch berührt wird. Wie es sich in weiterer Folge verändern und verwandeln wird. Achte auf deine diesbezüglichen Impulse und vertraue dir selbst.

Raphael dankt dir. Er segnet dich im Namen der Heilung, die ist, und hüllt dich in grünes Licht ein. Dann zieht er sich sanft von dir zurück. Bedanke dich bitte nun bei dir selbst und bei allen Wesen, die dich begleitet haben. In der tiefen Freundschaft mit deinem Drachenwesen, in der Einheit mit deinem Drachenwesen, setze deinen Weg fort und erfülle deinen Plan. Sei geerdet. Jetzt. Sei zentriert. Jetzt. Sei gesegnet. Jetzt und allezeit. Amen.

☆☆☆☆☆

8.8.1
Morgana und Isis und die Erweckung deiner Kundalinikraft

Höre den Klang deiner Seele. Wisse, dass du gerufen wirst. Morgana steht auf dem Tor. Sie ist in dem uralten Steinkreis, der einst in Avalon leuchtete und strahlte und Himmel und Erde verband. Die Priesterin erwartet dich. Nimm bitte einige bewusste Atemzüge, um mit dir selbst und mit Allem-was-ist im Frieden zu sein. Werde dir deiner Einheit mit der Erde gewahr. Lass dein göttliches Licht in dir strahlen. Durchwirke damit jede Ebene, die du bist. Die Geistige Welt bittet dich, Seele zu sein. Erneut wirst du gerufen. Höre deinen Seelennamen und wisse, dass es Zeit ist, dich zu erinnern.

Erlaube dir jetzt, auf eine Reise zu gehen. Aus deinem Herzen führt ein Lichtstrahl. Dieser trägt dich durch den Schleier der Illusion, durch Zeit und Raum hindurch, und führt dich über den alten Weg hinauf auf den Hügel, der das Zentrum von Avalon war. Komme in dem alten Steinkreis an, wo Morgana bereits auf dich wartet. Sie berührt deine Stirn, um den blauen Halbmond zu aktivieren. Sie begrüßt dich wie eine Schwester und wie einen Bruder aus längst vergangenen Tagen. Morgana nimmt dich an die Hand, um dich in das Innerste des Kreises zu bringen. Dort lässt sie dich kurz los, um ihre Arme zu heben. Sie ruft in die Weiten des Universums und spricht Worte der Kraft. Dabei bündelt sich Licht im Kosmos, das sich zu einem Strahl formt, der direkt in die Mitte des Steinkreises wirkt. Er umfasst dich und Morgana. Ihr steht in diesem Lichtstrahl. Morgana senkt ihre Arme, lächelt dir zu und nimmt dich erneut an die Hand. Nimm wahr, wie sich alles um dich zu drehen beginnt. Eine Reise deines Bewusstseins beginnt, die dich in spiralförmiger Art und Weise über und durch diesen Lichtkanal gemeinsam mit Morgana in den Himmel führt. Wisse, dass dieser Lichtstrahl auf Sirius ausgerichtet ist.

Morgana reist mit dir nun dorthin. Während dein Bewusstsein sich drehend höher bewegt, fühle die Vibration, die in dir und um dich ist. Erneut wird dadurch ein Klang erzeugt. Das sind die Gesänge von Sirius, die dich einladen zu kommen und dich willkommen heißen. Sie richten dein Schwingungsfeld so aus, dass das Einlassen auf und die Begegnung mit sirianischen Energien ganz einfach für dich wird und ist. Morgana sagt zu dir: „Erkenne, dass in den lichten und kraftvollen Zeiten von Avalon der Steinkreis genutzt wurde, um in Kommunikation mit den Sterngeschwistern zu gehen. Dabei fand unter anderem ein reger Austausch mit Sirius statt.“ Morgana erzählt weiter, dass sie diese Verbindung zu Sirius sehr genossen und Einweihungen über Sirius empfangen hat. Sie waren ein Teil ihrer Ausbildung zur Priesterin vom See. Diese haben unter anderem ihre Sicht erweitert, genauso wie die Kommunikation mit den Naturwesen.

Wisse, dass Morgana jetzt mit dir in diesem Schwingungsraum, der Sirius ist, ankommt. Atme tief ein und aus und nimm die Energie auf und an. Lass sie durch dich schwingen und klingen. Jetzt. Dein mentales Sein braucht zum jetzigen Zeitpunkt nichts zu verstehen. Erlaube, dass es mit der Schwingungsqualität von Sirius durchdrungen wird. Dadurch findet eine Veränderung deiner Gehirnströme statt, die einer Erweiterung deines Bewusstseins gleicht. Jede deiner Zellen beginnt zu vibrieren. Morgana führt dich auf Sirius herum. Auf der einen Seite kannst du alles klar und deutlich wahrnehmen, auf der anderen erscheint alles wie verschwommen. Das hängt mit der Schwingungsebene von Sirius zusammen.

Nimm auf dem Weg, den du mit Morgana gehst, sirianische Lichtwesen wahr. Sie begrüßen dich und lassen dir liebevolle und freundliche Energien zuströmen. Einige von ihnen sind dir sehr vertraut. Wisse, dass du damals, als du Priesterin vom See warst, als auch du den Weg des Druiden mit und bei Merlin und den anderen alten Weisen gingst, in der Regelmäßigkeit Kontakt zu Sirius hattest. Aus dieser Zeit sind dir auch die Wahrnehmungen von Lichtphänomenen bekannt. Beispielsweise hast du in der Dämmerung Lichtblitze und Lichtkugeln, die sich über den Himmel bewegten, gesehen. Das waren Formen der Kommunikation, unter anderem mit deinen sirianischen Sternengeschwistern.

Atme nochmals tief ein und aus, um die Energie von Sirius ganz in dich aufzunehmen und in dir wirken zu lassen. Dabei findet eine Neueinstellung innerhalb deines Systems statt, was zu einer Erweiterung deiner Sensibilität, bezogen auf die Wahrnehmung feinstofflicher Ebenen und Energien, führt. Morgana bringt dich in einen Bereich auf Sirius, der ein wenig einem ägyptischen Tempel gleicht und ähnlich einer großen Pyramide errichtet ist. Doch auch hier scheint nichts fest zu sein, sondern es vibriert und ist reine Energie. Morgana tritt mit dir in das Innere dieses Lichttempels, dieser Lichtpyramide, ein. Nimm wahr, dass sich dir immer wieder Zeichen und Symbole zeigen, die sich vor dir formen und wieder auflösen. Sie erscheinen, bleiben und gehen wieder. Das ist ein Teil einer Lichtsprache. Über diese Symbole kommunizieren sirianische Wesenheiten mit dir. Es ist wie ein Sternenkode, der jetzt quasi so eingestellt ist, dass jedes Zeichen, das du siehst, auf deine menschliche DNS wirkt. Ihre Entschlüsselung wird gefördert. Dadurch sind Neuverbindungen der Stränge möglich, und dein Erbgut als kosmisches Wesen, das du bist, kann sich in dir zu entfalten beginnen.

Atme bitte erneut bewusst ein und lasse geschehen. Die Symbole und Zeichen erscheinen und lösen sich wieder auf. Morgana führt dich in das Zentrum dieser Lichtstätte, wo ein Wesen steht. Groß, leuchtend und strahlend. Je näher du ihm kommst, umso klarer erkennst du Isis darin. Isis ist eine sirianische Wesenheit, eine Lehrerin, eine Freundin und Vertraute, eine Schwester, eine Weggefährtin von Morgana, und dadurch auch von dir. Isis heißt dich willkommen, und ihre Freude über deinen Besuch ist groß. Zur Begrüßung legt sie ihre Stirn auf deine, und eine Energieübertragung findet statt. Die Kommunikation fließt über eine telepathische Form. Nimm wahr, was Isis dir auf diese Art übermittelt. Erkenne, dass sich nun in deinem Sein alle Schmerzen, Traurigkeiten und Enttäuschungen, die du noch in dir trägst, weil du dich von dir selbst, der Quelle, die du bist, und von Wesen der Geistigen Welt, mit denen du als Mittler der Quelle in Kommunikation gewesen bist, getrennt fühltest, heilen und sich lösen dürfen. Es geht dabei um Situationen, in denen du dich von Gott verlassen glaubtest. Um Situationen, in denen du den Eindruck hattest, die Quelle oder die Göttin würde dir nicht mehr antworten. Du konntest sie nicht mehr verstehen. Es handelt sich um die Erfahrungen, in denen du nicht mehr unterscheiden konntest, was der göttliche Wille, dein Herz und deine Seele dir sagen wollten, was richtig und was weniger richtig sei, wo du dich verwirrt fühltest. Um Situationen, in denen du deine Wahrnehmung von der Verbundenheit mit der Quelle, deren Teil du bist, verloren hattest. Nimm wahr, dass es jetzt um eine Rückbindung zu deiner Seele, um eine Rückbindung zur Quelle, zu Vater-Mutter-Gott geht. Lass es einfach geschehen.

Die Schwingung von Sirius durchströmt dich. Du vibrierst nach wie vor. Alle Speicherungen, die mit den genannten Themen in Verbindung stehen, lösen sich auf und fallen von dir ab. Dein wahres Wesen beginnt zu strahlen. Dein kosmisches Erbe, ausgedrückt durch deine Zwölf-Strang DNS, leuchtet. Durch die Berührung von Isis wird diese Transformation beschleunigt und unterstützt. Jetzt.

Während die Energien in dir wirken, nimmt Isis ihre Stirn sanft von deiner. Dann führt sie dich zu einer Stelle, wo eine Liege steht. Sie bittet dich, es dir hier bequem zu machen. Tue dieses. Isis sagt, dass du dich entspannen sollst. Das, was bisher geschah, diente der Vorbe-

reitung der Aktivierung deiner Kundalinienergie. Durch die Rückbindung an die Quelle, durch die Annahme, dass du ein Kind von Vater-Mutter-Gott bist, ist es möglich, die erschaffende, göttliche Kraft in dir zu aktivieren und neu zu beleben. Morgana und Isis stellen sich zu dir. In der Präsenz der Priesterin, die sie ist, berührt Morgana dein Herz. Möge die Erinnerung an dein wahres Sein dadurch in die Materie kommen. Morgana unterstützt dich jetzt in einer Form, dass sie ihre Hände auf unterschiedliche Stellen deines Seins platziert, um den Energiefluss zu erweitern. Dadurch findet eine Zellerneuerung statt. Morgana bittet dich, dir nun vorzustellen, wie du ganz kraftvoll, gesund, im Gleichgewicht deiner Kräfte, in Harmonie, in der Einheit mit deiner Seele lebst und bist. Diese Informationen speist sie in deine Zellen ein, in die Aktivierung deiner DNS, die dort gerade stattfindet. Die Gesamtheit, die du bist, beginnt noch mehr zu leuchten, und das Vibrieren nimmt zu.

Während Morgana dieses tut, hebt Isis ihre Arme zum Himmel, um die Quelle anzurufen, die lebensspendende Kraft in ihre Symbole, die Ankhzeichen sind, zu lenken. Diese Zeichen nutzt sie jetzt wie einen Schlüssel. Sie hebt sie zu deinen Chakren, um Versiegelungen, die dort seit dem Untergang von Atlantis sind, zu neutralisieren. Das löst Bindungen in deinen Chakren auf, sodass dir das volle Potenzial der Möglichkeiten zur Verfügung steht und du dieses für dich und deine Evolution nutzen kannst. Isis berührt deine Chakren mit den Ankhzeichen.

Atme bitte bewusst ein und aus, um die Erweiterung des Energieflusses wahrzunehmen, die dadurch in dir be-

ginnt Raum zu nehmen. Dann schiebt Isis das Ankh, das sie in ihrer rechten Hand hält, unter deinen Rücken und bringt es so zu deinem Kreuzbein. Über das Ankh strahlt die lebensspendende Kraft in dein Kreuzbein ein. Jegliche Verletzungen, die du in diesem Bereich deiner Wirbelsäule erfahren hast, Brüche aus früheren Leben, Verschiebungen, Verknorpelungen, Schiefstellungen oder auch energetische Verletzungen, lösen sich durch die Berührung mit dem heiligen Ankh auf. Dieses geschieht zurückreichend bis zu ihrem Ursprung, zu ihrer Entstehung. Alle Glaubenssätze und Prägungen, die damit in Verbindung, stehen, werden ebenfalls mit gewandelt. Eine neue Form der kosmischen Freiheit kann so in diesem Bereich in dir wachsen.

Erlaube deinem physischen Körper nun, diese Wandlung bis in die Ebene seiner Materie anzunehmen und aufzunehmen. Jetzt. Durch das Wirken an deiner Wirbelsäule richtet sie sich auf. Sie entspannt sich, und der Durchfluss zwischen Himmel und Erde innerhalb des physischen Seins wird gefördert, genauso wie eine Erweiterung der Kommunikation mit der Erde.

Nun beginnt Isis leise zu summen. Diese Klänge dringen zu deiner Kundalinienergie vor. Du kannst sie dir wie eine kleine Schlange vorstellen, die, in einer Spirale gelegt, in deinem Kreuzbein ruht. Durch diesen Gesang erwacht sie sanft. Sie beginnt sich zu bewegen und sich, über das Kreuzbein hinaus, sanft deine Wirbelsäule entlangzuschlängeln. Ganz behutsam und achtsam ist sie. Über deine Wirbelsäule stärkt sie deine Chakren, und darüber die

Gesamtheit deiner Körper. Wisse, dass sie deshalb auch als Schlangenenergie dargestellt wird, weil sie eine Kraft der Regeneration und der ewigen Erneuerung ist. Nimm wahr, dass die Schlange über deine Wirbelsäule langsam aufsteigt. Durch ihre Gegenwart werden Verengungen im Energiefluss deiner Wirbelsäule und Belastungen aufgelöst und durchlichtet. Entspannung wächst.

Erkenne, dass sich deine Schlangenenergie durch dein Stammhirn schlängelt. Sie entschlüsselt dort altes lebensspendendes Wissen, das deine Selbstheilungskräfte aktiviert. Über dein Stammhirn wandert die Schlange zu deinen Gehirnhälften. Hier tanzt sie ein wenig im Kreis, sodass deine Gehirnhälften ausgeglichen werden. Dann kehrt sie über dein Stammhirn erneut zurück zu deiner Wirbelsäule. Sie schlängelt sich liebevoll durch deine Wirbelsäule hindurch, zurück zu deinem Kreuzbein. Dann geht sie von deinem Kreuzbein aus weiter über dein Steißbein, hinunter in deine Energieverbindung mit der Erde. Sie bewegt sich quasi durch deine energetischen Wurzeln bis zum solaren Kern der Erde. Durch diesen schlängelt sie sich hindurch, um dann wieder zurückzukehren über deine energetischen Wurzeln zu deinem Steißbein und dem untersten Ende deiner Wirbelsäule. So kommt sie erneut in dein Kreuzbein zurück. Hier bildet sie wieder ihre Spirale.

Isis bittet dich, auf diese Weise regelmäßig in den nächsten Wochen und Monaten mit dieser erschaffenden Kraft, die du bist, in Kontakt zu treten und sie durch dein Sein zu lenken. Dadurch förderst du eine Kräftigung der Gesamtheit, die du bist. Du erweiterst deinen Energiefluss, was dir Halt und Sicherheit gibt und dich gut in den Zeiten äußerer Umbrüche, die Bezug zum Aufstieg in die Fünfte Dimension haben, zu unterstützen. Isis bittet dich, auf diese sanfte Art mehr und mehr in die Annahme deiner Schöpferkraft, die deine Kundalinienergie ist, einzutreten. Nimm wahr, dass Isis dich auffordert, wann immer du mit deiner Kundalinienergie in Kontakt bist, wann immer du sie aktivierst, folgende Affirmation zu sprechen: Ich bin, die ich bin, beziehungsweise Ich bin, der ich bin. Isis bittet dich, tief zu atmen und dich ganz auf den Energiefluss in dir einzulassen, ihn wahrzunehmen. Jetzt.

Verweile so lange du möchtest in der Berührung mit Isis und Morgana. Wenn es für dich ausreichend ist, nehmen Isis und Morgana dieses wahr. Dann segnet Isis dich im Namen der Unendlichkeit des Seins und nimmt ihre Ankhzeichen von deinem Körper. Genauso segnet dich Morgana und löst ihre Hände von dir. Beide gehen ein wenig zur Seite, damit du die Möglichkeit hast, dich mit deiner Aufmerksamkeit ganz bei und in dir wiederzufinden. Beide fordern dich auf, dich langsam von der Liege zu erheben. Isis lädt dich ein, jederzeit wieder hierherzukommen und das Begonnene fortzusetzen. Sie sagt, dass sie, wann immer du in den Himmel blickst, bei Tag und bei Nacht, wenn du an sie denkst oder ihren Namen rufst, bei und mit dir sein wird. Sie begleitet dich so, wie sie dieses einst getan hat, als du in und um Avalon gewirkt hast.

Bitte verabschiede dich nun auf deine eigene Art und Weise von Isis. Löse dich sanft von ihr und der Schwingungsebene, die Sirius ist. Morgana nimmt dich an die

Hand. Sie führt dich aus der Lichtstätte, aus der tempelartigen und pyramidalen Form, in der du gewesen bist, hinaus. Morgana sagt, dass das ein Neubeginn gewesen ist. Du hast etwas in deinem Sein in die Öffnung gebracht. Dieser Zyklus der Selbstermächtigung, der dadurch begonnen hat, ist noch nicht abgeschlossen.

Höre erneut den zarten Klang, der dich umgibt und dich gemeinsam mit Morgana direkt zum Lichtstrahl, durch den ihr gekommen seid, führt. Morgana bringt dich über diesen Lichtkanal aus dem Schwingungsfeld von Sirius in der Vollkommenheit deines Seins zurück auf die Erde. Sie begleitet dich zurück auf den Hügel, der das Zentrum von Avalon war und ist. Morgana kommt mit dir in dem alten Steinkreis an. Atme bewusst ein und aus und fühle die Erde unter deinen Füßen. Wisse, dass Morgana den Lichtstrahl auflöst und nach Sirius zurücksendet. Dann umarmt sie dich voller Liebe und Dankbarkeit. Sie hat in dir und durch dich einen Teil ihrer Seelenfamilie wiedergefunden. Möge sich dadurch das Licht der Einheit auf Gaia ausbreiten und dadurch Frieden sein. Jetzt und allezeit. Amen.

Nimm nochmals einige tiefe Atemzüge und verabschiede dich von Morgana. Danke ihr und Isis und der Energie von Avalon. Avalon lebt im Hier und Jetzt. Avalon lebt in dir. Erlaube dir nun, dich durch deine klare Absicht vom Tor und dem Steinkreis zu lösen. Finde deinen Weg und gehe ihn zurück zu dir. Jetzt. Erde und zentriere dich auf deine eigene Art und Weise und komme ganz in dir an. Bitte schenke dir noch etwas Zeit, um deinen Erfahrungen und den Erlebnissen dieser Reise nachzuspüren. Lass eine Integration davon in deinen Körpern sein. Bleibe mit der Aufmerksamkeit bei dem Energiefluss in deinem System und genieße ihn. Der Segen von Vater-Mutter-Gott berührt dich. Jetzt und allezeit. Sei gesegnet. Amen.

☆☆☆☆☆

Josef von Arimathäa

Noch einer Wesenheit ist es wichtig, ihre Botschaft in dieses Buch mit einfließen zu lassen. Es ist Josef von Arimathäa. Josef war Essener und als solcher an der Seite von Jesus. Er soll den Heiligen Gral nach England gebracht haben, und gründete in Glastonbury eine kleine christliche Kirche. Als er in Glastonbury ankam, stieß er einen Wanderstab in die Erde. Dieser trieb aus, und daraus wuchs ein Dornenbusch, der immer zu Weihnachten erblühte. Josef soll den Gral am Fuße des Tors begraben haben, woraus die eisenhaltige Quelle von Chalice Well entstanden ist. Josef bittet dich, in Zusammenhang mit dem Heiligen Gral die Unterschiedlichkeit seiner Bedeutung zu erkennen. Alle Definitionen gehören zusammen, ergänzen und bestätigen sich gegenseitig und sind ein Teil eines Gesamtbilds, einer Gesamtwahrheit. Er bittet dich, dich, bezogen auf deine Wahrnehmung des Grals, aus der Linearität zu erheben, um eine holistische Sicht der Dinge zu entwickeln. Alles ist mehrdimensional zu verstehen, so auch der Heilige Gral.

Was bedeutet der Gral alles? Der Gral steht also für dich in deinem kosmischen Menschsein. Er ist ein Zeichen für dein erwachtes Bewusstsein, deine ICH BIN Präsenz, deine gelebte Mitschöpferkraft. Er verkörpert die Vereinigung von Himmel und Erde, von weiblicher und männlicher Kraft, von deiner menschlichen Persönlichkeit mit deiner Seele. Er steht für die Kommunikation zwischen der Quelle, zwischen Vater-Mutter-Gott und den Menschen. Er beschreibt Maria Magdalena als weibliche, empfangende Energie, aus der sich Leben gebiert. Er repräsentiert die Erde und deinen physischen Körper, in der und in dem sich kosmische Essenz ergießt, um daraus etwas entstehen zu lassen. Der Gral ist etwas Erschaffendes, Vereinendes und Lebensspendendes. Er existiert auf jeden Fall in dir. Manche projizieren ihn auch auf das Äußere. Wenn es dazu dient, um dich selbst darin zu erkennen, ist es durchaus unterstützend. Für einige Menschen ist er ein goldenes, reich verziertes Gefäß. Es unterstreicht dadurch die Besonderheit und die Einmaligkeit des Grals. Andere glauben, er sei aus schlichtem Material. Das wiederum drückt die Einfachheit der Essenz, was die göttliche Wahrheit immer ist, aus. Beides ist stimmig. Das Wesentliche dabei ist, wie gesagt, die Selbsterkenntnis.

Der Heilige Gral steht aber auch für die ursprüngliche Botschaft von Jesus und für ihn selbst, der sie nicht nur verkündete, sondern auch lebte und verkörperte. Er repräsentiert die bedingungslose Liebe. Der Gral ist ein Zeichen dieser Liebe, die alles versteht, alles annimmt, ohne zu werten, die einfach ist. In all diesen genannten Aspekten kannst du den Heiligen Gral finden. Josef von Arimathäa möchte dir Mut machen, dich dazu auf den Weg zu machen. So, wie er einst Galahad den Kelch überreichte, möchte er ihn auch dir übergeben. Allerdings dauerhaft. Er bittet dich, ein Hüter des Grals zu werden. Das bedeutet, ein Hüter der Geheimnisse des Lebens. Ein Hüter der göttlichen Wahrheit, des göttlichen Lichts und der göttlichen Liebe. Josef lädt dich ein, über das Wesen des Grals zu meditieren. So kannst du die tiefe Bedeutung, die er für dich hat, erkennen. Denn auch die oben erwähnten Zuordnungen sind noch nicht vollständig. Ergänze sie durch deine eigenen Wahrnehmungen. Wann immer du auf dem Weg bist, den Gral zu finden, begleitet Josef von Arimathäa dich, wenn du möchtest. Sein Segen erfüllt und unterstützt dich dabei.

Josef möchte dich jedoch noch auf etwas anderes hinweisen. Erkenne, wann immer du einen Dornenbusch siehst oder an einen denkst, die große Kraft des Glaubens darin. Der wahre Glaube ist ein Akt der Hingabe und des tiefen Vertrauens. Deshalb bittet Josef dich zu glauben. Der Glaube ist selbstbewusst. Er ist kraftvoll und gleicht einer inneren Überzeugung, einer Gewissheit, um das Wesen verschiedener Dinge, die für manche physischen Augen unsichtbar sind. Der wahre Glaube hat nichts mit Schwäche oder Ausgeliefertsein zu tun. Er ist nichts Leidendes und Erduldendes, sondern etwas sehr Präsentes. Josef bittet dich, deinen Glauben in seiner ursprünglichen Bedeutung zu stärken. Das macht dich (selbst)sicher. Glaube an dich selbst. Glaube an deine Seele und an ihre Führung. Glaube an die Erfüllung deines göttlichen Plans und an die Erstehung des neuen Morgens. Wann immer du eine Stärkung deines Glaubens möchtest, benötigst oder dir wünschst, steht dir Josef zur Seite. Genauso, wenn du dir der nächsten Schritte oder generell deines Weges nicht sicher sein solltest. Er lädt dich ein, ihm zu begegnen.

Dazu reise über dein Herz nach Glastonbury, wenn du möchtest, nach Chalice Well, dort wartet Josef von Arimathäa auf dich, und er ist bereit, dich zu begleiten. Er weist dich nochmals auf die Blutquelle hin. Sie hat eine ganz besondere Bedeutung. Sie ist ein Symbol dafür, dass letztendlich durch alle Menschen das gleiche Blut fließt. Die ursprüngliche Information des Lebens ist in allen Menschen gleich. Sie sind alle Kinder der gleichen Quelle, woraus sich das menschliche Leben entwickelt hat. Dieses Bewusstsein darfst du ihn dir wachsen lassen. Es löst Grenzen auf und verbindet Völker. Auch das ist eine Aufgabe, die der Kelch zu erfüllen hat.

Das Jahr 2009 wird für die Manifestation des Friedens wichtig sein. Sei ein Teil davon. Nutze deine Mitschöpferkraft entsprechend, um Frieden im Morphogenetischen Feld zu manifestieren und ihn mitzugestalten. Des Weiteren ist Josef von Arimathäa an deiner Seite, wenn es um die Wiederentdeckung deiner essenitischen Wurzeln geht. Er unterstützt die Kommunikation mit Jesus und seiner Botschaft der Nächstenliebe. Josef lässt ein Schwingungsfeld des Urchristentums entstehen, aus dem sich in weiterer Folge viele Ordensgemeinschaften entwickelt haben. Alle diese Stämme sind aus einer Wurzel gewachsen. Auch hier darf Frieden einkehren. Josef lädt dich ein, die Botschaft der Liebe zu leben. Tue dieses durch die Annahme deiner Christusenergie und durch das Einlassen auf den rubinrotgoldenen Strahl.

Wann immer du das Bedürfnis hast, in diesem Zusammenhang geschult zu werden, kontaktiere Josef von Ari-

mathäa. Er möchte dich einen Weg des Glaubens, des Friedens und der Liebe lehren. Josef sagt, dass die Menschen wieder lernen werden, innerhalb von Gemeinschaften, die neben anderen Gemeinschaften sind, zu leben. Alle sind gleichwertig. Es ist so, als würden sich dabei viele Kreise in einem großen befinden. Der große Kreis ist die Quelle. Sie umfasst alle Richtungen. Alle diese Aspekte, die Josef erwähnte, stehen in Verbindung mit dem Heiligen Gral und dem Errichten beziehungsweise dem Zurückkehren in das Paradies, das hier durch Avalon repräsentiert wird. Josef ist ein alter Meister, der dich gerne begleitet, um deine eigene Meisterschaft, deine eigene Weisheit zu erkennen. Wann immer du möchtest, ist er mit dir. Der Segen der Quelle strömt über ihn zu dir. Möge in dir Frieden sein. Jetzt und allezeit. Und dadurch auch im Außen! Josef dankt dir, dass du ihm zugehört hast, und freut sich auf weitere Begegnungen mit dir. Sei gesegnet. Amen.

☆☆☆☆☆

Galahad – eine Begegnung mit der Energie der Einhörner

Galahad war Lancelots Sohn und vollendete dessen Suche, indem er den Gral fand und auch berührte. Das war ihm durch die Reinheit seines Wesens möglich. Sein Wappentier, das mit seinem Krafttier gleichzusetzen ist, war das Einhorn. Dieses beschreibt seine Seelenqualität. Die Einhörner stehen für Unschuld. Sie verbinden uns mit der göttlichen Quelle. Ihr Horn ist sowohl ein Zeichen für Zielgerichtetheit, als auch für die Ausrichtung auf unseren Ursprung.

Die Einhörner sind hier und kehren vermehrt zurück, um uns an unseren eigenen göttlichen Lichtfunken, der wir sind, zu erinnern und uns den Weg durch die Illusion in das liebende Bewusstsein von Vater-Mutter-Gott zu zeigen. In der Kommunikation mit den Einhörnern erkennen wir unsere eigene Unschuld (das Freisein von Schuld) wieder. Wenn wir in diesen, unseren ursprünglichen Zustand zurückkehren, werden wir wie Galahad. Dadurch können wir den Heiligen Gral finden. Doch wir werden ihn, anders als Galahad, nicht nur berühren.

Aufgrund der damaligen Zeitqualität, in der die Sehnsucht noch wichtiger als ihre Erfüllung war, war es Galahad nicht möglich, den Gral zu bewahren. Für uns ist es nun anders. In unserem Leben geht es um Erfüllung und Vollendung. Durch die Erinnerung an unser wahres Wesen erkennen wir den Gral und werden selbst zu dem heiligen Gefäß. Wir tun dieses auch nicht nur für uns, sondern für alle, die uns vorausgegangen sind und uns den Weg vorbereitet haben. Die Einhörner unterstützen dieses genauso, wie sie uns begleiten, unseren Seelenplan zu erfassen und zu leben. Ihre Gegenwart und Präsenz wird deshalb in den nächsten Jahren noch mehr zunehmen.

Seit einigen Jahren sind sie sehr aktiv an meiner Seite und sind mir in meinem Wirken behilflich. Deshalb möchte ich an dieser Stelle eine Meditation mit dir teilen, die bei einem Seminar in Freising von der Geistigen Welt gegeben wurde. Sie bringt dich in den Kontakt mit den Einhörnern, was hier vor allen Dingen über die Narwale geschieht. Das sind Wesen, die auf der Erde die Energie der Einhörner repräsentieren und in sich tragen.

☆☆

So lade ich dich nun ein, einige bewusste Atemzüge zu nehmen und mit deiner Aufmerksamkeit ganz bei und in dir zu sein. Lass deine Wurzeln tief in den Schoß der Erde wachsen, verbinde dich mit deinem Herzen und deinem göttlichen Licht. Entspanne dich und lass dadurch Ruhe und Gelassenheit in dir wachsen. Sei dir bewusst, dass du immer zur richtigen Zeit am richtigen Ort bist. Die Engel der Heilung lassen ihr grünes Licht zu dir strömen, um dich zu berühren und mit dir zu sein. Sie begleiten dich. Erlaube, dass sich die Liebe deines Herzens ausdehnt und die Gesamtheit, die du bist, erfüllt.

Stelle dir in deinem Herzen bitte einen wundervollen Garten vor. Diesen betritt. Erfahre ihn mit all deinen Sin-

nen und komme ganz darin an. Rufe ein Einhorn zu dir. Lass dir einige Augenblicke Zeit, um es zu begrüßen, um dich ihm sanft zu nähern, um es kennenzulernen und mit ihm Freundschaft zu schließen. Lade es ein, mit dir auf eine Reise zu gehen. Erkenne, dass sich nun von deinem Herzensgarten aus eine goldene Wendeltreppe formt, die nach oben führt. Sie verbindet dich mit der Ebene deines Dritten Auges. Gemeinsam mit deinem Einhorn beginne bitte, die Wendeltreppe emporzusteigen. Stufe für Stufe, Spirale für Spirale. Dein Drittes Auge ist wie ein Raum. Dort komme an. Bitte dein Einhorn, alles, was zu deinem Dritten Auge gehört, nun sanft mit der Spitze seines Horns zu berühren. Erlaube dir wahrzunehmen, wie dabei ein Glitzern übertragen wird, das diese Ebene vollkommen erfüllt. Das Licht, die Unschuld und die Klarheit des Einhorns durchwirken dein Drittes Auge. Dabei werden Belastungen, Schleier und überholte Glaubenssätze, die dir nicht mehr dienen, transformiert. Lass dein Drittes Auge weit werden und weit sein.

Nun sende von dort bitte einen Lichtstrahl aus. Er wächst über deinen Raum hinaus, über den Ort, an dem du lebst, über dein Land, bis zu den Ozeanen dieser Welt. Lade die Sternengeschwister, die die Narwale sind, ein, mit dir in Kontakt zu treten. Sie tragen die Grundenergie der Einhörner in einer verdichteten Form in sich. Erlaube dir nun, auf deine eigene Art und Weise über den Lichtkanal, der von deinem Dritten Auge ausgeht, mit den Narwalen in den Austausch, in die Kommunikation und in die Begegnung zu gehen. Nimm wahr, wie Wellen der Liebe von ihnen über deinen Lichtstrahl zu dir strömen und dein Drittes Auge berühren. In diesen Liebeswellen sind die Farben des Regenbogens enthalten. Davon stärken dich jene, die für die Aktivierung deines Dritten Auges förderlich sind. Die Narwale übermitteln dir die Botschaft, dir zu erlauben, hinter die Dinge zu blicken, um zu erkennen, was wirklich ist. Über dein Drittes Auge strahlen die Wellen zu deiner Epiphyse wie auch zu deiner Hypophyse aus. Die Narwale bitten dich zu wissen, dass diese beiden Drüsen die Erkenntnis über dein wahres Wesen und die Wahrnehmung des Lichts, das du bist, fördern. Deshalb durchdringen sie sie jetzt mit ihrer Energie.

Die Schwingung der Narwale breitet sich weiter sanft in dir aus. Das Wasser in deinem Körper empfängt die Narwalenergie und ihre Botschaften. Es beginnt sich an den göttlichen Fluss des Ursprungs zu erinnern und sich entsprechend anzupassen. Dadurch wirst du dir wieder gewahr, dass du nicht von dieser Erde kommst und vor langer Zeit einem Ruf gefolgt bist, der den Auftrag und die Aufgabe hatte, an einem großen Projekt namens Erde mitzuwirken. So hast du dich zur Verfügung gestellt, Erfahrungen der Dichte zu wählen, den Weg des Vergessens zu gehen und dabei Erfahrungen zu sammeln, auch Dunkelheit kennenzulernen. All das ließ die Wahrnehmung des Getrenntseins in dir wachsen. Du hast aufgehört, auf deine innere Stimme zu hören und mit deiner Suche begonnen. Während der Suche hast du noch mehr Erlebnisse des Schmerzes und der Unerfülltheit gewählt.

Durch die Berührung deiner Walgeschwister bitten wir dich nun, diese Speicherungen aus dem Wasser deines Körpers zu lösen, sodass die Göttlichkeit, die du bist, in dir wieder zu leuchten beginnt. Deine Wassermoleküle nehmen eine entsprechende harmonische Form an, strahlen die Bewusstheit deiner Göttlichkeit aus und geben sie an alle Zellen und Ebenen weiter.

Der Lichtkanal, der dich über dein Drittes Auge mit den Narwalen verbindet, erweitert sich. Er richtet sich nun zusätzlich auf Kassiopaia und Deneb, aus dem Sternbild des Schwans, aus. Die heilsame Energie von Kassiopaia fließt zu dir, um dich zu unterstützen, dich als Sternenwesen, das du bist, anzunehmen, um dich als Meister und Meisterin und als Lichtwesen, das du bist, wahrzunehmen. Die Schwingung von Kassiopaia wandelt zerstörende Kräfte, die, aus welchen Gründen auch immer, nach wie vor in dir wirken, in Selbstliebe, Selbstannahme und Selbstwertschätzung. Jetzt. Dadurch wächst die Bereitschaft in dir, kosmisches Wesen zu sein und den neuen Morgen in dir erstrahlen zu lassen. Das Licht von Deneb fördert die Entfaltung der Lotusenergie in deinem Herzen, als Symbol der Energiequalität der Neuen Zeit, der Begegnungen und Partnerschaften. Dein Herz wird heil, weit und genährt, bereit, kosmische Liebe aufzunehmen und weiterzugeben. Über dein Herz fließt die Lotusenergie durch die Gesamtheit, die du bist, und erschafft einen neuen Körper, deinen Lichtkörper.

In der Verbindung mit den Narwalen, Kassiopaia und Deneb findet nun eine tiefe Heilung und Neuordnung in dir statt. Nimm einige bewusste Atemzüge und erlaube, dass sich beides in dir vollzieht. Bitte lass dich auf den Fluss und das Wirken der Energien ein und gib dich ihnen hin. Die Berührung mit dem Sternenlicht und deinen Sterngeschwistern reicht bis in deinen Zellkern. Es findet eine Neugeburt statt. Die Geistige Welt bittet dich, diese Wandlung Schicht für Schicht, Körper für Körper geschehen zu lassen. Dadurch vereinen sich deine Körper. Die Einheit, die du bist, wird leuchtender, strahlender, opalisierender und durchlässiger. Du wirst mehr und mehr zu einem Schwingungsfeld, das flüssigem Kristall gleicht.

Bitte atme erneut tief ein und aus. Nimm wahr, wie sich die flüssigkristalline Energie, die du bist, zu formen beginnt. Sie wird immer mehr zu einem Kelch. Er entspricht dem Heiligen Gral. Dieser repräsentiert deine Würde, deine Allmacht, deine Größe und dein göttliches Sein. Du selbst bist dieser Kelch. Jetzt wird er aus den Weiten des Universums gefüllt. Aus dem Zentrum der Zentralsonne steigt ein Bewusstsein zu dir herab. Es ist Osiris. Er symbolisiert im Hier und Jetzt eine väterliche Energie, einen Aspekt des Sonnenlogos, die Kraft von El Shaddai. Osiris schreitet zu dir und legt seine Hände auf den Kelch, der du bist. Solares Licht strömt in dich ein. Es schenkt dir eine Initiation, es stärkt deine Selbstermächtigung, als Vorbereitung für die kommenden Monate und Jahre des Aufstiegs.

Osiris bittet dich, deine eigene Autorität, die du bist, und deine Führungsqualität anzunehmen. Osiris lässt seine väterlich, fürsorgliche Energie in den Kelch einfließen, um deine Selbstzweifel zu wandeln und aufzulösen, die in fehlender Bestätigung von männlichen Aspekten in deinem Leben begründet liegen. Osiris fordert dich auf, Tochter und Sohn des Lichts, Geliebte und Geliebter der Sonne zu sein, wie ein leuchtender Stern in der Materie. Er sagt, dass es deine Aufgabe ist, als Abgesandter der Zentralsonne auf der Erde göttliche Ordnung wiederherzustellen. Gehe hinein in die Bereiche, in denen die Menschen ihren Ursprung vergessen haben. Erinnere sie daran und erschaffe dadurch Gleichgewicht in verschiedenen Ebenen, Welten und Dimensionen.

Osiris beginnt, mit dem Kelch, der du bist, zu verschmelzen. Lodere im Licht des Feuers der Wahrheit und deiner Bestimmung. Halte einige Augenblicke inne und lass dich auf den Fluss der Energien ein.

Erkenne, dass sich erneut eine Wesenheit aus dem Zentrum der Zentralsonne löst. Es ist eine weiße Taube. Es ist Shekaina, Mutter-Gott. Sie fliegt direkt zu dir. Sie repräsentiert die weiblichen, mütterlichen Aspekte der Quelle. Auch die Taube füllt den Kelch, der du bist. Die Unendlichkeit der Liebe strömt durch sie in dein Sein. Sie spricht von Frieden, Gnade, Erneuerung, Vergebung, Freiheit und dem Heraustreten aus der Gebundenheit durch Leid. Sie stärkt den intuitiven Teil in dir.

Shekaina bittet dich, ihr zu erlauben, jene Aspekte in der Gesamtheit, die du bist, zu berühren, die Mangel an Nahrung, an Fürsorge und Zärtlichkeit erfahren haben. Sie durchdringt sie und lässt Heilung sein. Sie berührt Verletzungen deiner Weiblichkeit und löst sie auf. Jetzt.

Wieder erwähnt Shekaina dabei Gnade, Vergebung, Hingabe, Einlassen, Neubeginn, Frieden, Selbstachtung und Selbstannahme. Dann beginnt die weiße Taube mit dem Kelch, der du bist, zu verschmelzen. Atme tief ein und aus und halte kurz inne. Der Segen der Zentralsonne fließt zu dir. Möge Verankerung des Lichtes in dir sein. Jetzt. Lass den Lotus in deinem Herzen blühen und empfange den Segen von Deneb. Jetzt. Lass das Licht der Liebe heilen und wisse, dass Kassiopaia dich ebenfalls segnet. Jetzt. Das Bewusstsein der Narwale berührt dein Drittes Auge. Möge deine Sicht klar und wahr sein. Möge sie Heilung und Segen sein für dich und alle Wesen in diesem Universum. Der Segen der Narwale strömt zu dir. Jetzt.

Der Lichtkanal, der von deinem Dritten Auge führt und dich mit deinen Sternengeschwistern verbunden hat, löst sich auf. Die Geistige Welt bittet dich, ganz in und bei dir zu sein. Gehe mit deinem Einhorn von deinem Dritten Auge über die goldene Wendeltreppe zurück in den Garten deines Herzens. Hier verweile mit ihm, so lange du möchtest. Dann verabschiede dich von ihm. Es bleibt in deinem Herzensgarten, den du allezeit betreten kannst, um wieder in die Begegnung und in den Kontakt mit dem Einhorn zu gehen. Nimm einige bewusste Atemzüge und spüre dem Fluss der Energien in dir nach. In der Verbindung mit der grünen Energie der Engel der Heilung bitten wir dich, dich zu erden und zu zentrieren, um ganz präsent zu sein im Hier und Jetzt. Sei gesegnet. Amen.

In Kontakt mit den Einhörnern

Da wir bei der vorherigen Reise mehr über die Ebene des Narwals in Kontakt mit der Energie der Einhörner gekommen sind, möchte ich dich an dieser Stelle nochmals einladen, ihre Schwingung auf eine andere Art und Weise kennenzulernen. Lass dich von ihrem Zauber und ihrer Magie berühren.

☆☆

Nimm bitte einige bewusste Atemzüge, um ganz anzukommen im Hier und Jetzt. Sei eins mit der Erde. Sei eins mit dem Licht und der Liebe deines göttlichen Seins. Die Energie von Gaia steigt über deine Wurzeln in dich auf, durchströmt die Gesamtheit, die du bist, und berührt über dich den Himmel. Die Kosmosenergie fließt über dein Kronenzentrum in dich ein, erfüllt dich und durchdringt über dich die Erde. So vereinen sich Himmel und Erde in dir und durch dich. Spüre den Fluss der Energien auf deine eigene Art und Weise. Jetzt.

Grünes Licht beginnt, in den Raum einzuströmen, in dem du dich befindest. Es hüllt dich ein und berührt dich sanft. Über das grüne Licht nimmt Erzengel Raphael mit dir Kontakt auf. Er begrüßt dich und lädt dich ein, dich auf ihn einzulassen. Raphael bittet dich, mit ihm auf eine Reise zu gehen. Er nimmt dich an die Hand und erschafft vor dir eine Landschaft. Darin wachsen viele Bäume, Pflanzen und Blumen. Gemeinsam mit dir betritt Raphael nun diese

Landschaft. Erfahre sie bitte mit all deinen Sinnen. Nimm sie in dich auf. Genieße sie, erfrische dich dabei, erneuere dich und tanke dich auf. Raphael führt dich einen Weg entlang. Er bringt dich an eine Stelle in der Natur, wo ein kleiner See ruht.

Ein Wasserfall fließt in ihn hinein. Viele Wesen aus dem Reich der Natur leben hier. Sie erwarten dich bereits freudig. Raphael bittet dich, dein Inneres Kind einzuladen, mit dir zu sein. Dann fordert er dich auf, gemeinsam mit deinem Inneren Kind in dem See zu baden. Lege deine Kleider ab. Sie stehen für alte Energien, die du nicht mehr benötigst. Das Wasser hat eine für dich und dein Inneres Kind angenehme Temperatur, sodass du dich ganz wohl in ihm fühlen kannst.

Nun hast du Zeit, um in die Begegnung mit den Naturwesen zu gehen. Sie genießen das Sein mit dir im See. Nimm ihre Leichtigkeit, ihr Lachen und ihre Fröhlichkeit wahr und lass dich davon anstecken. Auch dein Inneres Kind erfreut sich an ihrer Gegenwart. Schwimme, spiele, tauche, plantsche und tanze mit deinem Inneren Kind und den Wesen der Natur im Wasser, so, wie du möchtest. Je mehr du dich darauf einlässt, umso leichter können alte Strukturen und begrenzende Energien aus deinem Sein abfließen. Dadurch kann Weite und Freiheit in dir wachsen, wie auch die Kommunikation und der Austausch mit deinem Inneren Kind bewusster und leichter wird.

Erkenne, dass sich nun ein weiteres Wesen deinem fröhlichen Treiben nähert. Es ist ein Einhorn. Siehe, wie strahlend seine Aura ist, die es umgibt. Nimm wahr, dass es einen blauen leuchtenden Stern auf seiner Stirn unterhalb seines Horns trägt. Sanft ruft es dich und dein Inneres Kind aus dem Wasser. Es wartet am Ufer auf dich und möchte dich gemeinsam mit deinem Inneren Kind auf seinem Rücken tragen. Es lässt dich aufsteigen. Dann setzt es sich in Bewegung und bringt dich tiefer hinein in die Anderswelt, zu einer kleinen Lichtung, die viel Frieden ausstrahlt. Seltene, besonders heilsame Blumen blühen hier. Das Einhorn lässt dich und dein Inneres Kind absteigen und bittet dich, es dir auf der Wiese bequem zu machen. Die Devas, die in diesem Blüten leben, beginnen zu singen. Es ist ein Lied der Heilung, und sie lassen es für dich und dein Inneres Kind erklingen. Dadurch heißen sie dich in ihrem Reich willkommen.

Während die Wesen weiter ihr Lied singen, beginnt das Einhorn mit dir zu kommunizieren. Es erzählt dir, dass dieser Ort, an dem du jetzt bist, ein alter, heiliger ist. Früher gab es besondere Tage, an denen sich hier Menschen und Wesen der Anderswelt trafen. Sie feierten und genossen den Austausch und das Miteinander. Dieser Austausch war eine Bereicherung für beide Welten. Menschen, die auch nach der Trennung der Reiche das Wissen um die Feenwelt noch lange in sich behalten haben, kamen weiter an diesen Ort, um ihre Sicht zu schulen, die Kommunikation aufrechtzuerhalten und Heilung zu empfangen.

Das Einhorn erklärt dir, dass es wichtig ist, deinen Körper als Licht wahrzunehmen, das er ist. Dadurch kannst du ihm leichter Energien zur Verfügung stellen, die in nächster Zeit für ihn hilfreich sind, um deine Schritte in die Fünfte Dimension zu setzen. Diese Wahrnehmung deines

Körpers, dass er ein Gefährt des Lichts ist, erfordert eine neue Medizin. Über die Kommunikation mit den Wesen der Natur und durch das Miteinbeziehen ihrer Heilkräfte wird sich diese mehr und mehr entwickeln.

Das Einhorn bittet, dich nun berühren zu dürfen. Sein Horn beginnt zu leuchten. Der Zauber und die Magie, die zu ihm gehören, beginnen aus ihm herauszuströmen. Es berührt mit der Spitze seines Horns das Basiszentrum deines Inneren Kindes. Über dieses fließt die Energie in dein Sein und erfüllt die Gesamtheit, die du bist. Das Einhorn stärkt die ursprüngliche Kraft des Lebens, den Wunsch nach Leben, die Freude am Leben, das tiefe Vertrauen ins Leben und den Mut zu leben. Alle Prägungen, die diesem nicht mehr dienen, werden gewandelt. Das Basiszentrum deines Inneren Kindes leuchtet, strahlt und pulsiert frei. Lebenskraft und Lebensfreude übertragen sich und erfüllen die Gesamtheit, die du bist. Jetzt.

Dann berührt das Einhorn das zweite Chakra deines Inneren Kindes. Dadurch wächst das Vertrauen in die eigene Kreativität, die Freude am eigenen Ausdruck, die Fähigkeit, sich inspirieren zu lassen und frei und unabhängig zu sein. Alles andere wird transformiert, sodass das zweite Chakra deines Inneren Kindes weit und freudig funkelt. Dieses überträgt sich auf die Gesamtheit, die du bist, und die davon erfüllt wird.

Das Einhorn sagt: „Erkenne, dass es um einen Neubeginn geht. Erlaube dir, neue Dinge zu betrachten, zu erfahren, zu gestalten, zu erleben. Bitte sei bereit für dieses Neue. Jetzt.“

Dann legt das Einhorn die Spitze seines Horns auf den Solarplexus deines Inneren Kindes. Dadurch wächst in ihm Selbstsicherheit, Selbstbewusstsein, Selbstverständnis und Selbstvertrauen. Atme tief ein und aus. Nimm wahr, wie sich alles, was nicht mehr benötigt wird, verwandelt und der Solarplexus leuchtend strahlt. Diese lichte Kraft überträgt sich auf dein ganzes Sein. Das Einhorn bittet dich zu erkennen, dass es kein Wenn und Aber, kein Zurück mehr gibt. Sei sichtbar als das, was du bist. Lass dein Licht leuchten und sei du selbst. Sei die Sonne deines Lebens. Jetzt.

Nun berührt das Einhorn das Herzzentrum deines Inneren Kindes. Vertrauen, Selbstliebe, Selbstannahme, Selbsterkenntnis, die Wahrnehmung deines göttlichen Ursprungs und die Einheit mit Allem-was-ist beginnt darin zu leuchten. Das Herz wird weit, ganz weit. Es leuchtet und pulsiert, und erneut überträgt sich die befreite Energie auf die Gesamtheit, die du bist. Das Einhorn sagt lächelnd: „Sei die Liebe, die du bist, und empfange die Liebe in Allem-was-ist." Das Herzchakra deines Inneren Kindes leuchtet und strahlt unendliches Licht aus. Dieses Herz kennt keine Angst. Es lässt sich einfach ein, immer wieder aufs Neue. Es vertraut. Das ist Freiheit. Jetzt.

Dann legt das Einhorn sein Horn auf das Kommunikationszentrum deines Inneren Kindes. Seine Energie fördert darin die Freude am Ausdruck, am Sprechen, an der Kommunikation, die Freude am Austausch, die Freude an der Begegnung, die Freude am Singen, Malen, Tanzen und Bewegen, die Freude, Neues zu entdecken, zu erfor-

schen, zu entwickeln, wie auch die Freude, immer wieder über die Grenzen hinauszuwachsen. Das Halschakra beginnt sich zu erweitern. Es ist lebendig und kraftvoll. Alles, was diesem nicht förderlich ist, findet seine Transformation und Auflösung. Über dein Inneres Kind strömt die Energie durch die Gesamtheit, die du bist. Das Einhorn bittet dich, die unbändige Freude, den tiefen Wunsch nach dir selbst, nach dem, was du bist, und nach deinem einzigartigen Ausdruck zu erfahren und anzunehmen, sodass du nicht mehr anders kannst, als du selbst zu sein. Jetzt.

Nun berührt das Einhorn das Dritte Auge deines Inneren Kindes. Die Fähigkeit, das Schöne, das Heile, das Gute, das Motivierende, das Friedvolle, das Licht in allem zu sehen, beginnt in ihm zu strahlen. Es erweitert sich. Es aktiviert sich. Das Einhorn erfüllt das Stirnzentrum mit seiner Energie und schenkt ihm Klarheit. Über dein Inneres Kind überträgt sich das neu gewonnene Bewusstsein des Dritten Auges in allen Ebenen deines Seins. Jetzt.

Das Einhorn bringt sein Horn zu deinem Kronenzentrum. Dadurch beginnt das Wissen um deine Herkunft, um deine Verbundenheit zu den Sternen, um dein kosmisches Erbe, dein kosmisches Kindsein, die tiefe Annahme, dass Vater-Gott dein Vater und Mutter-Gott deine Mutter ist, in dir zu leuchten. Erkenne, dass dir als Kind der Quelle an nichts mangelt. Dein Kronenzentrum beginnt, in diesem Bewusstsein zu strahlen, und alles andere, was diesem nicht mehr entspricht, wird transformiert und gewandelt. Das Leuchten dieses Chakras überträgt sich auf die Gesamtheit, die du bist. Jetzt.

Dann löst sich das Einhorn von deinem Inneren Kind, um sich dir zuzuwenden. Es berührt dein Drittes Auge mit seinem Horn und sagt: „Aktivierung. Jetzt." Nimm wahr, wie sich die Einhornenergie in deinem Dritten Auge ausdehnt. Atme einige Male bewusst ein und aus.

Dann legt es sein Horn auf dein Herz. Es bittet dich, dein Inneres Kind in deine Arme zu schließen und Atemzug für Atemzug mit ihm zu verschmelzen. Es ist in dir, und du bist in ihm. Ihr seid eins. Das Einhorn lädt dich ein zu erkennen, dass du ein kosmisches Wesen bist. Du bist Sternenklang. Du bist Licht. Du bist reines Bewusstsein. Erfahre dich in der Unendlichkeit. Du bist ein Teil der feinstofflichen Welt. Die Kommunikation mit deinen Geschwistern aus den unterschiedlichsten Dimensionen, Reichen und Ebenen ist natürlich und einfach für dich.

Dann legt das Einhorn seine Hornspitze an dein Basiszentrum. Alle Qualitäten, die in deinem Inneren Kind, über es, in ihm und in dir gestärkt und bestätigt wurden, sind nun in die Manifestation gekommen. Dieses geschah im Namen deiner ICH BIN Präsenz. Das Einhorn segnet dich. Möge Freude in deinem Leben sein. Jetzt und allezeit. Es löst sich sanft von dir und geht einige Schritte zurück. Die Devas und Naturwesen, die mit dir sind, lassen die Heilkraft der Natur in dich einströmen, sodass eine Integration der Energien gefördert wird. Sie singen und tanzen für dich und das, was du bist.

Erzengel Raphael ist immer noch an deiner Seite. Sein grünes Licht durchströmt und hüllt dich ein. Grünes Licht begleitet dich und fördert den Fluss der Energien in deinem Sein. Es segnet dich. Bitte nimm einige bewusste Atemzüge. Bedanke dich bei dem Einhorn und den Wesen der Natur. Dann lass dich von Raphael durch diesen Landschaftsgarten zurückführen in dein Hier und Jetzt. Danke auch Raphael für seine Unterstützung. Löse dich von ihm. Sei in und bei dir. Nimm dich auf deine eigene Art und Weise wahr. Erde und zentriere dich und sei vollkommen präsent. Jetzt. Sei gesegnet. Amen.

☆☆☆☆☆

8.8.8

Avalon – Verankerung in der Fünften Dimension

Avalon ist also ein Symbol für die Fünfte Dimension, für den Neuen Morgen, für das Paradies. Es verkörpert ein Leben im Einklang mit der Natur und dem Kosmos. Wir fühlen uns sowohl mit der Erde als auch mit den Sternen verbunden. Wir kommunizieren mit unseren feinstofflichen Geschwistern aus den unterschiedlichen Reichen und Welten. Unsere alten Fähigkeiten, uns selbst und andere zu heilen, sind wieder erwacht, genauso wie der Rest unseres kosmischen Erbes, das wir zum Wohle aller nutzen. Wir leben im Frieden. Wir haben aufgehört zu suchen und sind bei uns selbst angekommen. Wir sind eins mit unserer göttlichen ICH BIN Präsenz. Das Zusammenleben in unseren Gemeinschaften beruht auf Respekt, gegenseitiger Achtung und liebevollem Miteinander. Das Geben und Nehmen ist in allen Bereichen unseres Lebens in Balance, sodass wir uns alle wohlfühlen und unsere Bedürfnisse befriedigt sind. Für alles das und noch viel mehr steht Avalon.

Während der Lektüre dieser Zeilen hast du eine Reise unternommen, dabei hat sich vieles in dir gewandelt, teilweise bewusst und teilweise auf einer unbewussten Ebene. Das wird dir vielleicht erst in den kommenden Wochen bewusst werden. In der Zeit der äußeren Umbrüche, wie beispielsweise Finanzkrisen, ist es wichtig, dass du unbeirrt in deiner Ausrichtung bleibst. Fokussiere dich auf dein

Herz. Werde dir deines göttlichen Wesens gewahr. Sei, was du bist.

Die Geistige Welt bittet dich, dich so oft wie möglich auf die Fünfte Dimension einzulassen, dich darauf einzuschwingen. Sie greift dabei auf ein Bild zurück, das sie schon einmal vor vielen Jahren gegeben hat. Stelle dir vor, dass du dich in einem Haus mit mehreren Räumen befindest. Einer davon ist der Raum der Fünften Dimension. Das ist auch mit leuchtenden Buchstaben über seiner Tür geschrieben. Wann immer du in ein fünfdimensionales Bewusstsein eintreten möchtest, gehe in deiner Vorstellung ganz bewusst in diesen Raum. Komme dort an. Verankere dich darin, indem du dich in ihm erdest. Atme seine Energie tief in dich ein. Lass seine Schwingung durch die Gesamtheit, die du bist, wirken und strahlen. Verweile so lange und sooft es dir möglich ist, in diesem Schwingungsfeld.

Wann immer du dich auf diese Art und Weise auf die Fünfte Dimension einlässt, manifestierst du sie, sowohl für dich, als auch für alle, die wir sind. Jedes Mal, wenn du dich in deinem fünfdimensionalen Raum bewegst, bist du mit Avalon verbunden. Es erstrahlt dabei in deinem Herzen. Es ist deine Aufgabe, das Licht, die Weisheit und die Liebe von Avalon in die Welt hinauszutragen, sodass Avalon überall sein kann und ist, wo auch immer du gerade bist. Die Geistige Welt bittet dich, auch während des Tages immer wieder kurz innezuhalten und in deinen fünfdimensionalen Raum einzutreten. Betrachte von dort aus deine Lebenssituationen und verrichte in und aus ihm heraus deine Arbeiten. Lebe einfach mehr und mehr in diesem fünfdimensionalen Bewusstsein.

Die Zeit wird sich noch weiter beschleunigen. Das wird zu einer Erweiterung des Massenbewusstseins führen und bedeutet, dass noch mehrere Wellen von kollektivem Erwachen stattfinden werden. Es beinhaltet auch, dass sich deine Manifestationskraft verstärken wird. Diese sortiert deine Aussendungen nicht aus. Sie setzt alles um, wovon du überzeugt bist, ohne es zu bewerten. Deshalb fordert die Geistige Welt dich auf, immer wieder bewusst in die Klarheit zu gehen. Das bedeutet, dass du auf deine innere Klarheit achten solltest, indem du deine Gedanken und Gefühle beobachtest und bei Bedarf überholte Glaubenssätze auf eine dir vertraute Art und Weise bewusst entlässt. Gleichzeitig unterstützt dich diese Form der Selbstbeobachtung, um mehr in der Gegenwart zu sein. Denn dabei geht es nicht darum, dass du dich denken oder fühlen lässt, sondern du durch die Wahrnehmung deiner Gedanken und Gefühle diese auch im Moment lenken und immer wieder entsprechend neu ausrichten kannst. Dadurch erscheinst und bist du präsenter im Hier und Jetzt. Das wiederum unterstützt dich, um dich selbst zu beobachten und zu erkennen.

Diese Klarheit, worum dich die Geistige Welt bittet, beinhaltet aber auch das regelmäßige energetische Räuchern und Klären deiner Wohnräume. Nachdem du dieses getan hast, ist es empfehlenswert, sie mit der Fünften Dimension zu verbinden beziehungsweise sie mit fünfdimensionaler Energie zu durchströmen und diese dort zu stärken. Dabei helfen dir auch entsprechende Symbole, Energiekarten, Kristalle und vieles andere mehr. Lass dich diesbezüglich erneut von deiner Intuition führen. Die Geistige Welt fordert dich auf, deinen Lebensbereich, deine Wohn- und Arbeitsstätte auch dreidimensional immer wieder aufzuräumen, auszumisten und dich dabei von Überflüssigem und Überholtem zu trennen. Schaffe immer wieder Platz für Neues und lass Leichtigkeit in dein Leben kommen und darin sein. Es beinhaltet auch die Klärung deiner Beziehungen, Freundschaften und Arbeitsgemeinschaften und ähnliches mehr. Je ehrlicher du dabei mit dir selbst bist, je weniger Kompromisse du diesbezüglich aufrechtzuerhalten versuchst, umso leichter werden die Veränderungen sein.

Durch alle diese Schritte bereiten wir uns unseren Übergang in die neue Dimension vor. Dadurch erschaffen wir uns eine neue Basis, auf der wir nach dem Dimensionswechsel weiter aufbauen werden. Denn wir haben auch nach 2011 beziehungsweise 2012 noch genügend zu tun. Der Aufstieg, in dem wir uns jetzt befinden, ist der Weg in ein Neues Zeitalter. Unsere momentane Aufgabe ist es zu erkennen, wer wir sind, und zu sein, wer wir sind. Es ist unsere Aufgabe, unseren Platz einzunehmen. Dadurch kann sich unser Seelenplan erfüllen, und daraus gebiert sich der Neue Morgen. Es entsteht auf und mit der Erde etwas Neues. Avalon ist ein Teil davon.

☆☆

Nimm bitte einige bewusste Atemzüge. Sei eins mit der Erde. Aktiviere den göttlichen Funken in deinem Sein. Lass ihn strahlen. Sei in der Gesamtheit deines Wesens jetzt eins mit diesem göttlichen Licht. Öffne dein Herz. Bewege die Worte in deinem Herzen. Finde deine eigene Wahrheit. Gehe deinen Weg. Die Geistige Welt dankt dir für deine Bereitschaft, dich auf sie einzulassen. Sie segnet dich. Jetzt und allezeit. Amen.

☆☆☆☆☆

8.8.1

Vollendung

Schließe für einen Moment deine Augen. Nimm einige tiefe Atemzüge. Erde und zentriere dich bitte nochmals bewusst. Gehe mit deiner Aufmerksamkeit in dein Herz. Dort lass Avalon leuchten. Stelle dir vor, du steigst auf den Hügel und betrittst den alten Steinkreis. Viele andere Menschen sind mit dir dort. Alles Seelen, die gemeinsam mit dir in die Fünfte Dimension wechseln werden. Sie tragen die gleiche Vision wie du in sich und wirken auf ihre eigene Art an deren Umsetzung mit. Doch auch Engel, Aufgestiegene Meister, Naturwesen, die feinstofflichen Begleiter aus diesem Buch, Geistführer, Raumgeschwister, Sternenwesen, solare Geschwister und noch viele andere haben sich hier versammelt.

Morgana sieht dich. Sie begrüßt dich und sagt, dass ihr nun vollzählig seid. Sie fordert alle auf, einen unendlich großen Kreis zu bilden. Alle reichen sich die Hände. Daraus entsteht ein Schwingungsfeld der Einheit. Goldenes Licht beginnt den Hügel, auf dem ihr steht, einzuhüllen. Der Himmel verfärbt sich pfirsichrosagolden. Ein angenehm süßer Duft erfüllt die Luft, ein leiser Klang umweht dich. Eine eigenartige Stille breitet sich aus, und einen Moment lang scheint die Zeit stillzustehen. Dann fängt es am Himmel an zu leuchten, zu funkeln und zu glitzern. Sternenstaub fällt auf die Erde nieder. Dieser enthält die

Information des Neuen Morgens. Alles, was er berührt, beginnt sich zu wandeln. Es dehnt sich aus. Es strahlt und erwacht. Es verändert seine Schwingung. Auch dich berühren unzählige dieser kleinen schimmernden Partikel. Vieles, was bisher Bedeutung hatte, verliert diese nun. Es findet eine totale Neuordnung statt, die alle Bereiche des Lebens betrifft.

Atme tief ein und aus, nimm den Sternenstaub in dich auf und erlaube dir, dass die Wandlung geschieht. Du erwachst. Alles, was Illusion ist, fällt von dir ab. Genauso, wie von allen anderen, die mit dir sind. Du strahlst in deinem Lichtkleid, das dein Lichtkörper ist. Diese Transformation findet in allen deinen Körpern statt, bis hinein in die kleinste Zelle deines physischen Seins. Deine geöffnete DNS leuchtet, und deine ursprünglichen Fähigkeiten beginnen sich in dir neu zu entwickeln. Du stehst in einem Kreis mit lauter Lichtwesen. So viel Freude breitet sich nun aus. Es ist vollbracht. Der Sternenstaub fällt weiter auf die Erde nieder, durchdringt alle ihre Schichten und sinkt tief in den Boden hinein. Alles, was er berührt, transformiert sich une beginnt, sich an seinen göttlichen Ursprung zu erinnern und lässt sein göttliches Licht leuchten. Frieden dehnt sich aus. Frieden erfüllt alles. Frieden ist. Die Fünfte Dimension ist geboren. Willkommen in der Zukunft. Willkommen in der Gegenwart.

Dieser Kreis, der hier geschlossen wurde und dessen Teil du bist, wird sich nicht mehr lösen. Er bleibt bestehen. Es ist ein Sein. Durch diese vereinigte Energie wird sich die Fünfte Dimension sanft senken und leicht manifestie-

ren. Auch wenn du deine Aufgabe erhältst, im Neuen Zeitalter gewisse Dinge aufzubauen, zu entwickeln, zu organisieren, was auch immer zu deinem Plan gehört, und du deinen Weg gehen wirst, bleibt diese Verbindung aufrecht. Sie repräsentiert ein Stück weit die Quelle allen Seins in der Materie.

Nimm erneut einen tiefen Atemzug und lass den neuen Morgen in dir leuchten. Jetzt und allezeit. Die Geistige Welt dankt dir. Das Licht von Avalon segnet dich. Sei präsent im Hier und Jetzt. Der Neue Morgen ist jetzt. Die Fünfte Dimension hat begonnen, in dir und durch dich Raum zu nehmen. Lass die Bedeutung dieser Worte in dir nachschwingen, so lange du möchtest. Lebe dein Leben und sei frei. Sei gesegnet. Amen.

☆☆☆☆☆

Kontaktadressen

Ava Minatti
Rinnerstraße 233, A-6073 Sistrans
Tel./Fax: 0043-512-379204
ava.minatti@utanet.at
www.ava-minatti.at

Smaragd Zentrum
Smaragd Verlag
Blaue Lichtburg
In der Steubach 1, D-57614 Woldert (Ww.)
Tel.: 0049-2684-978808
Fax: 0049-2684-978805
info@smaragd-verlag.de oder info@blaue-lichtburg.de
www.smaragd-verlag.de oder www.blaue-lichtburg.de

Für Kornkreis T-Shirts:
Christina Meals
Dr.-Glatz-Straße 27, A-6020 Innsbruck
Tel.: 0043-650-5541909
kornkreis.botschafterin@utanet.at
www.kornkreis-botschafterin.at

Für Kornkreisfans oder solche, die es werden möchten:

Jay Goldner
Studio Phönix
p. o. box 8
A-4810 Gmunden
Tel./Fax 0043-7612-75130
phoenix@nextra.at
www.kornkreiswelt.at

Ava Minatti

Im Herzen Lemuriens

424 Seiten, gebunden, mit Leseband

ISBN 978-3-938489-39-0

Die Wiederentdeckung unserer lemurianischen Wurzeln ist ein weiterer wichtiger Schritt in die 5. Dimension. Im Herzen von Lemurien können wir unsere Intuition stärken, die Liebe zur Erde und den Ahnen wachsen lassen und die Kommunikation mit der Natur und ihren Kräften vertiefen. Die Erfahrungen und Speicherungen der nicht-geheilten Dualität werden sanft abgestreift, und unser wahres Sein beginnt zu leuchten. Wir kehren in das Zentrum unseres eigenen Herzens zurück und kommen in unserer Wahrheit an, aus der wir leben, schöpfen und erschaffen.
Die Meditationen und Übungen laden uns durch die Aktivierung des lemurianischen Erbes in uns ein, unsere Christuspräsenz anzunehmen und voller Vertrauen zu leben.

Ava Minatti

Engel helfen heilen

Lass deine Flügel wieder wachsen

400 Seiten, A 5, broschiert

ISBN 3-938489-06-5

Viele der uns vertrauten Engel sprechen zu den unterschiedlichsten Themen:
So laden uns Raphael, Uriel, Gabriel und Michael in ihren Botschaften ein, uns mit den vier Elementen Erde, Feuer, Luft und Wasser auszusöhnen. Metatron spricht über die Liebe, und Melchisedek über die Weisheit, während uns Ariel hilft, unser inneres göttliches Licht zu erkennen und strahlen zu lassen. Chamuel befasst sich mit dem Thema „Partnerschaft in der Neuen Zeit" und Zadkiel mit der Kraft der Transformation und dem Licht der Gnade. Eine Begegnung mit unserem Schutzengel wartet auf uns ebenso wie unser Mond- und unser Sonnenengel.
Wie immer, wenn wir sie darum bitten, helfen uns die Engel dabei, die momentanen Veränderungen zu verstehen und in unserer Mitte zu bleiben, was auch immer geschieht. Mit wunderschönen Meditationen und Durchsagen von der Engelebene.

Ava Minatti

Heilung für das Innere Kind

192 Seiten, broschiert

ISBN 978-3-934254-37-4

Das heile, Innere Kind ist ein Teil in uns, der voller Lebensfreude, Neugierde, Vertrauen und Liebe ist. Wurde es verletzt, agieren wir nicht mehr frei, sondern reagieren ängstlich, trotzig wütend oder traurig. So finden sich in diesem Buch zahlreiche Botschaften, Anregungen und Übungen aus der geistigen Welt, wie Sie sich von der Identifikation mit Ihren schmerzhaften Erfahrungen lösen und sich auf Ihr heiles Inneres Kindsein einlassen können

Eva-Maria Ammon
Delfin-Kristallpalast-Ermächtigung
Arbeitsbuch zur Selbsteinweihung
240 Seiten, gebunden, mit Leseband
ISBN 978-3-938489-92-5

Herzlich Willkommen zu den wundervollen Einweihungen in die Delfin-Kristallpalast-Ermächtigung aus und in Lemuria. Jede einzelne Einweihung führt dich tief in deine inneren, lichtvollen Welten und an dein tiefstes Kraftpotenzial. Mit jeder weiteren Einweihung wirst du tiefer mit der leichten und kraftvollen Energie der Delfine, Walwesen, Feen und Elfen der Meere verbunden und vertrauter mit den Ebenen des Siriussystems, von dem wir einst unsere erste Reise zur Erde antraten.
Erhebe dich in deine Kristallpalastermächtigung und bereite den Weg, damit Lemuria auf Erden und in jedem Menschen in die Heimat zurückkehren kann.

Margit Steiner
2012 hat gestern begonnen
Selbsteinweihung für den Aufstieg
120 Seiten, gebunden, mit Leseband
ISBN 978-3-938489-90-1

Schon seit einiger Zeit geistert das Jahr 2012 durch die Energiearbeit. Für die Autorin selbst ist 2012 keine Jahreszahl, sondern ein Energieereignis, das längst begonnen hat. Durch die Prozesse der Selbsteinweihungen schaffen wir den Energieraum, den wir für unseren Aufstieg brauchen und unterstützen so unsere körperliche, geistige und seelische Entwicklung. Durch die einzelnen Übungen und Weihen ist wird die Transformationen in Gang gesetzt, die sich im Alltag durch unsere Handlungen verstärken. Heilung geschieht sozusagen „von selbst", da jeder – immer und überall – alleine an sich und für sich arbeiten kann.

Sabine Skala
DNA – die lichtvolle Spirale in uns
Kosmische Informationen der Galaktischen Förderation
152 Seiten, broschiert
ISBN 978-3-938489-94-9

Die Galaktische Föderation übermittelt uns wichtiges Wissen über unsere energetische DNA und erklärt uns das Zusammenspiel zwischen der DNA, unserer Seele, unserem Körper, der göttlichen Quelle und der Außenwelt.
Wie wirken äußere Faktoren auf unsere DNA, und welchen Einfluss haben sie auf unser Leben? Was passiert mit Informationen, die wir empfangen? Wie wirken sich zwischenmenschliche Beziehungen auf unsere DNA und unser Sein aus? Wie können wir unsere DNA stärken? Der Galaktischen Föderation ist es sehr wichtig, dass wir mehr über uns wissen, achtsamer mit uns und unserer Umwelt umgehen und uns bewusst werden, welchen äußeren Einflüssen wir ausgesetzt sind.

Eva-Maria Ammon

Maria Magdalena – Jetzt rede ich!

428 Seiten, gebunden, mit Leseband

ISBN 978-3-938489-99-4

Noch ein Buch über oder von Maria Magdalena? Gibt es nicht bereits genügend davon? Ja! Es gibt mehr als genug davon. Und: Nein! Dieses hier fehlt noch, denn hier schreibt Maria Magdalena selbst ihre ganz eigene Geschichte. Erfahre sie ganz neu, als die große Göttin, Ehefrau, Lehrerin und Mutter, die sie in Wahrheit war, ist und bleiben wird. Magdalena schildert schonungslos offen und detailliert ihr Leben und Sein mit Jeshua. Ihr Lieben, ihren Zorn, aber auch ihr Leiden.

„So vieles sagt und schreibt ihr von mir. Ihr spekuliert, ihr recherchiert in eurer mangelhaften Geschichtsschreibung, ihr channelt mein Leben, meine angeblichen Lehren, und doch ist alles, was bisher geschrieben wurde, wenn überhaupt eine Wahrheit dabei ist, nicht einmal die halbe Wahrheit."

Ines Witte-Henriksen

Lady Rowena – Die Leichtigkeit der Seele

176 Seiten, broschiert, ISBN 978-3-938489-95-6

Der rosafarbene Strahl der Liebe strahlt in das Herzchakra ein, um es in seiner Liebesfähigkeit auf Erden zu bestätigen, damit die Saat der Liebe im Herzen aufgehen kann. In dem Maße, wie der Mensch lernt, sich selbst zu lieben und seine Seele zu achten, ist er fähig, die Liebe der Göttlichen Quelle aufzunehmen und in sein Leben fließen zu lassen. So lädt dieses Buch ein, Masken und Mauern fallenzulassen, um der eigenen Seele wieder näherzukommen. Lady Rowena fördert die Vernetzung der Sinne mit dem Herzen und verbindet das Fühlen mit der Seele. Sie erinnert daran, dass wir in jedem einzelnen Moment unseres kostbaren Lebens eine neue Wahl treffen können. Möge es eine Wahl sein, die aus der Liebe zu sich selbst geboren ist.

Hanne Reinhardt

Gebt unseren Kindern das Lachen zurück

Botschaften aus der Geistigen Welt

344 Seiten, gebunden, mit Leseband

ISBN 978-3-938489-96-3

In Zeiten der großen seelischen Verwahrlosung unserer Kinder steht eine ganze Gesellschaft fassungslos davor, wenn eines dieser Kinder zu einem Amokläufer wird. Dieses Buch deckt auf, WARUM unsere Kinder derart verzweifeln, dass einige von ihnen keinen anderen Ausweg mehr sehen. Ein Buch, das nachdenklich stimmt und erschüttert. Und das soll es auch, denn die Geistige Welt ist nicht mehr bereit, diesen Missbrauch auf allen Ebenen an unseren Kindern gutzuheißen. Wir sind aufgefordert, komplett umzudenken, um unser Gesellschaftssystem, unsere Einstellung zum Leben und zu uns selbst, aber vor allem unseren KINDERN gegenüber, zu verändern, damit die Perlen des Universums, wie sie die Geistige Welt liebevoll nennt, ihr Lachen und ihre Lebensfreude zurückbekommen.

CD Ava Minatti
Avalon und der Artusweg
Altes Wissen für die Neue Zeit
2 CDs, Lauflänge ca. 140 Minuten
ISBN 978-3-941363-13-7

Ausgewählte Meditationen aus dem Buch „Avalon und der Artusweg“ lassen uns das Licht von Avalon erfahren und unterstützen uns bei unseren Begegnungen mit Vivianne, Morgana, Merlin, den Kraftorten Avebury und Stonehenge und dem Heiligen Gral. So offenbaren sich uns die Erinnerungen an unser wahres Wesen und die Wurzeln unseres ureigenen Seins – eine weitere Chance für Selbsterkenntnis. Der Artusweg ist der Weg zurück nach Avalon – zurück nach Hause.

Elke Fahrenheim
Ein Hauch von Göttlichkeit
Erzengel, Elfen und Feen weisen uns den Weg ins Erwachen
256 Seiten, A5, broschiert
ISBN 978-3-941363-07-6

Die sieben Erzengel sowie Lichtwesen aus dem Elfen- und Feenreich möchten die göttliche Liebe wieder auf die Erde bringen und in den Herzen der Menschen verankern.
Um diese bedingungslose Liebe fühlbar werden zu lassen, ließen sie in alle Texte ihre hohe Schwingung und ihre Liebe mit einfließen.
Mit Hilfe der Kraft heilsamer Bilder werden wir durch verschiedene Meditationen in den heiligen Raum in uns geführt, wo wir unsere Ganzheit, die Liebe und unsere Schöpferkraft (wieder)finden.
Lass dich nach Hause führen: zu dir selbst und zu Gott in dir!

Ateya
Pele – Weckruf der Vulkangöttin
120 Seiten, A5, broschiert
ISBN 978-3-941363-05-2

Pele, die Vulkangöttin aus Hawaii, ruft ihre Schwestern und Töchter auf, sich an ihre ursprüngliche Liebe, Reinheit und Wahrheit zu erinnern und sich wieder bewusst zu machen, dass das Paradies auf Erden in den Herzen der Menschen existiert und jeder Mensch ein Träger dieses Paradieses ist. Nur durch Entscheidungen, die mit dem Herzen getroffen werden, kann eine neue Wirklichkeit im Herzen der Menschen im Hier und Jetzt beginnen.
Peles Botschaft ist die Geburt eines neuen Herzens-Menschen, und ihre Unterstützung und Freundschaft auf diesem Weg ist jedem, der diese Zeilen liest, gewiss. Die verschiedenen Meditationen erlauben der Seele, in das Paradies einzutauchen und es mit in die eigene Realität zu nehmen.